[美国] L.桑迪 · 梅塞尔 著　陆赟 译

美国政党与选举

牛津通识读本 ·

American Political Parties and Elections

A Very Short Introduction

译林出版社

图书在版编目（CIP）数据

美国政党与选举 /（美）L.桑迪 · 梅塞尔（L. Sandy Maisel）著；陆赟译. —南京：译林出版社，2017.11（2019.2重印）

（牛津通识读本）

书名原文：American Political Parties and Elections: A Very Short Introduction

ISBN 978-7-5447-7025-5

I.①美… II.①L… ②陆… III.①政党－政治制度－研究－美国 ②选举制度－研究－美国 IV.①D771.264 ②D771.224

中国版本图书馆 CIP 数据核字（2017）第 185684 号

著作权合同登记号　图字：10-2011-716 号

美国政党与选举　[美国] L.桑迪 · 梅塞尔 / 著　陆　赟 / 译

责任编辑　何本国
装帧设计　景秋萍
校　　对　张　萍
责任印制　董　虎

原文出版　Oxford University Press, 2007
出版发行　译林出版社
地　　址　南京市湖南路 1 号 A 楼
邮　　箱　yilin@yilin.com
网　　址　www.yilin.com
市场热线　025-86633278
排　　版　南京展望文化发展有限公司
印　　刷　江苏凤凰通达印刷有限公司
开　　本　635 毫米 × 889 毫米　1/16
印　　张　24
插　　页　4
版　　次　2017 年 11 月第 1 版　2019 年 2 月第 2 次印刷
书　　号　ISBN 978-7-5447-7025-5
定　　价　39.00 元

序　言

王　希

世界上有各种形式的民主，美国民主可能是最为引人注目的。譬如，四年一度的美国总统选举本是一场内政大戏，但却牵动着他国的政治神经，不光媒体趋之若鹜，密切跟踪，就连普通民众也情不自禁地选边站队，卷入争论之中。这种外部关注其实是一种相对晚近的现象。美国虽然是最早的现代国家之一，并最早拥有成文宪法的政治发明，但在建国之后相当长时间里，其政治运作并不是一种家喻户晓的知识。外部世界开始得知美国的“民主”，在很大程度上归功于19世纪30年代法国人托克维尔写作的《论美国的民主》一书。而美国民主成为一种“神话”并吸引各国学者争相研究，应该是在20世纪中期美国成为无可争议的世界强国之后才发生的事情。

相对而言，中国人对美国民主的关注反而更早一些。就在托克维尔的著作出版后不久，林则徐、魏源和徐继畬等晚清官员从鸦片战争的失败中清醒过来，开始“睁眼看世界”，著书立说，向国人介绍外部世界。他们尚未使用“民主”一词，但注意到美国的政府体制与他国不同，尤其注意到它的官员是通过“推举”而产生的。20世纪初，改革者梁启超则有机会像托克维尔一样，踏上美利坚的土地，实地考察美国政治的运作。他在《新大陆游记》（1903年）中详细记录了他对美国政治的观察，对美国的选举和党争不乏批评与质疑，但也不否认美国民主有其可取之处。1915年，陈独秀将“德先生”（Mr. Democracy）一词引入汉语词汇，推动了一场中国人关于“民主”的讨论。在这场旷日持久的讨论中，“美国民主”是被经常提及的话题。

尽管如此，我们对美国民主仍然是知之不多，也知之不深。我们不明白美国人为何如此钟情于实际上并不太民主的两党制，我们不理解美国的选举为何会产生出林肯和特朗普这样在个人素质与政治资质上迥然不同的总统，我们也无法解释为什么在一个选举经验最为成熟的民主政体中会出现2000年总统选举时人工计票的混乱场面。

我们的知识缺陷是有原因的。在过去一个世纪中，民族救亡、政权更替和民族复兴是中国历史进程的主旋律，“民主”也在我们的关切之中，但它始终处于次要的地位，并未得到真实而长久的重视。此外，我们对西方思想与制度的讨论往往受到中国与外部世界的关系的影响，对美国民主这类题目的讨论自然也受制于中美关系的定位与变化。即便在今天，中美关系早已从冷战时期的敌对状态转向全球化时代的相互竞争与相互依存，但因为两国的政治互信尚未建立起来，人们关于美国民主的讨论极易受到意识形态情绪的左右，先入为主，要么赞赏，要么反对。另外一个原因则是美国民主本身的复杂性。从表面上看，我们今天看到的美国选举和党争与一百多年前梁启超所记述的颇为相似，但实际上美国的选民构成、竞选规则、竞选方式和政党行为等已经发生了很多的变化，而且还将继续变化下去。这些变化无形之中给我们的观察增加了难度。除非我们具备了足够的知识，否则我们难以准确地描述美国民主究竟是一种什么东西，更不要说从眼花缭乱的现象中厘清它的本质。

正是在这样的背景之下，梅塞尔教授的《美国政党与选举》中译本为我们提供了一种及时的帮助。梅塞尔是美国科尔比学院（Colby College）的政治学讲座教授，长期致力于美国政党和选举政治的研究，著述甚多，其中《美国政党与选举：美国的选举进程》多次再版，被同行誉为这一专题的经典研究，并成为极受欢迎的大学教材。[①]牛津大学出版社推出极简系列丛书，目的在于向非专业读者介绍人文社科专业知识，梅塞尔教授在厚实精深的原著的基础上，提炼精华，写出《美国政党与选举》极简本，以融会贯通和通俗易懂的方式介绍美国的选举制度与政党政治，使该书同时具有知识性和可读性，十分难得。

梅塞尔关切的主题是美国民主，但他并不追求面面俱到的鸿篇巨制，而是选取“政党”与“选举”这两个与美国政治的运作息息相关的主题，通过描述两者的相互关系，以点带面，勾画美国选举政治的轮廓，为读者呈现一幅践行中的美国民主的画面。这样的处理隐含了梅塞尔对民主的界定。在哲学层面或意识形态上，民主可以有许多定义，但落实到政治运作的层面上，民主必须成为一种制度设计或制度安排，通过它来体现和管理一个现代国家中的政治权力的产生过程，以及政府权力和公民

① Mark D. Brewer and L. Sandy Maisel, *Parties and Elections in America: The Electoral Process*, 7th edition (Rowman & Littlefield Publishers, 2015).

权利之间的关系。换言之，在一个承认“主权在民”原则的现代国家中，选举是一项必要的政治程序——人民通过选举，表达自己的政治意愿，赋予权力掌管者应有的权力，同时也赋予政权以政治上的合法性。而在美国民主中，除了选举之外，政党也是政治运作的一种不可或缺的体制。梅塞尔称，美国各级政府需要通过选举产生的大小公职有50万个，其中包括总统（4年一届）、联邦参议员（6年一届）、联邦众议员（2年一届）、50个州的州长、各州州议会的议员以及无数地方政府的官员等。没有政党的组织与动员，如此庞杂的选举无法得以进行，人民的意愿也无法通过公开、有序的辩论与竞争而转化为合法权力。正是在这样的意义上，政党与选举、政党政治与选举政治捆绑在一起，构成了美国民主的核心内容。所以，政党与选举应该是观察和解读美国民主的一个最佳切入点。

《美国政党与选举》一共七章，依序讨论了三大主题。第一主题（第一、二章）旨在介绍美国选举和政党政治运作的体制背景，重点讨论一些具有美国特色的选举实践——包括选举人团制、相对多数获胜制、两党制和单一国会议员选区制等。在这一主题下，梅塞尔还叙述了美国政党体制的发展简史，并使用三个分析框架（政党与选民的政策偏好、作为政治组织的政党、政党运作的体制环境）来揭示政党在美国政治体制中如何运作和如何发挥影响。第二主题（第三、第四章）关注的是当代美国政党体制的构成、组织与功能，重点介绍两大主要政党——民主党和共和党——的组织结构和不同级别的政党组织之间的关系，并从政党政治的三个侧面（选民的党派认同、选举规则的重新界定和候选人角色的转变）讨论了现代政党功能的转变。第三主题

（第五、六章）则聚焦总统选举和总统职位之外的其他选举（包括州长、联邦参议员和联邦众议员以及地方官员的选举），详细讲解这些进程中的游戏规则、竞选技术、资金筹措和选民动员等，呈现许多外界并不熟知的美国政治运作的细节。在最后一章（第七章）里，梅塞尔总结了当前美国选举制度存在的弊端，并对之进行了反思和批评。

对于希望了解美国选举进程与政党政治的读者来说，《美国政党与选举》是一本理想的入门读物，可能会在三个层次上汲取知识：一是从中了解美国政治选举的基本程序、竞选规则和竞选技术，二是了解美国政治背景之下政党的建构与功能（包括政党如何组织和动员选民，如何建构政治联盟等），三是深入了解政党政治与选举政治的关系。因为它在诸多章节中对美国选举和政党政治的游戏规则做了详细介绍，在某种意义上，我们也可以把本书视为一种美国选举的操作指南。

但本书的意义远不止知识层面的贡献。就我的阅读而言，梅塞尔的写作除了带给我知识上的补充之外，还带给我若干关于美国民主的思想启示。启示之一，美国选举制度的最初设计并非是以追求和实现“民主”为目标，而是为了满足原始联邦宪法的政治需要——限定联邦政府的权力，“民主”与选举制度的结合是宪法投入使用之后美国政治的发展的一种结果。的确，1787年制宪会议的目的不是建设一个现代民主制度，而是为了建立一个拥有实权但权力同时受到限制的联邦政府，以挽救处于风雨飘摇之中的美利坚邦联，保护各州“主权”和各州人民“权利”的有效性。但因为联邦立宪之前，13个州已经建立了州宪法，所以制宪大会必须同时解决两个与“权力”相关的问题，即国家主权如何分割和联邦政府的权力如何设置。制宪会议代表经过讨论与妥协，最终采用了联邦制（联邦主权一分为二，由联邦政府和州政府分享）和联邦政府权力的分立与制衡（联邦政府的权力分为立法、执法和司法三种，相互独立，相互钳制）的体制设置，保证了制宪的成功。但正如梅塞尔指出的，这两个具有美利坚特色的制度设计也限定了当时和后来的美国选举制度的设计。1787年制定的联邦宪法对联邦政府官员的选举规定，联邦政府的立法权由国会参议院和众议院共同掌管，参议院代表各州的“集体”利益，由每州平均派出的2名参议员组成，参议员由各州议会选举产生，每位参议员每届任期6年；众议院代表人民的利益，各州众议员的名额根据州人口数按比例分配，众议员由各州选民选举产生，每位众议员每届任期2年；联邦执法权由总统掌管，总统每届任期4年，由各州议会指定的总统选举人选举产生。显然，这样的设计企图建立一种分权制度，目的是防止联邦政府的权力被某一单独或联合起来的利益群体所垄断，但这个设计也造成了选举制度的复杂性和多元性。选民无法通过一次选举来一劳永逸地表达自己的观点，而是需要对不同部门和不同任期的联邦官员进行投票。除此之外，因为联邦制的缘故，他们还要参与州和更低一级的地方政府的官员的选举，所以，频繁和多层级的选举成为美国政治体制的特征之一。同样因为联邦制的缘故，选举规则的制定——包括谁有资格参加投票——均由各州政府负责制定，联邦政府最初并无统一的规定，其结果是，各州的选举法五花八门，莫衷一是。在建国初期，许多州的总统选举人和参议员是由州议会选举产生，普通选民只有权选举众议员，所以选举制度的民主性非常有限。即便如此，并非人人都能参加选举。各州的选举法对选民资格做了程度不同的限制，以财产拥有、种族、性别和道德等原因将大部分的公民排除在选民队伍之外。显然，一人一票的选举民主并不是建国者一代人追求的政治目标。

但这种精英式选举制度在一代人之后便遭遇了挑战。随着19世纪上半叶的领土扩张、市场革命和西进运动的发生，美国的政治运作在内容和形式上发生了巨大的变化，选民队伍得到了第一次扩展。19世纪30年代托克维尔访问美国的时候，各州正在经历"杰克逊式民主"潮流的冲击，凡人政治的时代开始兴起。在政党政治的压力之下，各州纷纷废除了对选民的财产资格要求，虽然性别歧视和种族歧视的规定继续将女性和黑人公民排除在外，但一大批白人男性成为了选民的事实给托克维尔留下了深刻的印象。选民队伍的第二次扩展发生在内战（1861—1865）之后的重建时期。主政的共和党人在党内激进派和黑人积极分子的压力之下，利用联邦政府掌握的权力，通过《1867年重建法》和第十五条宪法修正案，强制性地废除了各州对选民的种族歧视规定，将选举权赋予所有的黑人男性成年公民，美国民主也第一次突破了种族界限，成为一种跨种族的政治实践。1920年，第一次世界大战结束之后不久，第十九条宪法修正案的法案获得足够多的州批准成为了宪法的一部分，美国妇女因此获得了选举权，美国选民的队伍扩大了一倍。半个世纪之后，联邦宪法第二十六条修正案将选民的起点年龄统一规定为与服兵役的起点年龄相同的18岁，选民队伍得以再次扩展。经过四次扩展，选举权从最初的一部分公民享有的"特权"演进成为一种所有成年公民共享的普遍权利，整个过程经历了150年左右，选民参与政治的平等权利也逐渐成为衡量美国民主的“民主性”的一个指标。

值得强调的是，每一次选民队伍的扩展都是政治斗争的结果，而选民范围的扩大同时也会给选举制度带来冲击，迫使其发生变化。譬如，在19世纪上半叶的大众民主潮流的冲击下，总统选举人不再由州议会任命或推荐产生，而改由各州选民投票选举产生。这项改革其实是正在兴起的政党政治的重要成果之一。政党为了扩大自己的影响，需要扩大选民队伍，而扩大了的选民队伍则要求更直接地参与总统选举。20世纪初，在进步主义运动的冲击下，联邦参议员的选举也从各州州议会选举统一改为由各州选民直接选举产生。此外，各州州长的选举与地方官员的选举也都随着选民队伍的扩大发生了变化，总的趋势是将原来一些通过任命而产生的官员改为由选民的选举而产生。由此可见，美国选举制度的“民主性”是随着选民队伍的扩展而逐渐增加的。

启示之二，政党是当代美国选举制度规则的实际制定者，并在推动美国政治走向民主化方面扮演了一个无可替代的主导者的角色。这听上去的确有些讽刺意味，因为政党政治正是建国者一代人所深恶痛绝并竭力避免的。在建国一代人的政治词汇中，“派别”（factions）与“党”（parties）是同义词，党派政治是追求私利的政治，对于追求共同福利的共和政府是极具破坏性的。但正如麦迪逊在《联邦党人文集》第10篇指出的，在一个崇尚自由的国度，不允许派别的存在是不现实的。为了防止派别联合起来形成对少数派利益产生威胁的“多数暴政”，制宪者们决定采用分权的设计，使得派别政治难以轻易地获取全部的政府权力。所以，这个“反多数暴政”的宪法大有“防患于未然”的意味，也明显地带有“反民主”的意味。然而，宪法投入使用之后不久，党派政治便产生了，包括麦迪逊在内的“国父们”甚至也成了第一政党体制的领袖人物。一代人之后，第二政党体制出现，开始构成梅塞尔所称的“现代政党”（modern political parties）的体制。现代政党政治中的政党不再是一种由上层精英组成的政治俱乐部，而是一种能够组织和吸引大众参与、拥有政治纲领和政策主张，并能组成跨州和全国联合的政治联盟。虽然联邦宪法从未提及过政党，甚至连暗示也未曾有过，然而相互对立的政党却在19世纪上半叶应运而生，并通过第十二条宪法修正案（1804年）、民主党的改革（19世纪20年代）、总统候选人提名制度的改革（19世纪30年代）和国会众议员选区制度的改革（1842年）等一系列的制度安排，通过参与和组织选举，迅速而彻底地渗透到州和联邦的政治建制与运作之中，并发展成为美国民主和美国宪政运作的一种核心机制。

为什么会出现这种情况？限于篇幅，梅塞尔教授没有机会在这本极简史中细致讲述这个精彩的故事，但他为我们勾画了美国政党体制所经历的几次转型，并特别提及因政党政治而被发明出来的新的选举规则。譬如，“胜者独占”（winner-take-all）和“团体制”（unit rule）规则都是在第二政党体制时期因为赢得竞争的需要而被政党“发明”出来的。“胜者独占”允许获得一州普选票的多数的政党收获该州所有总统选举人的选票，“团体制”允许一州的所有总统选举人作为整体参加总统大选，并在赢得普选票多数之后按政党意志统一投票。因为联邦制的缘故，选举规则由各州制定，随着全国性政党体制的形成，一州的政治实践很快通过政党体制被仿效，最终蔓延到全国。“相对多数获胜”（plurality）和“先获多数票者获胜”（first-past-the-post）的实践也是如此产生的。再如，“两党制”（two party system）在今天被认为是一种天经地义的美国政治实践，但它的出现既是政党竞争的结果，也是原始宪法对选举程序规定的结果。宪法规定，总统候选人的当选必须要赢得选举人团票数的一半以上，而总统选举人票数的分配又是根据制宪会议达成的妥协模式来分配的，即一州的总统选举人的人数是各州国会参众议员人数的总和，这样，为了赢得超过半数的总统选举人票，参选的政党必须集中所有的资源，尽力减少票源分散的情况，以获取超过半数的结果。所以，一系列相关规则的产生（包括“胜者独占”、“团体制”和“相对多数获胜”等）都是为了争取这个结果。政治竞争最终采用两党制，而不是多党竞争，最终也是为了集中资源以赢得选举。而“两党制”一旦形成，第三党便很少有机会在全国选举中获胜，这是因为当两党形成“你来我往”的均势政治之后，它们便会在包括选民资格、选区划分、选举进程和选举程序方面做出最有利于两党竞争的规定，并通过州立法机构将这些规定变为州法的一部分而加以实施；而当一州开始实施这样的规定，其他州则会继而仿效，从而将对两党竞争有利的竞选规则变成全国选举的通用规则。所以，新的选举规则的目标不是追求最大限度的民主，而是保证两党竞争的“公平性”。正因为这些规则的产生是两党政治共识的结果，也因为其长期的实施衍生出相应的政治文化，对这种规则的改革将是十分困难的，造成了梅塞尔在书末提到的“狐狸看守鸡笼”的困境。

启示之三，美国政党政治的核心目标是建构政治共识，将利益相关的选民群体组织起来，结成政治同盟，以赢得选举，而并非要求所有群体接受和服从一种永久性的意识形态。在梅塞尔笔下，美国两大政党（民主党、共和党）的使命和功能十分单一，就是赢得选举。为了赢得选举，一个政党需要围绕现实，从政治纲领、组织形式、选民动员和竞选技术等方面不断进行调整和重组。在第二政党体制时期，为扩大影响力，民主共和党人和国民共和党人竭力推动大众民主，无意中推动了第一次选民队伍的扩展。内战之后，共和党人为了保证新的宪法修正案获得南部各州的批准，将选举权赋予获得解放的黑人男性，实现了选民队伍的第二次扩展。在这两次选民队伍的扩展中，政党都使用了吸引人眼球的意识形态口号，但它们的主要动力来自现实的赢得选举的政治考虑。第二政党体制时代的民主党打出“大众民主”的口号，实际上意在挑战民主共和党上层的闭门政治。19世纪中叶建立的共和党最初的目标是阻止奴隶制向西部扩展，在内战和重建时期也曾扮演过“自由的新生”的建构者，但在19世纪后期的工业化中，该党为了赢得选举，选择成为都市资本和商业势力的代言人，抛弃了曾在重建时期充当其盟友的南部黑人。20世纪30年代，民主党则通过罗斯福的新政，以建立政府对民众的经济安全的保护为名，建立起新的政治联盟，将劳工阶层、黑人选民、妇女和南部保守的白人民主党人纳入其中。在20世纪50和60年代，南部白人民主党拒绝接受约翰逊政府的“伟大社会”设想，转身投向共和党，而共和党为了对抗民主党的政治联盟，则全面向右转，与南部白人政治势力和宗教保守派结盟，将自己变成现代保守主义的政治堡垒。从19世纪中叶到21世纪初，美国选举民主、共和两党对峙的局面并没有发生太大的改变，但两党的政治纲领却发生了多次变化，选民联盟也发生过多次重组，但万变不离其宗，政党的使命与目标是赢得选举。

这种以赢得选举为目标的政党政治使得美国政党在意识形态上经常表现出一种断裂性和混杂性。虽然在不同的历史阶段，不同的政党会提出不同的政治思想，如19世纪上半叶民主党主张州权至上，辉格党人强调国内改造的经济思想，内战时代的共和党人宣扬“自由劳动”，进步时代平民党人提出“均贫富”等，这些“思想”本质上是一种政策纲领，而并非真正意义上的“意识形态”。为了赢得选举，两党在众多的选民群体中建构庞大而复杂的选民联盟，在这种情况下，将一种界定清楚的政治信仰和意识形态强加于本党的选民联盟之上是极不现实的。

这种以赢得选举为目标的政党政治与那种立志要以统一的意识形态为指导、以党员的忠诚为基础、要夺取并永久掌握政权为目标的政党政治是截然不同的，因而也在选民的党派认同、政党的组织建构和政党文化等方面形成了自己的特色。梅塞尔在书中对这种政党政治文化有非常详细的描述，许多的细节可以补充我们在这方面的知识，并帮助我们理解美国政党政治为何时常陷入群龙无首、各自为政的困境之中。首先，在选民的政党认同和归属上，正如梅塞尔指出的，美国人十分熟悉政党政治，也有某种意义上的政党认同，但这种认同更多的是对政党的政策偏好所表现的一种赞成和支持，而不是“在组织上”要成为民主党人或共和党人。事实上，联邦没有任何法律要求选民对自己的党派归属进行登记，而各州对选民的党派归属的登记规定并不一致，而且这种登记的目的主要是为了统计选票的需要。相当一些州没有任何相关登记的要求和规定。初选作为一项政党活动，在一些州只有明确表示党派归属的本党选民才能参与，但在州和联邦的正式选举中，选民可以投任何政党的候选人的票。这不是说，美国选民没有党派认同，而是说没有强制性的党派认同。这种意义上的党派认同最多是一种政策态度。换言之，美国的选举本质上不是候选人的竞争，而是候选人所代表的政策主张的竞争，所以，政党的功能就是建构和设计这种能够联合选民的政策组合，选民联盟的建构因而也就是具体的、有针对性的、急功近利的和短时效的。

在功能和组织建构方面，民主、共和两党十分相近，并且也都随着政治竞争的背景和条件的变化而发生相似的变化。两党在19世纪就建立了政党全国委员会，当时的主要任务是负责协调和产生本党总统候选人的提名，并辅助其赢得大选。此刻的政党组织遍布基层，位于都市的“政党机器”则通过恩惠制和分赃制将相关经济资源分配给忠诚党工和党派选民。20世纪初，随着党内初选制度的建立，总统等重要公职的候选人的提名权被转移到各州的本党基层选民手中，候选人必须依靠自己的能力来获得党内初选，方可获得党内提名进入大选。这一改革导致政党组织的功能发生变化。政党的全国委员会不再决定总统候选人的提名，而是为获得提名的本党候选人提供竞选服务，或帮助在任的本党公职拥有者（如参议员、众议员、州长等）谋求连选连任。政党全国委员会的基本任务是筹集资金，制定策略，发明战术，开展调查，提供资金，整合资源，在大选年组织本党的全国大会，通过全国大会来宣示本党的政策主张。党内初选制度的建立和联邦参议员选举制度的改革（这两项改革都在20世纪初进行）对州一级政党组织的冲击较大，但在21世纪，因为筹集竞选资金方式的改变，州一级的政党组织可以从本党全国组织那里获得转移支付的竞选资金，来帮助本州的政党候选人，州级政党组织开始得以复活。政党在基层（如选区）的组织基本上由积极的党工组成，他们的任务与其他各级政党组成的任务是同样的：征募能够代表本党的候选人参加选举，动员选民在选举日为本党投票。

从梅塞尔的描述中，我们看到美国政党文化的一些特征：两大政党目标专一，在实际运作中，更像是一个工具性的行政组织，它们虽然各自建立起一个跨越全国、州和地方的政党组织体系，但这些不同层次的政党委员会并不是一个思想统一、纪律严明、上行下效的组织体系，相互之间并无领导与被领导、服从与被服从的权力关系，政党的领袖（通常由获得本党提名的总统候选人来担任）并没有党内组织的任何权力，也无法以党的名义来约束或惩罚本党的竞选人。尽管如此，以两党制为基础的政治竞争成为美国选举的特征，美国历史上曾有过许多次的“第三党”运动，但最终都无法撼动两党制的基础和传统。

那么，这种由两党政治垄断的选举是不是一种“民主”的体制呢？梅塞尔并没有正面讨论这个问题，但他很坦率地承认美国民主是一种“很不完美”的民主（far from the perfect democracy）。在最后一章中，梅塞尔列举了当代美国选举制度存在的几大弊端，包括：选民参与投票的程度很低；总统选举人提名和大选的过程过于急功近利，而大众式的初选使得候选人的领导能力无法得到真实的检验，因而也无法产生出最优秀的政治领袖；不断上升的高昂的竞选花费将政治竞选变成了金钱的竞争；总统之外的选举——尤其是州和地方选举——普遍缺乏竞争的活力，多数选举是在无竞争的情形下进行的，而最为糟糕的是竞选为负面竞选语言所充斥，严重地破坏了选举的质量。梅塞尔承认，虽然实践中的美国民主离理想的民主还差得很远，但他并不因此而丧失信心。

从字面上看，美国体制设计的原则是民主的：权力必须掌握在人民手中，政府官员的选举需定期和经常地举行，而联邦制和三权分立的体制能够将某一政治势力（或它的代言人）长期垄断政府权力的可能性降低到最低限度，从而为人民的权利提供最好的保护。但在现实中，宪政原则的贯彻需要由政党来推动，然而政党拥有自己的利益，并会为了巩固和扩展自己的利益而制定于自己有利的游戏规则。“胜者独占”方便了两个主要政党赢得选举，但也大大限制了选民的选择。党内初选制将总统候选人的提名权转移到基层选民手中，看似民主，但进入初选竞争的过程并不是平等开放的。各州的选举规则是由政党制定的，规则的改变也必须通过政党来运作，而政党只有在自己利益不受损的情况下才会改变规则。即便选民希望挑战现有的选举体制，他们也没有足够强大的渠道和资源组织起来。对于许多人来说，唯一的选择是放弃。当选择放弃参与选举的人越来越多的时候——梅塞尔称，参与2004年总统大选的人不足合格选民人数的60%，而大部分的州和地方选举则是在无竞争的情况下完成的——选举民主的“民主性”也就要大打折扣了。梅塞尔在最后一章的检讨与反思是极为坦率和诚实的。通读全书，我感到梅塞尔想要表达的不是美国的选举制度或美国民主如何地完美，而是表现美国民主在其演进过程中为何不得不容忍和包含并还将继续容忍与包含“非民主”和“反民主”的内容。这可能是本书带给我们的最重要的启示。

2017年9月1日

本书献给乔·布洛斯、鲍伯·戴蒙德、鲍伯·格尔巴德、比尔·戈德法布和拉里·皮尤，以表达我对他们的尊重、仰慕和深切感谢。

目录

前　言

在过去的一段时间里，我对"牛津通识读本"系列很感兴趣。你可以到当地的书店挑选一本，重温你曾经学过但后来忘记的重要主题。你也可以挑选你一直有所了解但没时间研习的内容。我必须承认，之前我一直把这个系列看作高级版的复习笔记，由熟悉相关主题的学者撰写，用清晰易懂的方式把复杂的信息说清楚。

后来我受邀撰写本书。我因此更加崇拜这个系列的某些作者，特别是介绍民主、法西斯主义、伊斯兰教、犹太教、康德、苏格拉底、选择理论和文学理论的那几位。和约翰·平德（他也为这个系列写了一本书）一样，我时常想起一句话——有人说这句话出自约翰逊博士，也有人说出自马克·吐温或萧伯纳或其他人：他们之所以写了一封长信，是因为没有足够时间写一封短笺。

在已经详细阐述某个主题的情况下，再来写一部简论并不容易。困难之处在于，你要决定哪些是关键内容，哪些只是花絮；你要判断在那些熟悉却又复杂的概念中，读者凭着直觉能够确切掌握的是哪些，时常误解的又是哪些；你要做出选择，什么时候选用熟悉的例子来说明某个流程，什么时候宽泛的描述就已经足够；尤其是，如果你写的主题对于当代社会具有重要意
ii 义，你还要把重点放在读者能够在现实生活中（以及在将来）用到的那些内容。对我来说，做出上述选择更加困难，因为对于美国读者来说，只要大致了解选举流程，他就会对美国政党和选举产生兴趣；但对于美国之外的读者来说，美国的选举流程不仅陌生，而且与别的国家有着显著差异。

了解选举运作方式的重要性

在我看来，本书主题需要我们在处理上述任务时多加小心。选举流程起到将民众与政府联系在一起的纽带作用。鉴于美国政府所能支配的强大实力，美国选举对全世界民众都会产生重大影响，因此大致了解美国政府如何经由选举产生就显得十分重要。政府的决定是否代表民众的意愿？选举产生的领袖，他们的观点能否反映美国大众的看法？如果答案是否定的，那么为什么选举体系没有以更加紧密的方式将代表和民众联系在一起？

我已经将美国选举的复杂流程提炼成若干要素，并且探讨这些要素对于国家治理的重要性。我的工作完成得如何，将由读者自行判断。我的目标就是完成上述任务，让读者能够理解选举，并且对选举体系提出批评意见。不仅如此，我力求按照严格的民主标准来评价选举流程，这些标准是美国人最为看重的原则。我坚决支持美国式民主，但同时我也提出强烈批评。我认为这两种立场完全可以兼容。美国式选举在美国国内运作顺

畅——但还谈不上完美。美国将一种理想化的民主信念作为立国之本,《独立宣言》充分表明了这一点,因此美国应该不断改进民众选举政府官员的方式。 iii

在本书正文部分,我将向读者介绍美国的选举体系,希望能激励读者继续思考并讨论改进措施。改革并不容易。如果美国选举体系存在的问题那么容易解决,早就有人动手去做了。改革措施将产生什么样的后果,这很难预测。要通过改革提案总是非常困难,因为某些人想保持眼前的既得利益。但预料中的困难并不等于说改革就不值得,因为追求理想必然要付出代价。正如伍德罗·威尔逊(他本人就以改革而闻名)所言,“有些人说我是个理想主义者。据我所知,那是美国人唯一的生活方式。在这个世界上,美国是唯一秉持理想主义信念的国家”。 iv

致　谢

在本书写作过程中，我得到多方援助。我要感谢蒂姆·巴特利特和凯特·哈米尔，牛津大学出版社邀请我撰写这个选题的两位编辑，特别要感谢德迪·费尔曼和她的助手米歇尔·博韦，整个写作过程离不开她们的协助。我还要感谢海伦·米尔斯、玛丽·萨瑟兰和简·斯拉瑟，她们的编辑工作非常出色。我任教的科尔比学院批准了我的休假，让我有时间完成写作计划。我一直都觉得自己非常幸运，能够在这样的机构工作，他们看重我在两个方面的表现，这也是我本人最喜欢的部分——本科生教学和学术成果。

在本书写作过程中，安德烈娅·博乔维茨担任我的研究助理。她始终保持勤劳能干的作风，而且很幽默，和她一起工作总是非常愉快。我还要感谢罗兹·库克、布鲁克·麦克纳利、皮帕·诺里斯、丹·谢伊、哈罗德·斯坦利、埃米·沃尔特和萨拉·惠特菲尔德，他们为我指明研究方向。鲍伯·阿特金斯、林恩·宾德曼和海伦·欧文从美国之外的内行视角，对本书草稿提出批评。我根据他们的意见作了修改，希望新的内容能够让这本书为美国之外的读者提供更多帮助。如果没能做到这一点，如果还有其他缺陷，责任完全在我。 v

十多年来，我最应感谢的是我的妻子帕特里斯·弗兰科。今年我们两人都在休假。有人可能认为，两个教授在一起待一整年的时间——各自撰写一本书，并且（更为神奇的是）共同撰写另一本书——结局将是一场灾难。但我们两个不会这样，她的支持对我帮助很大，我只希望帕特里斯也同样觉得我对她有所助益。

最后，我把这本书献给五位非凡的朋友：乔·布洛斯、鲍伯·戴蒙德、鲍伯·格尔巴德、比尔·戈德法布和拉里·皮尤。他们都是科尔比学院的受托管理人，同时也是慷慨的捐助者和忠诚的校友。但我不是因为这些才将本书献给他们。真正的原因是，我把他们视为典范：他们在职业领域表现优异，成就非凡，同时认为完整的人生不能只有工作，还要关爱家人，与朋友共享休闲时光，并且致力于社区公益。帕特里斯和我感到非常荣幸，能够和他们以及他们的妻子成为朋友。

桑迪·梅塞尔

2006年11月于缅因州罗马镇 vi

第一章

美国选举与政党的背景

美国人为他们的民主选举体系感到自豪——鉴于这一体系由来已久，他们的自豪感颇有道理。但说实话，只有少数美国人和为数更少的外国观察者才能弄明白美国的选举流程。生活在民主国家的大多数民众都会依据本国标准来评判其他民主国家。但是，代表制民主政体有许多种。各种民主体系的共同点在于，由民众投票选出政府官员。在一些国家，民众选出行政、立法和司法机构的各类官员；在另一些国家，民众只选出其中一部分。在一些国家，投票者选出国家、地区和地方各级人员；在另一些国家，投票者只选出其中一部分。关键在于，民众有资格评判政府官员的表现，后者的决定往往直接影响到民众的生活。

我们可以根据若干要素来评判世界范围内的民主政体。比如，选举流程是否公开？在野的候选人是否有机会当选？在加拿大，掌权的政党频繁更替。在前苏联，这样的权力变更无法想象。

民众能否以轻松、自由的方式参与政治过程？在丹麦和德国，立法机构选举通常能吸引将近90%的选民；在波兰和瑞士，

1 将近55%；在近来的美国选举中，只有约33%的选民参加中期选举，约50%的选民参加总统大选。

在民众做出投票决定之前，他们能掌握多少信息？在多大程度上，候选人及其政党可以就现实问题自由发表看法？各种民主政体之间存在显著差异，主要表现在新闻媒体和反对者在多大程度上可以自由批评执政者，特别是选举流程的公开程度、在野候选人当选的可能性、民众的参与度、民众在做出判断的过程中所能获取的信息、候选人自由表达观点的权利以及民众自由投票的权利。

根据上述标准，美国的民主体系得分很高。在民众权利和选举流程方面，美国式民主堪称典范，但我们需要更高的标准。投票者和候选人必须能够利用这些流程，行使权利来影响政府决策，使其符合民众的公开偏好。

在本书中，我们将分析美国的选举制度通过哪些方式（常见的方式是投票）让被治理的民众认可负责治理的政府官员。我们也将分析，**什么时候**民众将不再支持（由此不再认可）现行政府的政策。许多民众热切关注政策走向，比如战争与和平，经济繁荣，关爱穷人、病患和老人，各种宗教、种族、性别、性取向、残障人士的平等权利，环境保护，等等；这些民众会觉得选举流程令人厌烦。但吸引我的恰恰是选举流程。选举规则往往决定最终获胜者，从而也决定政策偏好。因此，要想弄明白选举结果和
2 政策走向，首先要弄清楚选举流程中的具体细节。

要分析美国式民主，我们首先要讨论美国的宪法框架，这不仅关系到选举流程，而且也涉及选举的某些关键方面。我们将逐一分析，看美国政治体制的各个基本要素是否有助于民众行使权

利，认可政府施行的政策。一些熟悉的概念（比如三权分立和联邦制）有助于解释美国如何通过特有的方式解决民主认可的难题；鉴于这些概念的重要意义，我们有必要先来回顾这些概念。

三权分立的联邦共和国

美国式民主的两大基本特征是三权分立（由宪法规定的制衡原则）和联邦制。尽管有些国家也具备这些特点，但它们在美国宪法框架内的运作方式独一无二。要想理解美国的政治体系，就必须先明白这两点对于政治活动和国家治理的重要性。

三权分立指的是行政、立法和司法权力分属于不同机构。如果某人在行政部门任职，他或她就不能在立法或司法机构再担任职务。在国家层面，这条规则有两个小小的例外。美国副总统（作为行政部门经由选举产生的官员）兼任参议院议长。他唯一的职责就是主持参议院会议。此外，遇到票数持平的情况，他将投出决定票。在极少数情况下，如果参议院要作为法庭对总统进行弹劾，则由美国首席大法官来主持。在美国历史上，这样的情况仅发生过两次。 3

在施行三权分立的政府中，行政长官的选举独立于立法机构。在美国，不但这些官员经由不同的选举产生，而且宪法规定的任期各不相同——总统任期四年，众议员两年，参议员六年——这样的安排确保他们由不同的选民群体选举产生。三权分立体系不同于议会体系，后者以英国为例，首相是议会成员，并且由其他议员选举产生。

美国是采取联邦制的共和国，整个国家按地理位置分为若干部分，各自享有相应权力。宪法规定并限制美国政府的权力。

宪法第十修正案规定:“宪法未授予合众国同时也未禁止各州行使的权力,由各州或人民自行处置。”美国各州自行选举产生政府,同样施行三权分立。由于州宪法的差异,各州的政治制度不尽相同。

三权分立的联邦制意味着,民众很难通过选举或通过解读选举来表达自己的观点。如果民众对于某个议员的工作感到满意,但对于整个国会的表现感到不满,他们是否应该投票让该议员继任?如果民众认为,政府的政策正在引导国家朝着错误的方向前进,并且总统和国会正在为政府走向争论不休,他们怎样通过投票的方式,有效表达自己对于未来政策的不认可?谁是他们反对的对象?总统,还是国会?还是说,是因为总统和国会未能达成一致?

在美国联邦体系的大多数选举中,民众同时选出联邦政府和州政府的官员。如果民众认为,由于联邦层面的决策因素,州政府没有达到他们的预期,他们该如何表达此类观点?因为权力由联邦政府和州政府分享,又因为政府的任何部门都不能凌驾于其他部门之上,所以政府很难将民众意愿转化为相应政策,哪怕他们很清楚民众的偏好。同样,民众也很难找到责备的对象,因为没有任何官员应该为政策结果承担全部责任。

长选票

首先,美国人要选出超过50万名政府官员,这一数字远超出其他民主政体。我们要分别选出行政部门和立法部门的官员,某些时候还包括法官(各州规定不同),涉及联邦、州和地方三个层面。我们同时选出其中的大部分人选。比如,2004年11月7日,北卡罗来纳州夏洛特市举行民众投票，选举总统和副总统、联邦参议员、联邦众议员、州长和副州长、其他七名州级行政官员、五名州法官和若干名地方法官、州参议员、州众议员以及一大批县级或地方官员。所谓的“长选票”源于19世纪，原本是拓展民主的一种方式，但现在有人认为，我们的选举体系已经把好事变成了坏事。

总统职位是整个体系中最大的“奖项”，所以四年一度的总统选举影响力远超其他选举。结果就是，民众把注意力都放在总统选举上，忽视了“选票下方”的其他选举。部分民众只参与选票上方的选举，把下方的其他职位空在那里。这一现象被称为“弃选”，在选票特别长的时候，弃选比例甚至超过25%。

竞选次要职位的候选人想方设法吸引选民的注意力。有一种竞选策略就是利用那些在选票上位置高于你的候选人，借助他们的声望和魅力来赢得竞选。2004年，许多共和党候选人察 5
觉到，布什总统在选民中很受欢迎，于是积极邀请总统访问他们的选区，借此让选民注意到陪同总统出现的他们。采用长选票的结果就是，位于选票下方的职位选举结果并不准确，很难确定投票的民众是否认可当选官员所施行的相关政策。位于长选票底部的选举结果很少取决于候选人的观点和履历；真正起作用的往往是那些在民主理论看来相对次要的因素，比如候选人的名气、族裔、家庭住所（与投票者的地域关联）和政党归属。

没那么长的选票

三权分立的联邦制造成的第二个影响就是，各种选票长短不一。事实上，有些选票非常短。因为联邦议员的任职周期不同于总统，所以一部分议员的选举与总统选举同时进行，另一部分则分开进行。因为50个州有不同的治理结构，各自制定规则，所以一部分州长和州议会的选举与总统选举同时进行，另一部分则分开进行；在不举行总统选举的年份里，一部分州级选举与国会选举同时进行，另一部分则分开进行。

哪些职位与其他职位同时举行选举，这非常重要。近年来，许多州修订了法律，规定在举行总统选举的年份，这些州的州级职位不再出现在选票上。人们希望此类做法有助于民众表达他们对于候选官员执政表现的看法。应该是各州层面的问题（而不是全国性问题）成为当地政治讨论的焦点。然而，即便是在推行改革后的选举中，除了在奇数年举行选举的五个州，其他州的民众依然在同一次选举中既选出州级官员，同时也选出联邦议员。

表1.1 位于选票顶部的职位

	2004	2005	2006	2007
总统/州长/参议员/众议员	8 新罕布什尔州	/	/	/
总统/州长/众议员	3 西弗吉尼亚州	/	/	/
总统/参议员/众议员	26 亚拉巴马州	/	/	/
总统/众议员	13 缅因州	/	/	/
州长/参议员/众议员	/	/	22 纽约州	/
州长/众议员	/	/	16 马萨诸塞州	/

表1.1 （续表）

	2004	2005	2006	2007
州长/州级职位	/	2 新泽西州	/	3 肯塔基州
参议员/众议员	/	/	9 犹他州	/
众议员	/	/	3 路易斯安那州	/

备注：上述数据不包括参议院中因死亡或离职而产生的额外空缺。

表1.1列出了选民可能面对的各种选举，并提供相应实例。
在非大选年（即不举行总统选举的年份）举行的选举，选民投票 6
率通常只有大选年的75%。人们最关注的是位于选票最上方的
州长竞选。只有在更为重要的职位另行选举的情况下，参议员
和众议员选举才会引起重视。在联邦选举不出现在同一张选票 7
上的情况下，所有州级选举都会成为首要话题。

表1.1可以扩展，将地方选举也包括在内。在一些社区，地方选举独立于联邦和州级选举，因此选民对于地方事务可以给予足够关注。然而，虽然民众在此类选举中拿到的是短选票，但他们必须频繁前往投票点，因此投票率反而下降。以路易斯安那州的巴吞鲁日为例，2003至2004年的两年时间，由于联邦、州、地方三级选举分别举行，当地人必须先后11次前往投票点参加选举。

民众享有表达观点的权利，但由于选举过于频繁，许多人选择放弃投票权。因此，频繁选举并不能帮助民众有效表达他们的看法。

此外，精于算计的政治人物在决定参选之前，都会仔细考虑特定选举中可供选择的职位。比如，在竞选参议员时，如果同一年你所在的州不举行州长选举，那么募集资金就会相对容易一些，因为州长候选人势必分流一部分资金。这样的决定显然与有效的民主制度无关。

任期固定，选举规律化

涉及竞选活动的美国宪法条款还造成另一个结果，那就是美国各级政府所有职位的任职期限都是固定的，也正是这一点将美国的选举体系与其他国家区分开来。在面临危机时，美国政府即便应对不当，也不会因此垮台。只有当政府任满换届时，
8 选民才有机会表达他们的看法。以联邦职位为例，不管世界局势如何变化，选举日固定在偶数年11月第一个星期一之后的第一个星期二。总统任期四年。如果总统在任期内去世（或者像尼克松总统那样离职），继任者在剩余的任期内取代他的位子，但不举行新的选举，直到下一轮竞选周期来临。

1944年，富兰克林·罗斯福总统赢得连任；尽管当时正值二战，美国依然举行总统选举。1945年4月，罗斯福去世，默默无闻的副总统哈里·杜鲁门成为继任者，在战争和战后时期领导美国，直到1948年11月才面临选举。联邦众议员任期两年，联邦参议员任期六年。其间如果有人去世或离职，继任者将完
9 成剩余任期，但选举周期不会改变。美国政府不会因为民众投不信任票就垮台，公众态度或世界局势不会影响选举的时间。

美国的选举体系还有一些美国民众习以为常的规定，有助于将民众意愿转化为政府决策。这些规定包括：通过选举人团

图1 1945年4月，罗斯福总统去世后，哈里·杜鲁门在白宫的内阁会议室宣誓就职，成为美国总统

来选出总统；通过以地理位置划分的单一席位选区来选出众议员；赢得选举并不需要超过半数，只要能获得相对多数票就可以。在许多人看来，改变上述规定中的任何一项意味着不够民主，但事实上，每一项规定都仅仅是实现有效代表制的一种手段，很少有人考虑过这些规定对于民主体制所产生的影响。

选举人团

2000年11月，美国人（乃至整个世界）强烈体会到选举人团制度对于总统及副总统选举所产生的影响。那一年的选举看起来难有定论，在投票结束后的几个月里，法庭一直在进行辩论，究竟是乔治·W.布什还是阿尔·戈尔赢得佛罗里达州的25张选举人票。虽然时任副总统的戈尔赢得的大众选票数超过时任州长的布什，但两人获得的选举人票都没有超过半数，佛罗里达州的25张选举人票将决定胜利归属。最终美国最高法庭判定，停止重新计票，将佛罗里达州的选举人票划归乔治·布什。选举的结果由此确定，布什将成为美国第43任总统。

政治观察者或许听说过选举人团制度，但他们对于这一制度的历史成因、运作机制，尤其是政治意义缺乏足够了解。其实这才是最重要的。人们一说到美国式民主，就会想到总统的选举方式，不管是赞同还是批评，都离不开这一点。要想评价美国式民主，就必须弄明白选举人团制度，因为美国选举的这一特性决定了候选人如何开展竞选活动、吸引哪些投票者，以及选举的结果在多大程度上准确反映了民众的看法。

历史成因

简而言之，美国的开国元勋发明了选举人团制度，目的在于解决他们当时所面临的政治问题。制定宪法是一项错综复杂的工作。在起草1787年宪法时，最重要的一项约定就是所谓的"康涅狄格妥协"。该方案规定，众议员名额按照各州人口比例进行分配，参议员每州两名。这项约定解决了美国各州因人口规模不等而产生的利益冲突。众议员由民众投票产生，同时各州根据州议会在当时遵循的规范，自行决定如何选出参议员。

但是，如何选出总统？由各州共同决定？那些人口较多的州显然不同意这种做法。由民众投票产生？那些制定宪法的"民主人士"其实并没有那么民主；几乎没有人愿意将如此重大的决定交给大众。即使他们愿意这么做，奴隶是否也参加投票？蓄奴州希望在分配众议员名额时把奴隶人数计算在内，最终臭名昭著的五分之三妥协（即在按照人口比例换算议员名额时，每个奴隶相当于五分之三个自由人）解决了这一难题。不过，虽然这些奴隶增加了蓄奴州在众议院中的代表比重，但他们自身没有投票权。这是来自蓄奴州的开国元勋所能容忍的最大限度。

最终的妥协结果就是选举人团。这个制度距离纯粹的民主还隔了一层。每个州可以选出若干名选举人，具体数字等于众议员人数加上参议员人数（一直都是两人）。这是人口规模不等的各州达成的妥协。各州可自行决定如何选出这些选举人——这种做法将权力留给各州，同时也是为了回避奴隶这一难题。选举人不得在联邦政府内担任任何其他公职，从而确保选出可靠的、没有利益冲突的选举人。每个选举人投出两票，其中一票必须投给其他州的候选人，这是为了避免地方主义思想作祟。假如没有这一条款，很可能出现选票都投给本州候选人的情况。候选人需要获得过半数票才能当选总统，从而避免某几个州控制选举。如果没能获得过半数票，众议院就从票数最高的三名候选人中进行选择，但每个州此时只有一票，这同样是为了调和小州和大州之间的利益冲突。票数第二的候选人将成为副总统，一旦总统遭遇意外，就由副总统替补成为总统。

考虑到开国元勋的立场和他们所面临的政治难题，选举人团可谓是非常成功的发明。在不违背立宪过程中艰难达成的诸多妥协的情况下，这一制度确保选出一位受人尊重的国家领袖。

参与这一过程的每个人都知道，乔治·华盛顿将通过这样的选举流程当选总统——这正是众人期盼的结果——也正因为如此，这一流程最终被采纳，并且大体上沿用至今。然而，很难说选举人团就一定有利于民主。这只是一群政治精英为了确保预定目标而达成的妥协。

现状

我没有听过哪个人现在还把选举人团当作总统选举的理想方式。虽然每当有人试图放弃这一做法的时候，总有其他人站
12 出来为之辩护，并且在近年来的所有讨论中，这些辩护意见总是占据上风。但没有人会说：“谢天谢地，开国元勋给我们留下了选举人团。这是我们能够拥有的最好的选举体系！”这样荒谬的话根本就说不出口。

但很少有人知道，选举人团究竟如何运作；因此也很少有人知道，该如何进行改革。自从宪法生效以来，选举人团的运作方式一直在演变发展。最重大的变化出现在作为竞选组织的政党诞生之后（参见第二章）。在最早的总统竞选中，不区分总统和副总统，所有候选人在一起竞争。然而，这样的做法在选举人团体系中行不通，结果造成1800年的选举没有人获得过半数票。为了修正这一缺陷，1804年通过的宪法第十二修正案规定，选举人分别选出总统和副总统。

第二次重大改革是，各州采取“胜者独占”的方法来分配选举人票。根据美国宪法，各州自行决定选举人的推选办法。到了1836年，得益于民主化改革，所有的州都在全州（而不是选区）范围内举行普选，选出该州的选举人。由于政党的影响力，

各州为求实效，很自然地采取了“胜者独占”的做法。如果某个政党确信自己能在某个州获得胜利，那么该党自然有理由采取“胜者独占”的方式。一旦某个政党的支持者在该党占据优势的州采取这一做法，另一个政党的支持者就不得不跟进，在他们控制的州或者在因此失去选票的州同样采取这一做法。各州政党负责制定候选人名单，名单上潜在的选举人数目等于该州规定的名额；政党的支持者通常把票投给名单上的全部候选人，从而确保“胜者独占”的结果。 13

同样，在党派势力均衡的州，州议会意识到，如果提高获胜者的奖励——获胜者将得到该州全部的选举人票，而不仅仅是获胜者与失败者之间的票数差额——候选人将会在该州投入更多精力。于是，一旦某个州采用“胜者独占”模式，其他州也会被迫跟进。

如今，选举人团的“胜者独占”模式作为这一体系最富争议的部分，已经在美国全部50个州中的48个州以及哥伦比亚特区实施。每个州获得的选举人名额依旧等于众议员人数加上参议员人数。根据1961年通过的宪法第二十三修正案，哥伦比亚特区的民众享有投票权，并且特区的选举人名额与人口最少的州相等，也就是说，特区可以有三名选举人。这样的分配方式意味着，虽然人口较少的州获得的选举人名额很少，但按照人口比例换算，这些州反而从中得利。

在缅因州和内布拉斯加州以外的所有其他州，由普选产生的选举人（他们明确支持某位候选人）进行投票、以相对多数的方式获胜的候选人将赢得该州的全部选举人票。在上述这两个州，在每个议会选区以相对多数的方式获胜的候选人获得一票，在整个州获胜的候选人获得另外两票。自从这两个州的议会采取这种办法以来，在所有选区获胜的总是同一个候选人。因此，虽然这种办法不同于常规的投票流程，但并没有造成实际影响。

要选出总统和副总统，选举人团投票时必须出现过半数票。如果没有达到过半数票，总统就由众议院从得票数最高的三名候选人中选出，每个州可以投一票，得到过半数票的候选人获
14 胜。在这种情况下，副总统由参议院选出。

选举人团体系的重要性

美国采用选举人团体系来选出行政长官，这种做法虽然在民主国家中独一无二，但其重要性并不在于此。不过，在评价美国式民主的时候，这一遴选总统的体系有几点值得注意：

- 除了根据人口换算的票数之外，每个州额外获得两票，因此每个民众的选票在最终结果中所产生的影响并不一致。

> 2004年，加利福尼亚州每一张选举人票代表着664 700名投票者；缅因州每一张选举人票代表着329 300名投票者。加州总共有54张选举人票，缅因州只有4张。

- 由于选举人票采取“胜者独占”的做法，候选人如果确信自己在某些州必然获胜或必然失利，他们就不会在当地频繁开展竞选活动。结果就是，总统竞选活动在某些州热火朝天，在另一些州（包括人口最多的几个州）销声匿迹。

在艾奥瓦州，2004年布什的竞选广告按人均数字计算，比全国平均数高出50%；克里的竞选广告比全国平均数高出35%。在威斯康星州，这两个数字分别是布什39%，克里46%。相反，两人在加利福尼亚州、得克萨斯州和纽约州的广告费用都远低于全国平均数。

- 因为各州的选举人分别进行投票，因此可能出现两名候选人获得几乎相同的民众投票数，但最终得到的选举人票截然不同的情况。某些候选人在全国范围内实力平平，但在某些州和地区处于绝对优势；另一些候选人在全国范围内与前者实力相当，但各州票数分配平均。选举人团制度显然更有利于前者。 15

1948年，两位少数党候选人，来自州权党的斯特罗姆·瑟蒙德和来自进步党的亨利·华莱士，各自获得大约2.4%的民众选票。但瑟蒙德赢得39张选举人票，因为他的选票集中在南方各州，而华莱士没有赢得任何选举人票，因为他的选票平均分布在各州。

- 由于每个州获胜者与失利者之间的票数差并不影响最终结局，即获胜者赢得全部选举人票，因此有可能出现获得最多民众选票的候选人无法赢得选举的情况，比如2000年的阿尔·戈尔。

除布什总统外，拉瑟福德·B.海斯（1876）和本杰明·哈里森（1888）同样在民众投票数少于对手的情况下成为总统。

2000年，选举人团体系遭到猛烈抨击，因为最终结果非常接近，并且布什并没有得到过半数票。虽然面临这样的批评，但目前还缺乏足够的动力改用其他办法进行选举——比如缅因州和内布拉斯加州采取的选区制，这种制度根据候选人获得的实际选票来分配选举人名额；甚至采取更为激进的办法，由民众直接选出总统。因此，选举人团体系对于总统选举依然具有战略意义（参见第五章）。当然，如果人们认为，获得最多选票的候选人理应当选，这显然是出于民主的考量。

根据地理位置划定的单一席位选区，相对多数票获胜的选举模式

2000年，希拉里·罗德姆·克林顿移居纽约州并参加当地的联邦参议员竞选。有人批评她是个“用地毯打包的家伙”（投机分子）：这个词源自美国内战结束后的重建时期，指的是
16 那些暂居南方的北方佬（用地毯把自己的财物裹在一起），他们没有定居的打算，只是出于经济利益，临时居住在南方。如果希拉里·克林顿想要成为参议员，她就必须在参选的那个州拥有住所。

联邦众议员和参议员必须在各自代表的州拥有住所。但宪法关于居住地的要求仅限于此。法律并不要求议员实际居住在他们所代表的选区，也不要求每个选区只有一名代表。同样法律也没有规定，只要获得相对多数票（即比第二名获得的票数至少多出一票）就足以赢得选举。但对于美国政治而言，这些规范十分重要——这些做法实质上决定了，谁有权参加众议员或参议员选举，以及谁能够获胜。可以说，如果没有这些限制，选举

流程将更为准确地反映出民众的偏好，至少在国家层面的选举中是这样。

根据地理位置划定的单一席位选区

美国人认为，他们在立法机构中拥有“他们的”代表。也就是说，他们所在的选区中，将会有一名成员被挑选出来，作为他们的代表。虽然联邦法律规定，众议院必须采取这样的体系，但某些州以及许多地方社区都采取多席位选区的做法。为什么一种体系比另一种更好？有没有一种体系能实现更好的代表制？

回顾单一席位选区在美国的发展历史有助于思考这些问题。1787年制宪会议期间，开国元勋讨论了单一席位选区问题。詹姆斯·麦迪逊写了一系列为批准新宪法辩护的文章，其中一篇后来以“《联邦党人文集》第56篇”的名称发表，在这篇文章中麦迪逊提出，单一席位选区“将最大的州划分为十到十二个选区，从而确保该选区的代表了解……当地的利益需求”。重要的是，地方代表能够了解并维护地方利益。 17

在政党体系形成之后，单一席位选区显然能够更好地体现党派利益。某个政党可能在某个州的政治格局中占据主导地位，但另一个政党可能在某些地区具有优势。虽然如此，当1842年国会通过《议席重新分配法案》，要求施行单一席位选区时，当时有28个州在众议院内拥有超过一名以上的代表，其中有六个州依然使用大区选举制。在下一次选举时，这六个州中有四个州无视该法案——有人认为这一法案侵犯了美国宪法留给各州的权利——且没有受到任何惩罚。

国会此后每隔十年通过新的议席重新分配法案，大多数法案要求施行单一席位选区。1929年，国会通过一项法案，要求把议席重新分配方案永久固定下来；但仅过了三年，最高法院在“伍德诉布鲁姆案”的判决中便裁定，任何议席重新分配法案的有效期仅限于自该法案生效起的十年时间。大多数州继续施行单一席位选区，然而直到肯尼迪执政时期，依然有超过20名国会成员来自多席位选区。

1967年，国会通过一项新的法案，经林登·约翰逊总统签署生效，该法案禁止各州通过多席位选区的方式来选出代表。这一做法在过去曾盛行一时，但到该法案通过时，只有夏威夷州和新墨西哥州还在施行多席位选区。

这项新法案的推动力来自1965年通过的《选举权法》，后者将投票权授予更多的黑人，尤其是在南方各州。因为担心南方各州议会为了削弱黑人的投票权而施行多席位选区，国会专门

图2　1965年《选举权法》经林登·约翰逊总统签署生效

通过此项法案。另外，某些国会成员担心，一旦州议会无力重新划分选区，法院将下令施行大区选举——这样的选举将危及他们在国会中的位置。如今，1967年通过的法案依然有效。 18

作为改进代表制的一种手段，重新划分选区的相关法案得以施行，以便于早期的代表了解选民，同时某些在全国范围内影响有限但在部分地区占据优势的少数党能够选出自己的代表，另外也确保刚获得投票权的黑人能发挥影响力。那么，这些理由现在还成立吗？

到了21世纪，国会选区平均居住人口达到近70万人。按照开国元勋的设想，划分的选区应该面积较小并且人口特征相近，从而确保选出的代表能够了解当地居民的利益。但现在许多选区的人口在种族、族裔、社会经济和宗教等多个方面明显呈现多元化，对于重大问题的看法也不尽相同。建国初期之所以按照地理位置划分选区，是因为当时长途旅行非常困难。现在有了航空业和电子通信技术，与选民的沟通并不需要面对面的直接接触。 19

施行单一席位选区的初始动机是为了以更加有效、公正的方式来代表政党利益，但现在那些负责划分选区的人在做出决定时，往往是为了公然限制竞争，确保实现本党想要的结果。一直以来都有人向最高法院提起诉讼，声称自己的平等代表权受到侵犯，并且对为了政党利益重新划分选区的不公正做法提出挑战。但最高法院并没有明令禁止不公正划分，哪怕许多人认为正是这种做法造成国会选举（至少在某些人口众多的州）缺乏竞争。

施行单一席位选区以便提高黑人投票者的影响力，这被视为40年前颁布的《选举权法》的重要目标，如今这一看法也遭受质疑。种族多元化的趋势在大多数选区日益明显，同时人口的流动性给预测选区的人口结构带来困难，两者都使单一席位选区或许已经不再是实现上述目标的有效手段。

但规范依然在延续。即使是在通过多席位选区选出州议员或市议员的那些州，当地居民也坚持认为，国会成员应该代表选出他们的地区，并且维护当地利益。我们是不是应该重新审视"按照地理位置划分的单一席位选区"这个概念？有些人认为或想证明，美国式民主的这根"支柱"事实上不利于实现公平的代表制、具有竞争性的选举并最终改善民主。但这种说法遭到其他人的反驳，后者认为，单一席位选区作为选举法案中后来增设的条款，对于美国式民主来说至关重要。

以相对多数的方式获胜

美国人信任多数法则。不过大多数情况下，竞选都是通过获得相对多数票的方式（而不是过半数票）来决出胜负。如
20 果采用真正的过半数票法则，那么许多选举的结果就要改写。因此，有必要追问，改用过半数票法则是否能实现更为有效的代表制。

我们已经注意到，虽然选举人团体系采取过半数票法则，乔治·W. 布什还是在民众投票数少于竞争对手阿尔·戈尔的情况下，当选美国总统。在美国的选举中，没有获得过半数票却最终赢得选举的情况很常见，较为罕见的情况是，失利者获得相对多数票，却没有得到决胜选举的机会。虽然两大政党垄断美国政坛，但每个选举年都有一些获胜者票数不足一半——少数党

或无党派候选人获得的选票足以维持力量均衡。在初选中，这一现象更为明显，因为作为党内推举的初选往往有两名以上候选人竞争提名。

> 以迪诺·罗西为例。作为共和党候选人，他在华盛顿州的州长竞选中输给了民主党候选人克里斯蒂娜·格雷瓜尔。共有280万人参与投票，两人的得票数仅差100票，并且都没有过半数。自由党候选人鲁特·本内特获得超过63 000张选票，假定本内特的支持者更喜欢罗西（而不是格雷瓜尔），那么即便这些人只占到总票数的2.3%，也足以影响选举结果。假如必须获得过半数票才能获胜，决胜选举很可能对罗西更为有利。

当前的选举制度采取的是“相对多数票获胜”的办法，也就是说，票数最高的人获胜，不管他得到的票数是否超过半数。这种办法明显不够民主，但要改变这种做法会让许多美国人感到奇怪。作为替代，有两种办法（每种都有不同的变化形式）经常被提到。

在南方各州和某些其他地方，如果没有人在选举中获得过
半数票，就会举行决胜选举。（某些地方规定，如果没有人获得 21
“绝对多数票”，即在第一轮竞选中获得超过40%的选票，就会举行决胜选举。）这种办法在初选中更常见，普选中用得较少。之所以使用这种办法，其中一个原因在于民主党多年来在南方各州的普选中占据优势，因此初选也就相当于普选。然而，实行决胜选举并非毫无问题。决胜选举的投票率通常远低于第一轮竞

选，并且具有强烈意识形态偏向的组织往往占据主导地位，因为他们能够更为有效地动员选民。过往经验表明，少数党候选人在决胜选举中表现糟糕。另外，决胜选举代价高昂，参选的候选人和负责管理的司法机构都要承担高额开支。

近年来，改革者开始推行排序投票制。这个办法有多种变化形式，但最基本的理念是，在多个候选人参加的竞选中，民众在投票时加上自己的排序偏好，即第一顺位、第二顺位，依次类推。在投票结束后，如果没有人获得过半数票，先淘汰支持率最低的候选人，把他或她的选票重新分配给第二顺位的候选人，然后重新计算票数。如果有多名候选人参加竞选，这一步骤将一直重复，直到有人获得过半数票。

在体现民主方面，排序投票制具有明显优势。在相对多数票获胜的选举中，某些候选人可能扰乱局势，但如果改为排序投票制，这种情况就不复存在。与此同时，投票者可以支持少数党或无党派候选人，不用担心自己的投票会间接帮助那些他们最不喜欢的候选人。另外，候选人也不用在短时间内募集大量资金来进行决胜选举。最重要的是，这种办法坚持奉行过半数票法则。但也有人指出其中缺陷，特别是整个过程相当复杂，对于不太了解内情的选民来说尤其如此。

爱尔兰以及其他一些民主政体实行排序投票制。近来，旧
22 金山市采用了这种办法，效果不错。有些州已经授权下辖各市政府，如果愿意可以采用这种办法。但对于公众来说，排序投票制依然很陌生。要想把美国式民主的“基本信念”（相对多数票获胜）改成更符合多数法则（大多数人信奉这个民主目标）的排序投票制，还需要很长时间。

两党制

2000年总统大选之后，一些美国人开始质疑选举人团体系的有效性。有人质疑在那样的选举中他们所面临的选择机会。但很少有人质疑上述选举流程，更不用说质疑民主党和共和党两党垄断美国政坛近150年的政党体系。但是，在美国有且只有两大政党能够有效竞争权力，这一点显然对于民众与政府之间的联系产生了重大影响。

美国选举体系通常被称为两党制。但美国宪法完全没有提及政党。没有任何法律规定，必须由共和党和民主党来进行选举。每逢选举，总有少数党或无党派候选人参加竞选，他们之中有些人甚至能获得胜利，更多人则对于选举结果产生重要影响。但不可否认，两个主要政党主宰着美国政坛。2006年，在国会535名议员中，只有众议员伯尼·桑德斯和参议员吉姆·杰福兹（两人都来自佛蒙特州）既不是民主党，亦不是共和党。50个州的州长都出自两党。举行议员选举的49个州，在大约7 400名州议员中，有超过7 350人出自两党。（内布拉斯加州有两点独一无二。首先，该州议会是一院制，其他州都分为两院。其次，该州在选举议员时，选票上不注明政党归属。在市级选举中，不分党派的选举更为普遍。有句老话说得好，“清理街道的方式不分共和党和民主党”。） 23

之前我们对于选举情况的分析足以说明，为什么在美国会衍生出两党制。首先，总统职位是美国选举的最大奖品。非胜即败。选举人团采取“胜者独占”的选票分配方式，这加重了获胜的砝码。美国的政治体系以三权分立为特征，通过一系列施行相对多数票获胜法则的选举来产生行政首脑，这样的体系不允许出现联合政府或政治交易。因此，在投票**之前**就必须达成同盟以取得过半数票，并最终赢得总统职位。

其次，单一席位选区加上相对多数票获胜在议会选举中发挥了同样的作用。最终只有一个获胜者，投给少数党候选人的选票被认为是浪费，甚至起到反作用，特别是当某个不被看好的候选人因为部分选票投给没有获胜希望的候选人而最终赢得选举的时候。采取比例代表制的多席位选区体系将鼓励其他政党加入，因为他们有可能赢得某些选举，并且有可能在议会中与理念相近的其他政党结成同盟，但美国不存在这样的选举体系。

在执政期间，两个主要政党通过了一系列措施来确保自身的主导地位。其中最引人瞩目的措施当数竞选资金募集体系，在这方面少数党及其候选人处于绝对劣势（参见第七章）。类似情况还有，在最近的总统竞选流程中，负责主持候选人辩论的委员会表现出**两党**（而非**无党派**）特色。该委员会由两党的前领导人共同担任主席，并且制定一系列规则，限制少数党候选人参与辩论；在某些候选人（比如绿党领袖拉尔夫·纳德）看来，
24 这些做法完全不公平。有人把这种情况比作俗语所说的“狐狸看守鸡笼”，那些一心期盼少数党在美国政坛发挥更大作用的人尤其不满。

当前的政治制度对两党有利，但并不意味着所有美国人对此都很满意。从近年来的多次总统选举（尤其是1992至2000年之间的几次选举）以及某些州级选举（比如1994年的缅因州州长选举，无党派候选人安格斯·金最终当选，击败了一位著名的民主党候选人和一位颇有前途的共和党候选人）中可以看到，许

多民众已经表达了对于两党给出的候选人的不满。但存在不满并不等于这一体系就会发生改变。无论人们喜欢两党制还是多党制，必须承认的是，当前的政治制度必然导致两党处于主导地位。这一点不同于讨论两党制对于代表机制的影响。

与此同时，两党制持续存在并不意味着选举体系——尤其是州级选举——就此停滞不前。美国的政党体系在国家层面是一种处于竞争关系的两党制；也就是说，共和党和民主党是仅有的可能赢得选举的政党，但两党之间的选举结果事先并不确定。

不过两党之间的竞争已经发生了变化。比如，在20世纪大多数时候，南方各州是民主党的坚定支持者，人们认为民主党继承了被视为林肯政党的共和党，正是该党发起内战，并且解放了奴隶。甚至在1964年选举之后，南方大部分州都没有共和党。如今，共和党已经在南方处于主导地位，民主党的力量转向都市，尤其是东西沿海地带以及中西部的工业地区。

1960年选举结束后，来自南方各州的全部22名参议员都是民主党人，106名众议员中有99人是民主党人。2000年选举结束后，22名参议员中有13人是共和党人，125名众议员中有71人是共和党人（由于南方人口增长，众议员人数有所增加）。

两党在各州展开竞争，但不管是州级选举，还是各州内部的地区性选举，各地情况都有所差异。比如，在伊利诺伊州，两党在州级选举中竞争激烈；与此同时，在芝加哥的选举中，民主党处于主导地位；但在该州南部地区的选举中，共和党则占据优

势。通常来说，民主党都能赢下纽约州的竞选，但在该州的大部分乡村地区，竞争相当激烈。很显然，随着时间的推移，这些模式也在发生变化，并且受到政治因素和人口迁移的影响。对美国政治的任何一个方面进行过于宽泛的概述，往往就会漏掉这些细节。

小结

要评判美国的选举体系是否达到了最终的民主目标，理解该体系的框架和规则十分重要。通过这些框架和规则，处于被治理地位的民众得以表达他们的意愿，认可负责治理的官员，同时也认可后者施行的政策。美国人的政治信念包含在《独立宣言》中，后者列出了民主的基本原则，美国式民主就建立在这些“不言自明的真理”之上，自建国以来，这些原则一直贯彻至今。其中最基本的一条是，“人人生来平等”，并且“被造物主赋予了若干不可让渡的权利”。政府的目标就在于巩固这些权利，政府的权力基于民众的认可。

选举流程决定了民众如何来表达这种认可。宪法规定的制
26 度框架决定了选举流程如何运作，以及选举能否帮助民众表达他们对于官员的认可。这个框架有两个最重要的方面：首先是三权分立，行政部门独立于立法机构，并且分别举行选举；其次是联邦制，宪法没有规定的权力由各州保留。建国时选出领袖的办法就脱胎于宪法的这些核心要素。当初的那些决定后来衍生出现行的政治体系，以及政党在这一体系中所起的作用。要理解现行体系，要评价美国式民主在当今世界的地位，就必须先
27 来回顾美国政党的演变过程。

第二章

美国政党简史

1787年，为了说服纽约民众批准新的联邦宪法，詹姆斯·麦迪逊写下了《联邦党人文集》第十篇。人们通常认为，这篇文章提出了宪法的基本纲要。麦迪逊告诫读者，派系斗争祸害无穷，“既不利于其他人的权利，也不利于长期的、整体的社区利益”。乔治·华盛顿在辞去总统职务的告别演说中，告诫民众“要以最严肃的态度来反对党派意识的祸害”。

然而，麦迪逊本人后来却敦促托马斯·杰斐逊建立组织，反对亚历山大·汉密尔顿的政策，后者是华盛顿的财政部长，据说华盛顿的告别演说就出自他手。这些开国元勋一度害怕派系斗争，反对政党，最后却变成了最早的政党领袖，这听起来多么讽刺。杰斐逊组建的民主共和党是第一个现代政党。

在这些开国元勋提出警告的时候，他们所担忧的对象还没有成形。但政党（以及两党制）很早就在美国出现，并且延续至今。在第一章，我们探讨了一些制度因素，用来解释为什么美国会存在两党制。在本章，我们将分析政党的历史成因和后续发展。 28

图3　约翰·亚当斯、古弗尼尔·莫里斯、亚历山大·汉密尔顿和托马斯·杰斐逊，这几位建国时期的政治领袖同时也是早期政党的缔造者

早期美国政党

麦迪逊和杰斐逊联合起来组建政党，并不是为自己谋求权力，而是因为他们认为，汉密尔顿正引导国家走上错误的道路。汉密尔顿的经济政策对新英格兰地区的商业阶层更为有利，麦迪逊和杰斐逊认为美国是个农业国家，弗吉尼亚地区的种植园和西部边疆的农民才是美国的代表。每个阵营都认为他们是为了公众的利益。

双方展开辩论。[1]他们组建的政党类似于18世纪英国/爱尔兰政治哲学家埃德蒙·伯克所设想的组织（“一群人联合起来，
29 为促进国家利益而共同奋斗”）。作为理论家，这些缔造者一度

担心政党会造成国家层面的派系斗争和内部分裂。然而当这些人成为国家领袖之后，他们发现组建政党是必要的手段，只有政党才能达成同盟，从而为公众利益服务。

亚历山大·汉密尔顿认为，从经济因素和地缘政治因素考虑，新生的美国要想生存，必须有一个强有力的中央政府。作为建国初期的财政部长，他的意见深受华盛顿总统重视，尤其是在一些重大问题上，比如募集足够的资金来偿还独立战争期间的债务，以及由联邦政府来承担各州债务。约翰·亚当斯是华盛顿的副手，后来成为华盛顿的继任者，虽然他瞧不起汉密尔顿，但他赞同后者的许多看法。托马斯·杰斐逊在华盛顿政府中担任国务卿，他强烈反对汉密尔顿的计划，但出于对华盛顿的忠诚，他继续留在内阁。然而，在国会当中，汉密尔顿与杰斐逊各自的追随者派系分明，后者认同杰斐逊关于农业化和各州自治的理念。两人关于美国发展方向的理念差异最终产生不同的党派。

华盛顿、亚当斯和汉密尔顿领导的政党被称为“联邦党”，杰斐逊和麦迪逊领导的政党被称为“民主共和党”，在围绕是否接受亲英的《杰伊条约》展开的辩论过程中，两大派系之间的分歧变成了永久的决裂。作为亲法派，杰斐逊反对这个条约。他辞去内阁职位，回到弗吉尼亚州的老家蒙蒂塞洛。但不久之后他就复出了。

1796年，华盛顿宣布不会寻求第三任期。时任副总统约翰·亚当斯想要成为继任者，他打算在汉密尔顿不留任的情况下，继续推行后者的计划。国会中汉密尔顿的反对者向选民发 30
出公开信，为杰斐逊造势。最终亚当斯惊险战胜杰斐逊，两人获得的选举人票仅差三票。杰斐逊承认失败，并同意按当时的选举规则担任副总统。在建国过程中，这是重要的一步，因为杰斐逊认可选举体系的合法性。当时的政党体系以政策为核心，在国家层面进行组建，并逐渐扩散到全国各地。[2]

亚当斯执政有失民心。1800年，杰斐逊再度成为他的对手。此时，政党体系已趋于成熟，所有支持杰斐逊的选举人同时也投票支持他的竞选搭档阿龙·伯尔，两人打成平手，都比亚当斯高出八票。当时的宪法规定，在没有候选人获得过半数选举人票的情况下，由众议院从排名前三的候选人中选出总统，当时众议院被联邦党人掌控。整个国家陷入一场危机，有谣言称对手进行秘密交易，试图阻止杰斐逊当选。最终在35轮不分胜负的投票后，杰斐逊还是赢得了选举。因为获胜者最终当选，这样的选举流程也作为合法形式保留下来。[3]

建国初期发生的这些事件对于国家建设产生了重大影响，政党在其中发挥了主要作用，虽然政党的缔造者在执政之前曾贬低党派。首先，一位深受民众爱戴的总统在1796年自愿放弃权力，原本只要他自己愿意，完全可以继续连任。其次，在选举继任者的竞选中，一位反对总统的政策并且惜败于对手的候选人同意担任副总统，因为那是当时宪法的规定。第三，政党体系开始形成，国家领袖通过政党将他们的政策分歧摆在选民面前，由后者来投票决定。当然，当时有资格成为选民的人并不多——
31 仅限于白人男性，并且许多州还规定，选民必须拥有产业。第四，1800年，现任总统在选举中失利，虽然他可以通过操纵众议院来继续留任，但他最终没有这样做，而是承认选举结果。亚当斯自愿将总统权力交给杰斐逊，这一事件确认了这个新生国度的政

图4　阿龙·伯尔与亚历山大·汉密尔顿之间激烈的政治斗争最终以一场决斗结束，时间是1804年7月11日，地点是新泽西州的威霍肯

治体系的有效性。在这一体系中，政党扮演着前所未有的重要角色。

1800年大选结束后不久，联邦党势力大减，沦为新英格兰地区的区域性政党。他们的政策过于保守，在全国范围内缺乏吸引力，同时他们的领袖也不愿意为了寻求支持而妥协。他们一直都是亲英派，当国会于1812年对英国宣战时，他们曾站出来反
对。到1820年，民主共和党的统治地位已经无可撼动。[4] 32

随着联邦党的消失，美国政党的第一个发展阶段也宣告结束。一个大型政党走向消亡，如今的美国人可能会对此感到吃

惊，但别忘了，那时候的政党很脆弱，还不成熟。民众还没来得及对政党产生忠诚——他们支持的对象是领袖。当时的政治精英并非在所有问题上都有分歧。杰斐逊在他的第一次就职演说中强调，“观点差异不等于原则差异……我们都是民主共和党，我们都是联邦党”。当时的议员更关心地区利益，而不是政党。在担任总统期间，杰斐逊时常精心安排宴会来笼络议员，希望他们支持自己的观点。在缺乏民众支持的情况下，联邦党领袖没能做出调整，他们内部缺少组织机构来支撑整个党。领袖退出政坛，回到自己的家中，联邦党就此消失。

现代政党的发展

我们可以从不同的分析框架来观察现代政党在过去两百年时间里的发展。每一种框架都有助于我们理解政党如今在美国政治中所扮演的角色。

政党反映出选民群体关于政策的意见分歧

在建国初期，联邦党与民主共和党之间的意识形态及政策分歧体现出两党的性质差异。在联邦党势力大减、不可能赢得全国选举的情况下，两党之间的分歧也随之消除。在联邦党衰
33 落后的“美好时代”里，竞选就在民主共和党内部展开。

1824年，参加总统竞选的四位候选人都来自民主共和党，他们是：约翰·昆西·亚当斯、亨利·克莱、威廉·J.克劳福德和安德鲁·杰克逊。民主共和党并没有从中选出一人进行提名。限于篇幅，在此无法详尽描述那次选举中发生的复杂而又迷人的故事。只需要说一点：在选举中，安德鲁·杰克逊得到的民众

选票和选举人票都名列首位，但他的选举人票没有过半数，因此最终决定权到了众议院手中。[5]当时担任议长的亨利·克莱获得的选举人票排名第四，遭到淘汰，他转而支持约翰·昆西·亚当斯，后者当选为美国第六任总统，并任命克莱为国务卿。这一举动招致杰克逊阵营的批评，认为这是腐败交易。

在这一时期，政党归属和忠诚度都不稳定。1828年，杰克逊作为民主共和党成员参选，挑战总统亚当斯，后者当时代表国民共和党（National Republican）参选。这一年选举中，杰克逊轻松击败亚当斯。这次选举，比的完全是个人魅力，而不是政策。杰克逊获胜后，他的政党（很快就更名为“民主党”）分享了胜利成果，把可以直接任命的政府职位全部据为己有，赶走了亚当斯的支持者。

然而，就在这种依赖个人魅力和物质回报的政治模式背后，以“密苏里妥协”为代表的棘手的奴隶制问题，开始浮出水面。这一时期党派政治的核心问题是政治精英如何处理奴隶制。从1836到1852年，辉格党取代国民共和党，成为民主党的主要对手，但两党在奴隶制问题上都含糊其词。第三党（先是自由党，随后是自由国土党）正面回应了当时最重要的问题，从而成为两党之外的替代方案。1854年，共和党成立，作为民主党的主要竞争对手，他们迫使后者直面奴隶制问题。到1856
年，辉格党近乎消失，前总统米勒德·菲尔莫尔作为领袖只得 34
到八张选举人票，最终输给了民主党候选人詹姆斯·布坎南和首位共和党候选人詹姆斯·弗里蒙特。1860年，亚伯拉罕·林肯作为共和党候选人赢得选举，他的对手民主党内部南北两大阵营出现分裂。

密苏里妥协

当废奴运动在北方各州兴起时，美国的自由州和蓄奴州数目正好相等，因此双方的参议员人数也正好对等。当密苏里准州申请加入联邦时，北方代表坚持要求增加条款，禁止新加入的州施行奴隶制。经过参议院内部的一番激烈辩论，这一条款最终没能通过。这一场景预示着未来几十年南北双方关于奴隶制的激烈交锋。1820年的密苏里妥协结束了美国在奴隶制问题上面临的第一次危机，在承认缅因州作为自由州的同时，也认可密苏里州作为蓄奴州。但随后的四十年时间，奴隶制一直是美国政坛的首要问题。

从那时起，民主党和共和党作为两大政党主宰了美国的选举政治。没有哪个其他政党的候选人能够在总统选举中获胜；没有哪个其他政党的支持者能够在国会中获得多数席位。但这并不意味着，党派政治在过去150年的时间里一成不变。导致两党产生意见分歧的问题不断变化，两党在选举中结盟的对象也随之发生变化。

内战结束后，由于南方民众对于林肯所属的政党（共和党）心怀不满，民主党势力得以深入南方各州。在数十年时间里，尤其是在1876年南方重建宣告结束之后，全国性选举呈现激烈竞争的局面。当时正值工业化的快速发展期，有不少工业领袖在两党中占据主导地位。在他们支持的候选人中，有许多人是内战时期的将领，他们希望这些候选人能在将来支持自己的经济发展规划。与此同时，大批新移民来到美国的沿海地区，支持在他们定居的城市中掌握权力的政党，因为该党与当地实业家有 35
着密切联系，能够保证他们的工作和安全。随着美国逐渐成为工业大国，政策辩论重新回归权力政治。

一系列看似无关的事件阻碍了共和党在这一时期取得彻底的统治地位。首先，丑闻和经济萧条动摇了尤利西斯·S. 格兰特（1869至1877年期间担任总统）政府的地位，也使共和党受到的支持减少，同时帮助民主党候选人在1876年和1880年的选举中赢得支持。1884年农业产量减少以及1890年代初的经济萧条帮助民主党候选人格罗弗·克利夫兰在1884年和1892年两次当选总统。1880年代中西部地区农民的不满情绪，以及后来南方地区和西部地区农民的不满情绪，都被民主党加以利用。另外，作为第三党的平民党打着农业美国的旗号，他们扮演的角色与半个世纪前的废奴主义者颇为相似。

1896年总统选举成为分水岭。由于1893年出现经济萧条（当时正值克利夫兰的第二任期），民主党在1894年的中期选举中损失惨重。个人魅力出众的民主党领袖威廉·詹宁斯·布赖恩批评大企业，他支持农业美国的说法，要求降低贷款难度，并采取银本位制。没人能否认布赖恩的口才，但他选择的盟友决定了民主党的失利。

> 大城市依赖我们广阔肥沃的平原。留着我们的农场不动，烧掉你们的城市，这些城市将会重生，就像施加了魔

法；但如果毁掉我们的农场，这个国家每座城市里的每条街道都会长满野草……你决不能把人类钉死在黄金十字架上。

威廉·詹宁斯·布赖恩的“黄金十字架”演说

1896年7月，民主党全国大会

1896年总统选举重新调整了选民群体。[6]共和党成为代表城市、工人和实业家的政党；民主党在南方和边疆各州占据优势，但依旧是少数党。随后的九次选举中，共和党只输了两次：1912年，共和党候选人输给了伍德罗·威尔逊，因为作为第三党候选人参选的前总统西奥多·罗斯福造成共和党内部分裂；1916年，威尔逊惊险赢得连任。当时共和党还控制了国会，模式与总统选举一样，因为在那个时候很少有选民会同时投票支持不同的政党。

在20世纪头二十多年时间里，选举同盟保持稳定，但1929年出现的大萧条以及两党的应对措施改变了原有的同盟关系。与之前一样，政党名称没有发生变化，依然是民主党和共和党，但之前的共和党人现在变成了民主党的热心支持者，之前积极支持民主党的人现在变成了共和党人。共和党人赫伯特·胡佛在大萧条开始时当选总统，他认为应该保持现有政策不变。他在1932年的民主党竞争对手、纽约州长富兰克林·德拉诺·罗斯福在竞选时提出改革方案，并在就任总统后选择了新的道路。

罗斯福的顾问信奉凯恩斯主义，强调政府干预经济并采用预算赤字的办法来刺激经济增长——这就是美国的新政。政府在危急关头成为雇主，为那些缺乏生活保障的人提供支持，给那些需要帮助的人带来关怀。经济学家可以争论，究竟是不是罗斯福的政策让美国摆脱了大萧条，究竟这些领袖在二战之前施行的经济刺激有没有那样的效果。但没有人能够否认，公众对于罗斯福新政的认可度改变了随后几十年的选举政治。 37

民主党保持了他们在南方各州的统治地位，很大程度上这是出于内战遗留的文化因素。但罗斯福的新政同盟增加了工会成员、小农场主、少数族裔、穷人以及其他为平等权利而奋斗的人群。共和党变成了代表大企业和富人阶层利益的政党。罗斯福率领美国加入二战，他作为领袖在战争期间深受民众爱戴。罗斯福打破了华盛顿留下的美国总统任期不超过两届的惯例，在1940年赢得第三任期，并且在1944年赢得第四次。1945年4月，罗斯福在办公室去世。[7]在他的总统任期内，民主党控制了国会，并且一直持续到20世纪最后十年，其间只有一次例外。

1960年代，新政同盟依旧支配着美国政坛。这种状况并没有因为某次灾难性事件突然遭到破坏，而是渐渐出现裂痕，因为选民群体要面对不同的重大问题，并且民众已经忘记了导致他们或他们的父辈对某个政党产生忠诚的事件。1960年代，共和党总统候选人巴里·戈德华特第一次闯入民主党在南方的领地。理查德·尼克松采取的南方竞选策略，意在吸引那些只是因为传统（而不是政策偏好）选择民主党的选民。从那时起，南方各州越来越倾向于共和党，不仅是总统选举，各州选举和地方选举也是如此。

越南战争同样动摇了传统的政党忠诚。反战群体中有许多人来自民主党。许多传统的蓝领阶层的民主党支持者认为，在本国军队受到伤害的时候，反对战争是一种不爱国的行为。为表示抗议，他们转而支持共和党。其他人离开民主党是因为他们认为，民主党采取孤立主义的立场，不愿意勇敢面对世界其他地区。

在国内问题上，民主党被认为采取极端立场。1972年总统
38 竞选期间，民主党被称为鼓吹“大赦［逃避兵役的人］、迷幻药和堕胎”的政党。那些在社会问题方面更为保守的民主党支持者，他们的忠诚度受到考验。在罗纳德·里根担任总统期间，传统的政党支持进一步受到挑战。里根是个很有魅力的领袖，并且有一套表述清晰的执政理念。他倾向于加强国防，降低税收，削

图5　1984年8月23日，罗纳德·里根在得克萨斯州达拉斯市举行的共和党全国大会上接受总统提名。在描述共和党和民主党的差异时，他说：“今年要做的是……在两种截然不同的治理方式中进行选择——是选择他们那种充满悲观、恐惧和限制的治理方式，还是选择我们这样充满希望、自信和增长的方式”

减福利项目，支持传统的社会价值观。一些立场保守但传统上属于民主党的工会领袖转而支持里根。支持里根的民主党人，那些传统上支持民主党但在1980年代选举中把选票投给里根和共和党的人，是里根获胜同盟中的重要组成部分。

20世纪末，持保守立场的基督教徒作为一种政治力量的兴起，使原有的对政治同盟的分析更为复杂。许多保守的基督教徒出于经济原因原本应该选择民主党，但他们最后把选票投给了共和党。党派政治变得越来越尖锐，因为很难就各种紧迫的全国性问题达成妥协。2000年大选中，布什与戈尔接近平手，并且两党在国会中也持平，但这样的政党平衡并不稳固。在一些问题上，两党的分歧很明显。但是更多的政策问题似乎叠合在一起。选民的态度因为社会问题产生一种分歧，因为经济问题产生另一种分歧，或许又会因为国际问题产生第三种分歧。民众最终支持哪个政党取决于什么问题对他们来说更重要，或者什么问题的表述方式能够吸引更多的选民。一些政治人物注意到这一点，于是在争议性问题上采取极端立场，这进一步加剧了全国民众的意见分歧。

就此而言，美国历史上有些时候政党间的分歧能够清楚地反映出民众对于某项政策的意见分歧，但另一些时候这两者之间的关联没那么清楚。随着联邦政府在更多领域介入民众的生活，随着民众的生活变得更加复杂，并且美国民众进一步融入全球性群体，要想从政党分歧看出微妙的、存在内部冲突的民众态度，变得更加困难。

建国初期，美国政党是政治领袖在国内寻求支持的工具。但政党随后演变成为一种制度，并且在选举流程中扮演着重要角色。我们无法想象如果没有政党，美国政治会是什么样子。因此，政党发展史的另一个部分就是制度发展史。

作为制度的美国政党

政党作为正式制度的发展始于杰克逊执政时期（1829—1837）的民主化改革。杰克逊式民主的核心是民众在选举流程
40 中的参与度。之前约翰・昆西・亚当斯在民众投票中落败却最终当选总统，这样的教训促使政党进行改革。在1832年之前，都是通过在国会内部召开推举会议的办法来提名候选人，这种会议也被嘲讽为“君主会议”。现在各党都不再使用这种办法，而是召开全国大会，由来自全国各地的代表投票选出总统候选人。到1930年代，通行的做法是由各州经过普选（而不是在州议会内部投票）产生选举人。为了让身处华盛顿的国会代表与他们的选民保持联系，各州改为采取以选区为单位的办法来选出众议员，这一做法被写入1840年颁布的《人口普查法》，成为正式法律。在建国初期，州长往往由州议会选举产生，后来同样改为普选，并且民众还有权选举许多州级官员和地方官员。

因此，政党开始发展地方机构，他们的任务是组织投票，支持候选人，并且发动民众参加投票。到1840年代，两个主要政党都已建立复杂的、权力分散的组织形式。1848年，民主党成立全国委员会（不到十年，共和党也照搬这一模式）；不过，全国委员会显然没有州委员会和地方委员会那么强势。到19世纪中期，两党都有了从地方层面到全国层面的各级组织，并一直延续至今。

随着选举权范围扩大，更多民众有了投票的权力，政党也开

始采取竞选手段来接触选民。有些退伍的老将在参加总统竞选时用朗朗上口的名号来宣扬自己的战绩。杰克逊本人是1812年战争中新奥尔良之战的英雄人物，他被称为“老核桃”；威廉·亨利·哈里森是蒂珀卡努之战的胜利者，击败了一群印第安人，因此他和他的竞选搭档约翰·泰勒被称为“蒂珀卡努和泰勒”；1848年当选总统的扎卡里·泰勒被称为“老硬汉”。 41

政治人物还学会使用煽动性的修辞言语来打动选民；政党组织火炬游行，点燃了支持者的热情。发动民众意味着让大家都到投票点参加选举活动，那时候和现在一样，选民的态度不会因为辩论而动摇。到了19世纪中期，分肥制（spoils system）和激动人心的竞选已经是政治活动的一部分。所谓分肥制指的是，在竞选中获胜的候选人将为自己的支持者提供工作机会。

19世纪的后半叶被称为“政党的镀金时代”。政党间的竞争极为激烈。于是，各党都花费重金，加强组织，发动自己的支持者参加投票，尤其是在边缘选区。这些支持者必须经过训练、组织，态度积极。

就是在这一时期，各党开始形成核心团体（party machines），也就是结构分明的等级关系。占据主导地位的是一些政坛大佬，他们手下有一群工作人员，负责各个等级，一直到最基层的选区。政党采取物质激励的手段确保工作人员和选民的忠诚度，如果选举获胜，这些奖励就会分发下去；如果选举失败，奖励就会取消。工作人员通常能得到丰厚的回报，所以他们会为核心团体努力工作以保住职位。他们的一项重要任务就是招募新的支持者，通常会选择新移民为对象。执政党为新移民提供各种援助——工作、住宿、感恩节和圣诞节的特别礼物、帮助他们融入当地社区（对于新移民来说，或许这一点最为重要）。作为回报，政党得到选票，还有忠诚。

19世纪末，控制城市地区的政党核心团体在乎的是物质回报，而不是政策立场。他们的任务是赢得选举；他们招募候选人参加地方职位竞选，但在乎的是那些官员能够提供的工作岗位，而不是对方通过的政策。当时地方政府或县政府控制着大多数
42 可以作为物质回报的工作机会。

在州级层面，政党核心团体（特别是共和党）采取另一种运作方式。这种方式的激励因素来自商界人士提供的金钱，而不是工作机会和针对新移民的援助。各州核心团体通常由联邦参议员领导，因为当时联邦参议员由州议会选举产生。商界人士支持政坛大佬，后者经州议会选举，当选参议员并前往华盛顿，他将在那里设法保护那些为他的团体提供资金支持的商界人士的利益。虽然核心团体的运作动力有所不同，但本质是一样的，都是通过物质激励换取忠诚。

政党控制的一个重要机制是对提名过程的控制。政党大佬们决定谁能得到提名。随后，他们印制并分发选票，从而控制着被提名者的命运。政党的运作机制，普通民众既看不见也控制不了。

到世纪之交的时候，政党核心团体的发展达到巅峰。20世纪初，美国开始对选举流程进行改革，这些核心团体逐渐走向衰落。直接预选的出现和普及把提名权从政党领袖手中抢了过来。1913年通过的宪法第十七修正案规定，联邦参议员由直接选举产生，这又从核心团体手中夺走了一项残余的权力。作为应对大萧条的新政的一部分，美国政府采取的福利制度改革意

图6　林登·约翰逊总统向多年来一直掌控芝加哥的政坛大佬、市长理查德·戴利表达敬意

味着由联邦政府（而不是政党）向有需求的民众提供援助——相应地，民众的忠诚对象也开始转移。20世纪中期以后，在一些城市地区依然可以见到残留的政党核心团体。位于芝加哥市、由市长理查德·戴利领导的库克县核心团体就是一个典型例子，但这些残留的政党组织已经不是通行惯例，只是例外。 43

但政党并没有就此消亡。如果说政党作为选举组织的功能正在弱化，在组织政府和吸引民众支持方面，政党依然保持强势。[8] 20世纪初，两党开始在国会两院选出形式上的领袖，不管本党是多数党还是少数党。两党要求立法机构内的本党成员与领袖保持一致。执政党要求本党成员支持总统的立法举措。新当选的总统通常都会挑选本党成员出任内阁职务或担任非正式顾问。

选民支持某个政党的原因不再是物质激励，但他们的忠诚度保持不变。在新政期间，政党分歧尤为严重。在民主党看来，罗斯福总统是救星；但在共和党看来，他就是恶魔。选民支持某个政党，首先是出于忠诚，而不是因为政策或候选人，只有某些
44 具有个人魅力的领导人（比如1952年竞选总统的德怀特·D. 艾森豪威尔）才是例外。政党组织依然存在，但早就不像从前那么强势。[9]

借用马克·吐温的话来说，关于政党消亡的谣言总是被过分夸大。不仅两党制没有消失，而且民主党和共和党依然处于主导地位。18世纪初，随着联邦党的消亡，有一段时间美国不存在两党竞争，但这种局面没有在20世纪中期复现，因为每个政党如今都是作为组织存在，而组织总是能进行调整，维持自己的生存。他们不会收拾行李，灰溜溜离开。

政党的自我调整是为了应对新的形势：他们过去使用的竞选手段已经失效；选民的忠诚对象不再是政党；选民在投票时同时支持两党，一些职位投票给民主党，另一些职位投票给共和党，这种做法已经变成常规；候选人依靠自己的力量发起竞选活动，而不是与党内其他成员结成同盟。简而言之，政党接受新的角色（通过候选人来实现），从而适应新的形势。新的竞选手段——首先是广播，之后是电视，再之后是更为复杂的技术，使用计算机进行民意调查和接触选民——这些都需要资金。政党接受新的角色，为候选人募集资金。在国家层面，政党通过全国委员会和负责国会两院竞选的四个专项委员会来募集资金，这些委员会又被称为“国会山”委员会（包括民主党众议院竞选委员会、民主党参议院竞选委员会、共和党全国众议院委员会、共

和党全国参议院委员会)。他们把资金从全国性组织下拨到州级组织,并且为资金有限的候选人提供各项服务(比如民意调查和研究竞争对手)。他们起到中间人的作用,方便本党候选人与 45
可能提供支持的利益集团的代表进行接触。政党实质上变成了服务性组织,为候选人参加竞选提供支持,他们以这样的角色在全国性竞选活动中发挥重要作用。

政治史学家乔尔·西尔比根据政党在美国社会扮演的角色,把美国政党的历史分为四个时期。他把建国初期到杰克逊执政的这段时间称为“前政党时期”。从杰克逊到镀金时代的这段时间称为“政党时期”。政党影响力衰落的这段时间称为“后政党时期”。我们当前所处的时期称为“非政党时期”。就政党对美国社会的重要性而言,这样的划分或许有一定道理,但政党(特别是作为竞选组织单位和政府组织方式)如今依然充满活力。他们不再扮演从前的角色,但他们已经自我调整并找到新的角色。如果不弄清楚政党的新角色,就不可能理解现代美国选举。

美国政党的运作体系

到目前为止,我们已经讨论了美国政党如何反映出选民内部的政策分歧,以及政党作为一种政治制度如何发展与调整。但制度总是存在于更大的政治体系之中,政策也是在这个体系中制定的。因此,政治体系的变动必然导致制度运作机制和政策背景发生变化。接下来,我们将简要探讨三个出现重大变化的领域:选民、竞争的职位及规则、竞选手段。我们将分析这三
个领域的变化对于政党和选举流程的影响。 46

选民范围的扩大

建国初期，美国大多数州规定，只有拥有产业的白人男性才享有投票权。现在选举权已经普及，人们关心的是如何提高投票率，如何说服那些有资格投票的人行使手中的选举权。选民范围的逐步扩大经历了四个阶段。

第一步是去除关于财产的限制条件，具体操作由各州分别进行，通常都改为要求选民必须纳税。新的规定以人头税的形式（在民众投票时征收）延续多年，直到最后废除。根据1964年正式生效的宪法第二十四修正案，联邦官员选举不再征税；之后，根据1966年最高法院在“哈珀诉弗吉尼亚州选举委员会案”中做出的判决，所有选举都不再征税。

此后，选举权范围继续扩大，经过一个多世纪的漫长斗争，黑人终于获得投票权。内战结束后，根据1870年正式生效的宪法第五修正案，所有公民无论何种“种族、肤色或之前是否奴隶出身”，都享有投票权。但是，此前蓄奴州的州议会采用狡猾的办法，把刚获得解放并享有投票权的奴隶排除在外。他们实施一系列所谓的“种族歧视法”，包括识字能力测试、宪法阐释测试、“仅限白人”的初选（规定政党作为私人协会只允许白人加入）、居住地限制和人头税。南方各州的社区经常把投票箱摆放在远离黑人聚居区的地方，并且只在有限的时点内开放投票。除了这些法律限制，他们还加上非法手段——恐吓与暴力。结果就是，1960年的选举中，在亚拉巴马州、密西西比州和南卡罗来纳州，只有不到15%的非裔美国人登记投票。那一年，整个南方地区的非裔美国人中，只有大约30%的人登记投票。1965年

颁布的《选举权法》就是为了消除上述做法造成的政治权利不平等。《选举权法》规定，一旦确认某个县登记投票的少数族裔 47
民众数量不到该族裔总人口的50%，就构成种族歧视的证据，联邦户籍员将更换地方官员，以确保少数族裔在投票时得到公平对待。《选举权法》是1960年代民权运动最重要的成果之一。到这个十年末期，整个南方地区登记投票的非裔美国人比例翻了一倍，在之前登记率最低的几个州，这一数字甚至增长了四倍多。虽然非裔美国人的投票率依然低于全国平均水平，但最大的法律障碍已经清除。

第三阶段，女性获得投票权。1848年，塞内卡福尔斯市举行的妇女大会发布《感伤宣言》，要求获得平等权利。1920年，宪法第十九修正案（又称“女性投票权修正案”）正式生效，女 48
性从此得到投票权。在此期间，女权主义者发起史诗般的战斗，

图7 1913年3月3日，一群女权主义者游行穿过华盛顿的街道。女性如果获得选举权，选民总人数很可能会翻倍

这段历史值得大书特书。这些女权主义者不仅在每个州发起宣传，而且在全国性场合进行抗争。她们希望获得同等的权力，不仅是针对当权者，而且也针对她们的丈夫。她们的成功让我们看到其领袖的实力和技巧，看到她们的坚忍不拔，看到坚持原则的人战胜手握权力的人。

选举权在上述三个阶段的逐步扩大对于美国的选举流程产生了显著影响。建国初期，只有三十分之一的人有权投票。政治是社会精英的游戏，普通人的观点不必在意。把选举权扩大到所有纳税人从根本上改变了这场游戏。随着游戏者的变化，那些想要赢得选举的人就必须采取新的策略；否则就会像联邦党那样消亡。

把选举权授予非裔美国人，这最初是为了表明一种原则，但到了1960年代，理论上的投票权转化为真正的权利。特别是南
49 方各州，过去选举产生的政治人物完全无视当地大部分民众的观点和需求，因为这些人知道非裔美国人不会参加投票。但现在，这些观点和需求变得重要了。

斯特罗姆·瑟蒙德

对于新的政治策略的需求，从南卡罗来纳州的斯特罗姆·瑟蒙德身上可以看得最清楚。瑟蒙德的职业生涯始于南卡罗来纳州，他最初是个公开的种族歧视分子，要求实施种族隔离；他的观点代表一部分南方人渴望的生活方式。1948年，他作为州权党候选人参加总统竞选，反对当时

在任的民主党总统哈里·S. 杜鲁门提出的自由主义观点。1960年代，由于林登·约翰逊在民权问题上的强势态度，瑟蒙德改投共和党。1980年代再度竞选时，他招募了一名非裔美国人作为他的参议员办公室的前台接待。此时，南方各州的当权者已经不能再忽视非裔选民的力量。[10]

19世纪末，美国各州陆续认可女性的选举权。到了1920年，全国范围内的女性普遍享有选举权，结果符合投票资格的选民人数翻了一倍。那些当权者——政党领袖、工会领袖、酿酒业、天主教会、商界领袖——都反对将选举权赋予女性，因为他们担心自己的权力赖以存在的政策可能在一夜之间被推翻。这样的担忧并没有变成现实，但政治活动的性质发生了变化，各党开始推行新的执政纲领来吸引女性选民，并且调整相应的竞选手段和策略。在20世纪的不同时期，女性为了切身利益聚集在一起。有些时候，她们的投票模式完全不同于男性。但情况逐渐发生变化，最终女性的投票模式和男性已没有重大差异。

在选举权扩大的第四阶段，同时也是最后一个阶段，投票年龄限制从大多数州规定的21岁下降到18岁。艾森豪威尔总统在二战期间作为欧洲战场联合远征军的最高统帅，把成千上万名年轻人征召入伍。他很清楚，18岁至21岁的年轻人必须服兵役却没有选举权，这样的法律规定显然自相矛盾。因此，他在1955年的国情咨文演说中，要求国会把选举权年龄限制降低到18岁，并且坚持要求阿拉斯加州和夏威夷州降低选举权的年龄限制才能加入美利坚合众国。

但艾森豪威尔的要求没有得到批准，直到越战期间的1971年，这个问题才变得白热化，最终由宪法第二十六修正案把选举权年龄限制降低到18岁。有些人担心刚获得选举权的年轻人在投票时会表现出自由主义偏好，另一些人则希望见到这一点，但这样的结果最终没有出现。年轻人的投票率远低于其他选民，
50 并且在种族、社会、经济背景相似的情况下，年轻人和年长者的投票模式并没有重大差异。

美国选举涉及的职位

如果说，选举权范围的扩大导致参加选举的人群发生变化，那么竞选职位的变化则改变了选举活动的目标本身。我们再次注意到一种进步，变化的结果对于选举流程本身影响明显。

进步首先体现在放在民众面前的选举职位数量的增加。无须详细描述发展过程，我们就可以看到这一点。建国初期，总统、联邦参议员和大多数州长都是在民众没有参与或只有少数人参与的情况下选举产生。总统由选举人团间接选出，州长通常由州议会选举产生，联邦参议员由州议会选举产生，许多地方官员都是直接任命。

这一切现在都有了变化。总统依旧由选举人团投票选出，但现在每个州的选举人都是经过普选产生，并且有不少人希望彻底取消选举人团。各州州长都是经过普选产生。自从1913年宪法第十七修正案正式生效后，联邦参议员都是经过普选产生。现在许多州的法官也是经选举产生。经选举产生的地方官员数量超过其他任何民主国家。经选举产生的官员数量在增加，但这些官员可以直接任命的职位数量急剧减少。

于是，现在的选举政治较少采用职位分肥的手段，而是采取其他方式来吸引选民。总统和州级官员塑造出一种能吸引选民的公共形象。这一做法最早可以追溯到19世纪中期，当时政党 51
提名那些选民耳熟能详的战争英雄作为候选人。到了电视和大众传媒时代，这一趋势更为明显。在当今时代，如果有人长成林肯的模样，还能当选总统？其他官员鉴于自身职位不够吸引人，就采取其他手段来接触选民。国会议员和州议员花费大量时间，带着他们的团队为选民提供服务，了解民众和社区的需求，因为后者与他们的工作密切相关。这些变化对于选举流程有着非常明显的影响。

竞选活动的技术手段

2004年，霍华德·迪安在民主党候选人提名竞选中失利，但他的竞选方式表明，当代选举已经出现第三种系统性变化：竞选活动的技术变化。迪安依赖互联网来接触选民，组织竞选活动，并募集资金。他用全新的方式来使用技术，但某种程度上，他的竞选活动仅仅是政治活动中使用技术革新的一系列变化中最新的一次尝试。

一百年前，政治人物通过单独交流来接触选民。个人接触是唯一的方式，不管是使用邮件，还是当面交流。当时政治人物不使用广播，不管是进行沟通，还是用作竞选活动，直到富兰克林·德拉诺·罗斯福担任总统期间才发生变化。

从那时起，我们见证了竞选活动中的三次技术革命。首先，候选人现在采取不同的方式与选民进行沟通。电视已经取代广播，成为候选人与潜在的选民进行沟通的首要方式。另外，电视的大众传播模式还由“针对性传播”进行了补充，所谓“针对性”指的是，在有线电视上购买广告，吸引特定的人群，并且专门设计相应的主题。互联网——通过网站和电子邮件——进一步完
52 善了候选人募集资金以及与选民进行沟通的方式。

其次，候选人通过更为复杂的方式来搜集选民信息。计算机技术给民意调查带来革命性的变革。以前只有全国范围内的竞选活动或者最昂贵的州级竞选活动能够负担民意调查的成本，通常在竞选开始时进行一次基准调查，随后补充一到两次后续调查，这被认为是通行做法。现在不仅是全国性竞选，甚至在州级竞选活动期间，民意调查都一直在进行。调查者采取滚动样本，每天或者每次重大事件发生后都对民意做出预测。在许多地方选举中，民意调查也很常见。以前负责民意调查的人只管完成自己的工作，向竞选活动的策划者提供信息，然后就靠边站。现在他们已经变成竞选活动的策划者，与媒体顾问、直邮顾问、负责资金募集的工作人员以及竞选活动的核心圈子保持密切合作（往往在同一家公司工作）。他们收集的信息更为复杂、更为及时，并且对于确定竞选主题起到更为关键的作用。

最后，竞选活动收集和分析的数据越来越复杂。有了速度更快、成本更低的计算机技术，竞选活动可以通过更为复杂的方式来收集、存储并分析数据，涵盖支持者、志愿者、捐赠者、重大问题、对手等各个方面。募集资金的方式也出现了巨大变化，因为现在的竞选活动能够精确瞄准目标人群。竞选活动可以采用更为复杂的组织方式，许多沟通活动都在互联网上即时进行。候选人的演说和辩论前的准备可以调整得更适合听众，可以更精确地引用政府项目，可以更迅速地反驳对手的观点，这一切都

得益于计算机进行的数据分析。

虽然有了这些变化，政治依然算不上科学。让我们来回顾2004年霍华德·迪安的总统预选。迪安曾任小州佛蒙特州的州长，他对于互联网的利用远胜于之前的候选人。他采取四年前 53 共和党候选人约翰·麦凯恩用过的手段，利用互联网募集到巨额资金。当时其他候选人都没有意识到互联网的巨大威力，直到迪安的竞选活动证明了这一点。他利用互联网组建了一支庞大的志愿者队伍，这些人和竞选活动保持着即时联系。迪安通过精确、复杂的方式来接触他能够吸引的选民。然而，他最终还是失败了。失败的原因之一是因为某天晚上他在艾奥瓦州的竞选活动中一时冲动，让那些正在积极听他演说的支持者看到了他的另一面。

更重要的原因是，其他候选人同样了解这项游戏，并且他们有自己的应对策略。他们从迪安的竞选活动中学到了经验——约翰·克里通过互联网募集到的资金比迪安更多——与此同时，他们找到了被自己的形象所吸引的选民群体，并且不断补充。重要的是，迪安向我们展示，在选举中可以使用新技术。其他人也学会这一技术并迅速赶上，他们的竞选活动做得更好，能接触到更多选民。

小结

回顾美国政党的发展简史有助于理解现在的选举流程。在美国历史上，政党一直在变化。作为制度，政党在不断变化；当时的重大问题决定了政党对于选民的吸引力。选民群体本身和竞选职位也有所改变。随着竞选技术的发展，候选人塑造自身形象的方式也在变化。

与此同时，选举流程并没有改变。目标依然是争取公众对
于候选人的支持，选民的判断依据是这些候选人以往的言行以
54 及将来可能做些什么。竞选依然有赢有输——在美国选举体
系中，不存在平手。竞选依然与组织能力有关，必须了解规则、
了解选民，掌握在现行规则下吸引选民的最有效的办法。在了
解选举流程和政党发展简史之后，现在我们来看下一章提出的
55 问题。

第三章

政党组织的形式与功能

根据奉承者的说法，在20世纪初长期担任纽约州州长的乔治・华盛顿・普朗基特（他同时还是名为“坦慕尼协会”的政治核心团体的领袖之一）曾经这样说过：“要知道，在政治活动里，诚实并不重要，效率并不重要，进步的眼光并不重要。重要的是有机会得到更好的工作、更好的小麦价格和更好的商业条件。”在鼎盛时期，这个团体控制了超过12 000个工作机会，每年的工资支出超过1 200万美元，数额比当时最大的钢铁企业还要高。

在一个世纪前的“政党的镀金时代”，政党组织（通常是运作良好的核心团体）负责治理。他们招募候选人，确定执政纲要；他们与民众交往，带领民众参加投票；他们安排人手从事公共服务，在民众与政府之间建立联系。那些政坛大佬的政治权力和影响力——还有他们的腐败程度——已经成为传奇。正如普朗基特在为自己的个人利益辩护时所说的，“我看到机会，就紧紧抓住”。那就是当时的政治运作方式。

甚至在20世纪前半叶，各个城市的政坛大佬依然掌控着

进入政界的通道。在马萨诸塞州的波士顿市，詹姆斯·迈克
56 尔·柯利在20世纪前半叶的大部分时候都是当地的掌权者。在密苏里州的堪萨斯市，一个名为“彭德格斯特”的核心团体在1920年代取得权力并保持强盛，他们甚至声称靠着他们的安排，哈里·杜鲁门才得以成为参议员，并最终入主白宫。在田纳西州的孟菲斯市，克伦普领导的核心团体在二战之前一直支配着当地政坛。同样的情况还包括：弗兰克·黑格领导的核心团体控制新泽西州的新泽西市；威廉·J.格林控制费城；戴维·劳伦斯控制匹兹堡；理查德·J.戴利控制芝加哥。到了1960年，上述权力分布对于约翰·F.肯尼迪获得总统提名起到了重要作用。

在那个时候，政党的组织形式呈现明显的层级化。这些等级分明的组织靠着物质激励，把选民与负责当地竞选的小头目和地区性的领导者联系在一起，然后又靠着更大的物质激励，把这些领导者与市级政府职位和县级法庭职位联系在一起。作为物质激励，他们为拥入美国城市的新移民提供工作以及食品、衣物等额外援助。此外，他们还提供精神上的激励，让这些新移民有归属感，帮助这些人在陌生的土地上奋斗，让移民不仅汇聚在这里，同时也相互融合，成为整体。

某些强势的领袖掌控着这些政治组织，他们认为那些靠着他们才得以在政府中任职的人理应有所回报，因此他们手中的权力不足为奇。说他们为了达到目的而曲解规则都算是轻描淡写了。这些政坛大佬对于自己的目标和动机毫不掩饰。汤姆·彭德格斯特将之简化为一条政治原则：“最重要的是拿到选票——不管用什么手段。”弗兰克·黑格的政治观点稍有不同：“我就是法律……我做出决定，我采取行动，一切由我！”这些大

佬达到了他们的目的。从他们那里得到好处的选民成为忠实支持者，他们的手段往往被忽略。57

这些政治团体走向消亡的故事颇为复杂——涉及民主制度改革、政府开始负责提供社会福利（原先这是政党的工作）、腐败曝光以及其他地方性因素。到20世纪最后二十几年，那些曾经风光无限的组织已远不如从前。

到21世纪，这些政治团体看起来就像是过往时代遗留的文物，但政党组织依然存在。以前的政党组织从基层建起，从县级、州级组织再到国家层面，等级分明。现在的政党组织很大程度上将权力从国家层面分流到下级组织。从前的政党组织掌控提名流程，候选人只是政党的产品。现在候选人建立自己的组织来参加初选，政党组织的作用很大程度上体现在为得到提名的候选人提供服务，或者帮助已经当选的获胜者谋求连任。从前政党的工作依赖个人的社会关系以及个人与选民的接触，现在政党的工作重点放在资金募集和电子沟通手段上。

美国政党不同于西方民主国家常见的规划型政党。政党组织及其领袖几乎从不干涉政府决策。至少在20世纪后半叶，可以说美国政党一直在寻找自己的定位。政党组织继续在地方、县、州、国家各级存在。在近年来的选举中，政党组织在竞选流程中扮演重要角色，选民却几乎不清楚这一点。在本章中，我们将勾勒现在的政党组织结构，讨论他们在选举政治中的角色，并且推断未来数十年政党角色可能发生的变化。58

全国性政党组织

要讨论美国的政党组织，或许最好的方式就是问一个简单的问题：你知道民主党全国委员会或者共和党全国委员会的主席是谁吗？美国之外的读者或许会说，这样的问题不公平，只有美国人才能回答。美国读者却挠着脑袋，不知道这些人到底是谁，更不用说他们在做些什么。

全国性政党主席

表3.1列出了自2000年以来在全国性政党组织中担任高层职务的人员名单。这份名单中有些人并不出名。事实上，大多数民众只听说过霍华德·迪安，因为在2004年民主党总统候选人提名竞选中，他虽然没有取得成功，却一度大出风头。迪安和共和党主席肯·梅尔曼之间的鲜明对比很耐人寻味。

梅尔曼成为共和党全国委员会主席的经历颇为典型。首先，他由乔治·W.布什选出，后者成功获得共和党总统候选人资格。现任总统掌控本党的全国委员会，通常在选择主席时具有决定性影响。其次，在成为全国委员会主席之前，梅尔曼担任过一系列政治职务。2000年，他是布什的总统竞选活动的现场指挥。在其政治生涯初期，梅尔曼曾为几位来自得克萨斯州的参议员提供服务。在布什获胜后，他随之进入白宫，担任政治事务主管。后来他离开白宫，在布什和切尼谋求连任的新一轮竞选团队中担任负责人。梅尔曼是一名政治工作者，与现任总统保持紧密联系；他是竞选专家，但不擅长制定政策。虽然他由共和党全国委员会成员投票选出，但实际上选择他的是上司乔
59 治·W.布什。

与此形成鲜明对照的是，当霍华德·迪安宣布竞选民主党全国委员会主席职务时，政治观察家们全都大吃一惊。迪安向

表3.1　民主党和共和党全国委员会主席

民主党全国委员会主席
乔·安德鲁，1999—2001 印第安纳州民主党前主席
特里·麦考利夫，2001—2005 为民主党及克林顿总统募集大笔资金；商人
霍华德·迪安，2005—现在 佛蒙特州前州长；曾谋求民主党总统候选人提名，没能成功

共和党全国委员会主席
吉姆·尼克尔森，1997—2001 共和党全国委员会副主席；科罗拉多州代表
詹姆斯·吉尔摩三世，2001—2002 弗吉尼亚州前州长
马克·拉西科特，2002—2003 蒙大拿州前州长
埃德·吉莱斯皮，2003—2005 政治顾问
肯·梅尔曼，2005—2007 2004年布什—切尼竞选团体负责人

来以打破传统而著称。在他宣布竞选民主党总统候选人提名时，很少有观察家看好他。当时他是一个小州的州长，在全国范围内名气不大，作为局外人他一心想挑战现有格局和党内的当权派。在当时的热点问题上，他采取的立场在一些人看来过于偏激；他不寻求本党领袖的支持；他发展出一套富有新意但未经验证的竞选策略，这套策略很大程度上依赖于互联网。出乎 60
人们的意料，迪安取得了成功。虽然没有赢得提名，但他改变了募集资金和开展竞选活动的方式，同时也让党内的左派深受鼓舞，后者对本党主流候选人颇为不满；另外，他也改变了人们对某些问题的看法。

之后，迪安决定接管政党组织。他参选的决定让民主党的中间派成员颇为担忧，他们认为，要想取得全国性胜利，必须持中间立场，而迪安过于激进的行事风格会导致中间派被边缘化。迪安没有采取措施来消除这些疑虑。他给自己的支持者发送电子邮件，宣布参加党主席竞选；他的话很简单：“我们的党必须用朴素的语言来说话，我们的议程必须体现具有进步意义的、财政上可以负担的价值观，这样的价值观把我们整个党——以及绝大多数美国人——团结在一起。”民主党领袖对于他“用朴素的语言来说话”的做法感到忧虑，同时担心他在社会问题上过于激进，不能吸引全国范围内的支持者。

但他们同时也意识到：民主党已经连续输掉两次总统选举，并且这两次参选的都是知名的主流候选人；他们的竞选活动在共和党面前黯然失色，他们的政党已经有十年没能掌控国会，他们的政党实力在国家和地方层面都遭到削弱，并且迪安已经展现出他在技术革新、资金募集和政党组织方面实力非凡。最终，许多人把忧虑藏在心底，迪安击败一批实力强大的传统意义上的政治工作者，成功当选民主党全国委员会主席。

这两位领袖在风格上有何不同？梅尔曼做事像一名典型的党主席。2005—2006年之交的冬季，布什总统的支持率直线下降，原因有好几方面：伊拉克的困局，联邦政府在应对卡特里娜飓风时决策失误，内阁成员陷入谣言，总统批准国家安全局进行
61 窃听活动（这一举动的合法性遭到质疑），在某些人事任命上任人唯亲。梅尔曼是布什总统的坚定拥护者。他站出来回答媒体关于上述事件的各种问题，并且尽量往积极的方面引导。

迪安扮演的角色截然不同。他来到共和党势力占明显优势

的地区，站在民主党立场上参与讨论某些重大话题。虽然他没有退缩，但地方民主党人并不总是欢迎他。尤其在南方各州，当地的民主党人对于迪安作为党主席重视本州表示感谢，但许多人认为，迪安传递的信息对于他们的选民来说是错误的。在迪安出现的场合，有不少当选的官员故意缺席。

迪安坚持用朴素的语言来发表演说。有一次，迪安把共和党形容为“基本上属于白人基督徒的政党”。一些成功当选的政党领袖批评了他的言论。康涅狄格州参议员乔·利伯曼说：“这是破坏团结的错误言论，我希望他道歉。”特拉华州参议员约瑟夫·拜登的看法与利伯曼相似：“我不同意他的那番言论。我也不认为，他的话代表大多数民主党人。”

全国性政党组织的工作人员

到目前为止，我们讨论了共和党和民主党全国委员会主席所扮演的角色，但我们还没有提及他们领导的委员会。每个政党的全国委员会成员由各州政党组织选出。虽然委员会在形式上掌握着政党的权力，但实际上很多时候主席只是出现在公共场合，大多数事务都由工作人员来完成。两党的总部规模庞大，办公地点固定设在国会大厦，全国委员会的人员就在那里工作，内容包括募集资金、制定策略、发明战术、开展调查、提供资金、帮助政党和候选人为每一轮竞选活动做好准备。全国委员会工作人员最重要的一项职责是监督全国范围内的竞选 62
活动，看哪些活动胜利在望、哪些必然失败，哪些竞争激烈，哪些候选人需要资金支持，诸如此类。随即，他们负责整合相关资源。

表3.2提供了一些有趣的比较。我们把人口数量大致相等的州放在一起。在每个例子中，两党的全国委员会都把更多资源分配给竞争激烈的州，而不是缺乏竞争的州。反差最明显的例子是俄勒冈州和加利福尼亚州。2004年，两党在俄勒冈州展开激烈竞争，而加利福尼亚州的局势呈现一边倒。因此，两党的全国委员会分配给俄勒冈州委员会的资金与分配给加利福尼亚州的资金大致相当，虽然前者的人口数量只有后者的十分之一。

民主党全国委员会和共和党全国委员会

民主党全国委员会有440名成员，其中包括9名官员（主席、5名副主席、秘书、财务主管、全国金融主管）；每个地区的司法部门由该地区主席和异性成员中职位最高者作为代表；200个成员名额按比例分配到各州；从国家到地方再到团体机构（比如，大学里的民主党组织），当选的各级民主党官员由27名成员作为代表；全国委员会主席最多可以任命50名成员，以此来照顾某些对本党具有重要意义但在全国委员会内部代表人数不足的群体（比如，少数族裔或工会）。

共和党全国委员会的组成要简单得多，除主席外，每个州或地区派出一名男性代表和一名女性代表。主要官员包括：主席、由异性成员出任的联合主席、根据区域范围选出
63 的四名男性副主席和四名女性副主席。

表3.2　从全国委员会到州委员会的资金转移

州	共和党全国委员会	民主党全国委员会
阿肯色州	589 017美元	552 975美元
堪萨斯州	0美元	45 090美元
科罗拉多州	944 281美元	2 198 434美元
马里兰州	200 000美元	176 309美元
佛罗里达州	11 276 106美元	6 438 728美元
得克萨斯州	615 000美元	220 213美元
伊利诺伊州	400 000美元	93 301美元
俄亥俄州	3 928 102美元	5 648 745美元
艾奥瓦州	1 551 985美元	2 715 054美元
堪萨斯州	0美元	45 090美元
缅因州	525 646美元	1 068 946美元
罗得岛州	15 000美元	27 750美元
马萨诸塞州	25 000美元	81 174美元
华盛顿州	879 181美元	1 031 543美元

全国委员会主席及其成员与其在四个所谓“国会山”委员会的对接机构保持紧密合作，这些委员会都设立在政党全国总部内。共和党众议院全国委员会、共和党参议院全国委员会、民主党众议院竞选委员会、民主党参议院竞选委员会，这四个委员会在两年一度的国会竞选中扮演着核心角色。每个委员会的主席都由现任国会成员担任，后者由此成为他或她所在政党在国 64
会中的领袖之一。他们的工作很简单：保住现有的国会席位，同时争取新的席位，包括公开竞争的席位以及对方政党中地位不稳的成员所占据的席位。

“国会山”委员会已经存在了很长时间——众议院竞选委员会组建于内战结束后不久，参议院竞选委员会组建于1913年宪法第十七修正案生效后不久，该修正案规定参议员由普选产生。但历史上大多数时候，这些委员会只起到次要作用，唯一的职责是帮助在职的议员募集资金。不过，在过去的二十多年时间里，这些委员会的重要性大为加强。他们不仅继续为候选人募集资金，而且在制定全国性的优先竞选策略时，扮演关键角色。

从2006年的国会竞选中可以清楚看到“国会山”委员会的重要性。2004年，只有不到20个国会选区被认为结果难料。所谓选区“结果难料”（in play）是近年来才冒出来的说法。过去有段时间现任议员被认为在竞选中占据优势，但直到近年来政治工作者才开始采取新的策略，在距离选举还很早的时候（通常提前一年多）就宣布放弃大部分选区，把精力集中到少数几个选区。共和党众议院全国委员会和民主党众议院竞选委员会根据各自的标准，筛选出他们具有优势的选区以及结果无法确定的选区，然后把精力集中到这些选区。这两个政治组织——还有关注国会竞选的政治分析家的报告，比如《库克政治报告》和《罗森博格政治报告》——一直以来都能准确预测出哪些选区将出现激烈竞争。

2006年竞选活动初期，两党及中立分析家瞄准的席位数量几乎一致。由于民主党需要获得15个议席才能重新控制众议
65 院，多数人认为他们成功的希望不大。然而，局势的发展对民主党有利。到2005年秋季，民主党众议院竞选委员会主席拉姆·伊曼纽尔成功招募到具有优势的民主党候选人，足以竞争大约50个席位，这些席位或属于公开竞争，或属于地位突然变得不稳固的共和党议员。共和党众议院全国委员会主席汤姆·雷诺兹声称，局势依然有利于共和党，但同时也意识到他的任务就

是保护地位不稳的共和党议员，后者的数量正在不断增加。随着更多席位出现“结果难料”的局面，政党能否准确判断政治版图变得尤为关键。在所有的竞选活动中，资源总是处于稀缺状态，如何分配这些资源往往决定了最终成败。

2006年国会竞选还导致全国委员会主席和“国会山”委员会主席之间首次出现公开矛盾。民主党全国委员会主席迪安继续在共和党占据明显优势的地区宣扬民主党的方针，为此花费大量时间和金钱。民主党众议院竞选委员会主席伊曼纽尔和民主党参议院竞选委员会主席、纽约州参议员查尔斯·舒默提出反对意见，认为应该把资金集中用于有望获胜的席位。在选举的前一年，双方因策略不同产生分歧，并且这种分歧变得日益激烈和公开化，迪安和伊曼纽尔甚至拒绝交谈。2006年竞选中发生的这些事件清楚说明，在面临相似局面的时候，不同的政党领袖各自扮演的角色和责任最终会导致不同的应对措施。

全国委员会工作人员在选举中扮演的角色

政党在他们瞄准的竞选活动中扮演什么样的角色？在政党组织支配美国政坛的时候，他们用于维系手中权力的关键举措是让官员保持对组织的忠诚。要想做到这一点，关键就是控制提名流程。政党之所以衰落，原因之一就是因为初选改为直接选举，他们失去了对于提名流程的控制。

不过，在21世纪的美国政坛，赢得选举的关键通常是找到一个强势的候选人。许多在职官员能赢得连任，是因为对手或是过于孱弱，或者干脆没有对手（即没有主要政党的候选人参加 66
竞选）。[1]当代政党的关键角色之一就是招募强势的候选人来竞选公开席位，或者来挑战对方政党的在职官员。像伊曼纽尔这样的政党领袖要想做到这一点，除非说服潜在的候选人相信他们能够赢得选举，并且承诺如果他们参选，政党将提供竞选援助。评判共和党众议院全国委员会主席和民主党众议院竞选委员会主席是否称职，就要看他们能否说服强势的候选人代表本党参加竞选。对于政党领袖来说，招募候选人已经成为最重要的职责。

一旦候选人招募到位，政党组织的任务就变成提供竞选资源。一部分资源以直接捐助的形式分配给候选人，但在竞选联邦政府职位时，政党能够提供的资金援助有数额限制，从众议员候选人的5 000美元到参议员候选人的35 000美元，金额不等。[2]同样重要的是，政党组织还向候选人提供援助。他们为候选人进行形势分析和民意调查。他们帮助候选人润色准备传递给选民的信息，时常还负责制作类型化的广告，以便于在全国各个选区通用。政党委员会还派代表到各个选区，为候选人吸引人气，并且帮助他们募集资金。

或许政党委员会能够提供的最重要的援助就是把某个选区界定为“结果难料”。一旦某个政党决定把资源集中用于某个特定的竞选活动，和该党保持一致的利益集团就会把这看作信号，表明他们自己也应该把资源集中到这次选举。政党委员会及其领袖或许受到限制，不能为某次竞选活动提供过多资金，但他们可以自由帮助候选人进行社交活动——这完全有可能成为政党最有价值的贡献。但即便如此，这些社交资源也不应该任意挥霍。“国会山”委员会的领袖希望他们的盟友能够有策略地
67 分配资金，集中用于竞争激烈的选举活动，而不是那些胜负已定的场合。[3]

很大程度上，全国性政党组织已经成为各种竞选活动的组织核心，他们的工作人员负责招募并支援本党候选人。作为组织机构，民主党全国大会和共和党全国大会在不断发展，大会成员由选举产生，同时每隔一两个月就会出场亮相。对于两党来说，这些机构在形式上具有权威性，但全国公众只见到两名主席，真正的政治事务由幕后的工作人员来完成。众议员和参议员在“国会山”委员会中的确拥有席位，但只有委员会主席和工作人员才承担具体职责。这些职责与政策或治理无关，只涉及募集资金和开展政治活动。全国性政党组织存在的意义，很大程度上就是满足候选人的需求。

州政党组织

戴维·沃德是亚利桑那州民主党主席。前众议员马特·萨蒙是该州共和党主席。但亚利桑那州很少有人知道这两个人的职位。事实上，许多州的政党网站甚至不会注明谁是主席。没人在意这一点。即便是最积极的民众也不会与各州委员会发生接触；即便是在人口最多的几个州，即便是最积极的政党主席，他们的个人情况也少有人知。

过去并不是这样。一些州的政治组织曾经由大佬掌控，和领导地方组织的政坛大佬相比，前者的势力不相上下，甚至更为强大，但两者有着明显差异。许多州的政坛大佬同时也是联邦参议员。这些州的政党核心团体由来已久，当时联邦参议员由州议会选举产生。于是参议员纷纷建立政治组织，以此确保赢得选举。他们用于维系组织运作的办法之一，就是任命自己的支持者成为联邦政府官员。他们之所以能这么做，是因为参议

68 员一直以来都享有特权。所谓参议员特权指的是，联邦参议员有权否决联邦政府在他代表的那个州的任何人事任命，只要这项任命需要参议院批准。参议员选出某些联邦政府官员，后者努力确保州议会的选举结果有利于前者获得连任——显然这样的安排很惬意。

宪法第十七修正案通过后，大多数参议员及其组织的势力遭到削弱，但之后的数十年时间里，一党独大的南方各州保留了残余的核心团体。通常，这些组织的领袖是一些善于鼓动的政治人物，起初他们对民众来说颇有吸引力，但后来就变成了专制统治。美国政治史上最富传奇色彩的故事就与这些组织有关，包括路易斯安那州的休伊·朗及其继任者、密西西比州的西奥多·比尔博、佐治亚州的吉恩·塔尔梅奇。

州政党组织的复兴

到了21世纪，州政党组织已经失去了之前的传奇色彩和权力。州政党组织的结构与全国性政党组织相似。每个政党都有州委员会，其中的代表来自地方选区。委员会不经常召开会议。具体事务由工作人员来完成。和全国性政党一样，各州的政党组织在20世纪后半叶迎来复兴。50年前，许多州的党组织是个空壳。许多州没有固定的工作人员，很少有固定的总部，预算很紧张，只有在竞选期间才开展活动。

现在民主党和共和党几乎每一个州级组织都有全职工作人员，许多组织还有全职党主席。州级组织的总部过去一度搬迁到主席所在城市，现在有了固定的办公地点，通常设在州议会大厦。正如所料，各州组织的预算不尽相同，视各州规模而定。但

每个州的预算都足以支持连续性的政治活动，足以为选举年做好准备并协调州范围内的竞选活动。 69

协调竞选活动是州政党组织迎来复兴的关键因素之一。美国法律规定，候选人在竞选联邦政府职位时，可以接受的资金有数额限制。但法律同时又鼓励政党组织向所有代表本党参加竞选的候选人提供资金支持。因此，州政党组织得以建立自己的网站，协调本州范围内的资金募集和志愿者服务；他们也得以为所有的候选人收集、整理、分析选民信息；得以为本党进行民意调查；得以发动选民登记，参加选举；得以发布广告，宣传本党；得以想方设法赢得选票。现在这个时代，选举活动以候选人为中心，同时候选人又必须依靠自己的组织，通过初选来获得提名，因此资金充裕的竞选活动可以全部兑现上述做法；资金有限的竞选活动却只能放弃这些做法。如果政党能够在不同候选人的竞选活动之间进行协调，实现规模效应，无法把过多资金集中到同一个候选人身上的捐赠人，就可以通过其他方式来提供援助。

这种协调作用的运作机制之一就是把资金从某一级政党组织调拨给另一级政党组织。表3.2（参见前文）给出了2004年竞选期间，民主党和共和党全国委员会把资金分拨给各州党组织的具体金额。并不意外的是，这些政党把更多资金投入到胜负未知的竞选活动中，从而使得这些地区的竞选形势变得更为复杂。

各州法律的差异

2006年，资深联邦参议员约瑟夫·利伯曼参加党内提名竞选，争取连任，结果他遭到挑战，对手是一名来自格林尼治市的商人内德·拉蒙特。在初选中，该党官员公开支持利伯曼。在

其他几个州，根据党内规定或惯例，政党领袖必须在所有的初选场合保持中立。还有一些州，政党官员可以在初选中施加影响，
70 但党内的工作人员必须保持中立。

在某些方面，各州的政党组织不尽相同，多数反映出组织的规模和对本党成员的支持程度。与此同时，各州组织的规则也有所不同，反映出他们所扮演的不同角色。上文提到的政党在初选中扮演的角色就属于这一类，政党组织从保持中立转变为非正式的支持者，有时还根据特殊安排或因为在选票设置方面起到特殊作用而成为正式的支持者。另外，政党组织还可能在提名流程中扮演正式角色。以康涅狄格州为例，赢得政党支持的人将获得提名资格，除非那些没有得到本党支持的对手在初选中向候选人发起强势挑战，比如拉蒙特挑战利伯曼的例子。

在美国的政治体系中，联邦制起到重要作用，从政党组织的角色就可以看出这一点。在若干重要方面，各州组织不尽相同。由于不同的历史渊源和政治文化，他们的政党体系也截然不同。结果就是，政党组织在州级层面扮演的角色差别很大。公众对于州政党领袖了解甚少，但他们领导的组织在竞选活动中扮演着重要角色（这多少取决于该州的竞选激烈程度）。各州的政党领袖都要招募候选人参加选举，但某些州的政党组织扮演更为重要的角色，事实上他们将决定哪位候选人能代表本党参加普选。

地方性政党组织

本章开头介绍了地方性政治组织在过去具有传奇色彩的强势地位，但支撑这些传奇的根基早已消失。不过，地方性政党组

织继续存在，并且在选举政治中扮演重要角色。

美国政党一直以来都采取权力分散的组织形式，他们从基层开始，一直建设到国家层面。基层的政党委员会以选区或镇为单位选出；这些委员会的成员选出上一级组织的委员会成员，通常城市地区以选区为单位，乡村地区以县为单位。这些层面的政党官员选出州委员会的成员；州政党组织的领袖选出全国性委员会的成员。这种形式上的组织结构创始于150多年前，到现在几乎没有变动。[4]

71

关键问题总是围绕着权力。在政坛大佬统治的年代，权力掌握在官员手中，因为他们控制着职位——这些人通常是市长或县长，他们的职位取决于政坛大佬。在一些州，联邦参议员掌握权力，但更常见的情况是，地方领袖才是最有实力的人。全国性的政党领袖通常缺乏实力，只有有限的资源和影响力。他们的任务就是在强大的、不受管束的地方领袖和州领袖之间进行协调，达成一致。

现在的政党权力主要源自对资金的掌控。政党组织的大多数资金都是在全国性层面进行募集。州政党领袖和地方领袖（后者依赖程度更高）要靠着全国性政党领袖的能力和慷慨程度来获取资金。

但这不等于说，地方领袖的角色就不重要。他们扮演的是政党的传统角色。他们招募候选人参加竞选。他们负责协调志愿者，并且激励本党支持者。他们为候选人刊登广告，发起以面对面交流为特色的竞选活动，这在地方选举中依然起到关键作用。他们努力工作，发动作为政党根基的支持者前去投票。十几年前，这项工作需要大量人手。地方政党需要大量志愿者来

72 编制选民清单，撰写邮件，拨打电话，分发传单。

如果说现在还有亲力亲为的竞选活动，那一定发生在地方层面。不过互联网时代新的沟通方式减轻了竞选负担。哪怕是在基层，政党组织也建立了网站；志愿者定期接收关于选举进展的数据更新；政党借助电子通讯方式来协调志愿者并关注他们的行为。竞选活动依然需要向周边社区发放传单，并陪同候选人上门拜访选民，但协调志愿者的方式发生了变化，现在是通过建立数据库，把那些有志于为政党或为某位候选人服务的志愿者登记在册，便于追踪管理。2004年，霍华德·迪安在初选中发起的竞选活动证明，网络能有效募集资金，并且便于志愿者的沟通与协调。地方性政党组织借鉴了这些经验，哪怕是最简单的组织也从迪安那里学到了许多技巧。

政党大会

可以这样说，在波士顿举行的民主党全国大会上，约翰·克里的总统竞选活动达到高潮，当时克里步入会场，向全体成员行礼致敬，宣称自己“出于责任向大会进行汇报”。大会允许克里的竞选活动借助会场进行宣传，把全党团结在一起，并且让全国民众来了解他们的候选人。但同样值得注意的是，那一次全国大会并没有做出任何重大决定。当年的早些时候，民主党选出承诺支持克里的会议代表，由此提前确定提名资格的归属。克里选择北卡罗来纳州联邦参议员约翰·爱德华兹作为他的竞选搭档。他的竞选团队密切注视着政党纲领的写作进展，确保本党的官方立场与候选人的立场保持一致。

对于两个主要政党来说，全国大会在形式上是最高决策机构，但实际上大会很少做出决定。不过，全国大会自有其作用，其中之一就是团结全党。大会期间，政党的忠实支持者聚到一 73 起，享受融为一体的氛围，为本党的历史感到自豪，并且共同谋划短期内有望实现的光明前景。更重要的是，两党的全国大会规定了本党的运作方式，包括随后的选举提名流程。[5]

此外，全国大会还以政党纲领的方式来表明本党在当前重大问题上的立场。有些时候，政党纲领委员会内部的争论反映出本党内部更为重大的观念分歧。其他时候，候选人的支持者严格控制纲领写作。不同于采取议会制的民主国家，美国的政治领袖不一定非要恪守本党纲领，但在选民看来，发布政党纲领就是为了明确政党的立场。因此，潜在的总统候选人都会努力主导纲领的写作过程。他们不希望由于采取他们并不赞同的争议性立场的纲领而受缚。

1992年全国政党纲领

1992年，当两大政党提名纲领委员会时，竞选形势已经明朗：共和党将提名总统乔治·H.W.布什谋求连任，民主党将提名比尔·克林顿。

共和党安排党内的社会保守派来负责纲领写作。布什的竞选助理认为，纲领的内容并不重要，重要的是让保守派团结在候选人周围。结果，1992年的共和党纲领在当时的许多争议性问题上都采取了极端立场。

与之相比，比尔·克林顿的顾问想要确保本党纲领能够体现克林顿的中间立场，这也是民主党领导委员会提倡的立场。他们努力游说，想要指定纲领委员会主席和下属的起草委员会负责人的人选，并且让克林顿的支持者来掌控委员会。克林顿的竞选领导小组（加利福尼亚州联邦众议员南希·佩洛西和科罗拉多州州长罗伊·罗默加入全体委员会，新墨西哥州联邦众议员比尔·理查森加入起草委员会）与那些在民主党党内提名竞选中败给克林顿的对手进行协商，确保最终纲领代表克林顿的观点，并且那些失利的候选人不会当场提出挑战。

结果说明一切。共和党大会在纲领问题上产生内部分歧。该党看起来落入极端分子的掌控，持中间立场的人对此感到失望。民主党团结在候选人周围，提出了一份持中间立场的纲领。这些形象影响了大选的最终结果。

鉴于政党在提名流程中发挥的不同作用，各州的政党大会有所差异。如果政党起到关键作用，那么候选人的竞选团队会竞相让支持自己的代表坐在席位上进行表决。这样的大会时常发生争吵。候选人之间的立场差异体现在围绕规则和纲领发生的争吵，以及支持者的公开表态。大会最终支持赢得提名的候选人时，该党要么展示团结，要么继续分裂，这取决于大会所支持的对象是否会在初选中遭遇挑战。

在其他州，政党大会仅仅是展示党内团结的工具。大会成员聚在一起，那些在职的官员设法鼓动本党的忠实支持者参加他们的竞选活动。大会颁布纲领，但通常没什么意义。这些大

会的主要目的就是宣告秋季竞选正式开始，并且动员全党为后面的活动准备好大量人手。[6] 75

小结

美国的政党组织体现出联邦制的特色。每个选举层面都设有组织。各级组织保持一致的地方在于，真正的事务都由工作人员来完成，政党的主要角色就是协助候选人竞选职位。形式上的组织等级不等于党内的地位差异。政党组织的领袖并不能管制以该党名义当选的官员。政党的实力与该党在竞选活动中提供的援助密切相关。现在政党组织扮演的角色与一个世纪前有着显著差别，这反映出选举流程的某些关键方面发生的重要变化，比如获胜后的奖励、参选的激励和接触选民的手段。 76

第四章

共和党人、民主党人及其他党派

谁是共和党人？谁是民主党人？谁又是其他党派？如果你观察的对象是那些知名人物，这些问题不难回答。乔治·布什总统是共和党人，参议员爱德华·肯尼迪是民主党人。政府官员竞选时总是以这个党或那个党候选人的身份出现。但如果观察的对象是佛蒙特州的中学教师、北卡罗来纳州的纺织工人、内布拉斯加州的农民、加利福尼亚州的计算机工程师，你还能判断吗？他们是民主党人，还是共和党人？谁是无党派候选人？政府里哪些人代表他们的利益？

一直以来，政治学家认为有必要区分三个概念：选民的政党归属、政党组织以及政府官员的政党归属。选民的政党归属指的是实际投票者的政党归属。政党组织包括地方、州、全国各级政党委员会招募的竞选者、服务者和工作人员。政府官员的政党归属指的是竞选产生或者直接任命的政府官员，通常他们都属于某个主要政党。

我们将在本章讨论上述三种情况下的政党归属。我们将指出，选民的政党归属一直在变化。不管如何界定，我们很容易就可以把认同某个主要政党的选民与为政党服务的人、参加竞选的人或者被任命为政党代表的人区分开来。 77

选民的政党归属

你怎么知道，某人究竟是民主党人还是共和党人？作为民主党或共和党的一员究竟意味着什么？我们知道，美国的党员不同于欧洲的党员，因为美国人并不是在真正意义上加入某个政党，政党也没有成员名单。我们还知道，政党忠诚度是预测民众投票结果的最佳依据。在其他因素不变的情况下，民主党选民总是投票给民主党候选人，共和党选民投票给共和党候选人。

通常我们通过三种办法来分析选民的政党归属。第一种办法是观察选民究竟在哪个政党登记在册。但这种办法有局限性，因为许多州并不保留选民登记的官方记录。比如说在缅因州，如果有人说他是民主党人，那就意味着他在民主党登记在册，因此他作为选民有资格参加民主党的初选。但如果这个人住在威斯康星州的姐姐说她是共和党人，结果则完全不同。威斯康星州并不登记选民为某个党派，她可以参加任何党派的初选。由于各州的选举法律不尽相同，政党的登记记录并不是一个很有用的分析工具。

第二种办法是观察选民究竟投票给民主党候选人还是共和党候选人。在某种意义上，这种界定政党归属的办法最有用，因为我们最终关心的是选举结果。因此，分析布什总统的支持者与克里参议员的支持者之间究竟有哪些差异就是有意义的。如果我们想弄清楚为什么某次选举会出现这样的结果，那么分析候选人的支持者就很有意义。但是某些选民可能在某个职位的选举中投票支持民主党候选人，却在另一个职位的选举中投票支持共和党候选人。在一张长选票上，选民很可能在不同党派
78 之间反复切换。而且，某些选民在这一年的某个职位选举中支持共和党候选人，往往在下一次选举中却改为支持民主党候选人。如果我们想了解哪些投票者是共和党人，哪些是民主党人，那么投票行为作为分析工具作用有限。我们经常听到，现在越来越多的民众属于无党派人士。在选举日，这些人往往面临二选一的局面——不是民主党就是共和党。如果我们在设定类别的时候就把他们排除在外，又怎么能理解他们的投票行为呢？

由于这些限制，研究者通常使用第三种办法，利用党派认同来分析选民究竟归属民主党还是共和党。党派认同用于调查选民自我认定的对于某个政党的忠诚度。因此，这个概念不同于党员身份，也不同于投票支持某个政党的候选人。[1]

长期以来，不同的民意调查机构一直在分析选民的政党认同。商业调查机构（比如盖洛普公司）通常递交报告，分析选民如何在民主党、共和党和无党派人士之间自我区分。他们提的问题很简单：“根据当前的政治局势，你觉得自己是共和党人、民主党人，还是无党派人士？”（如果对方是无党派人士，问题则改为：“根据当前的政治局势，你觉得自己更倾向于民主党，还是共和党？”）[2]

多年来，民主党在这项调查中占据明显优势，同时很少有投票者宣称自己属于无党派人士。在过去的十年里，共和党缩小了与民主党之间的差距，同时把自己归为无党派人士的投票者人数明显增加。结果就是，每个类别的人数几乎相等，不同月份

的数据变动很小。2006年2月和3月，盖洛普公司的调查结果显示，有35%的选民认为自己是民主党人，32%的选民认为自己是共和党人，还有31%的选民认为自己属于无党派人士。如果把“具有倾向性的选民”计算在内，也就是说，把无党派人士中认同某个政党的人归入该政党，那么最终认同民主党的人压倒认同共和党的人，双方比例分别是50%和41%。 79

政治学家通常更依赖“全国竞选研究”组织发布的数据，该组织自1952年以来对每一次总统选举都进行了调查，提出的问题与盖洛普公司类似。关于政党归属，该组织提出的问题是：“通常说来，你认为自己是共和党人、民主党人、无党派人士，还是其他身份？”[3]比起商业调查，“全国竞选研究”组织对选民的分析更为深入，因此对于了解选民群体来说，也更为有用。

在回答究竟谁是共和党人、谁是民主党人、谁是无党派人士这样的问题时，政党认同概念至少有两个用处。首先，观察社会中的不同群体，判断特定群体的成员是否认为自己属于某个政党。[4]其次，观察政党同盟，判断特定群体究竟在多大程度上属于某个政党的支持者。

政治团体的政党归属

政党对于投票者的吸引力通常基于后者的群体身份。富兰克林·德拉诺·罗斯福当选总统后，新政同盟把一些群体团结在民主党周围，包括南方地区的白人、城市里的工人阶级（尤其是工会成员）、非裔美国人、犹太人和天主教徒。共和党吸引的同盟更难界定，但至少中产阶级以上的富裕白人、小城镇居民及农村地区居民起到了重要作用。这样的格局持续了三十多年，

直到20世纪最后二十多年时间出现若干变化，形成新的格局并
80 延续到21世纪。

一些群体对于民主党的支持力度明显减弱。最极端的例子是南方地区的白人。直到1960年代，南方地区的许多白人依然认同民主党。共和党虽然反对民主党的自由主义政策，尤其是民权问题，但在1964年大选之前，他们并没有在南方各州与民主党竞争重要职位，因此南方地区的白人只能选择支持民主党。到了1980年代，这些人的支持对象发生转变。现在南方地区的白人更倾向于认同共和党，而不是民主党。

天主教徒是新政同盟的重要部分。后来约翰·F. 肯尼迪作为候选人当选总统，成为首位入主白宫的天主教徒，这进一步加强了天主教徒对于民主党的忠诚度。但现在天主教徒的支持力度已大不如前，对民主党的认同度只勉强高于共和党，布什总统从天主教徒手中获得的选票甚至高于约翰·克里参议员。工会成员一如既往地支持民主党，但现在工人的人数急剧减少。在过去的半个世纪里，黑人和犹太人对民主党的忠诚度基本上保持稳定。

从20世纪末到21世纪初，一些新的群体开始对美国政治产生重大影响，而在几十年前他们被认为是无足轻重的。西裔美国人尤其受到瞩目，因为他们很快将成为美国人数最多的少数族裔群体。两党正拼命讨好西裔选民。在来自古巴以外的西裔选民中，支持民主党和共和党的比例大致为三比一，自2004年之后，这一数字有所下降。这一现象部分体现出群体忠诚度的内在矛盾。[5]许多西裔美国人同时也是基要主义者和虔诚的教会信徒——过去这两个群体不会被单独列出来分析政治倾向。这

些群体都明显倾向于共和党。属于这些群体的西裔美国人原本 81
出于其他原因可能支持民主党，现在却产生内部分歧。但共和党在移民政策上的立场遭到大多数西裔选民的反对，这导致他们近年来一直没能抓住机会在西裔选民中发展支持者。

关于群体忠诚度，重要的是了解为什么某个特定群体的成员会因为自己的群体身份选择支持某个政党，他们又为什么会继续认同该政党，或者放弃支持但保持中立，又或者转向另一个政党。

群体忠诚度产生的原因在于某个政党的领袖所提出的政策。《纽约时报》专栏作家戴维·布鲁克斯在一篇名为《失去阿利托》的文章中中肯地分析了这一点。他撰写这篇文章的起因是最高法院大法官阿利托的提名听证会。布鲁克斯认为，如果阿利托早出生十年，他很可能成为民主党人，就像城市地区的少数族裔那样。但现在民主党失去了像阿利托这样的支持者。

> 民主党竭尽所能，驱逐北方各州的白人少数族裔选民。大城市里的自由主义者发起游行，反对警方的暴力行为，他们把出身工人阶级的警察描绘成残暴成性、听命于当权者的突击队员。在媒体上，受过良好教育的自由主义者把城市里的少数族裔群体描绘成像（喜剧人物）阿奇·邦克那样没有文化、粗俗不堪的家伙。自由主义者是鸽派，少数族裔是鹰派。自由主义者在自己的汽车保险杠上贴着“质疑权威”的标签，少数族裔在中小学就被教导要尊重权威。自由主义者认为，社会不公正导致贫困；少数族裔相信，通过努力他们能摆脱贫困。

类似的观点也可以套用于那些支持共和党的群体。依靠宗教权利来支配本党的做法让新教中的非基要主义者感到忧虑，
82 他们觉得自己与本党领袖之间越来越缺乏共识。

接下来，自然而然地我们要追问为什么政党以这些方式行事，之后在讨论政党组织以及政府官员的政党归属时，我们还将回到这个话题。

政党同盟

群体对于政党同盟的重要性，体现在该群体中支持某个政党的成员比例以及该群体的整体规模上。犹太人绝大部分都是民主党，但在全体选民中只占很小一部分，因此在民主党同盟中所占的比重也不大，只有大约5%。将近三分之二的民主党人是女性。这就是性别差异的话题受到广泛讨论的原因，因为女性在共和党内所占的比重不到一半。天主教徒在民主党和共和党同盟中所占的比重相当，大约都是四分之一。与之相比，黑人在所有民主党人中占到约30%，但在共和党人中只占到1%。[6]

共和党同盟与民主党同盟有何区别？很显然，区别之一在于种族。少数族裔在民主党支持者中所占的比重（约40%）明显大于共和党支持者（约8%）。另一项区别是性别，两党的女性支持者比重相差超过10%。政党同盟在收入方面也有差异。在共和党支持者中，有将近40%的人属于全国收入最高的三分之一群体；在民主党支持者中，只有不到30%的人能达到这一收入水平。南方地区的白人现在占全部共和党人的比重达到三分之一，但在民主党人中只占到六分之一。最后，宗教信仰也有所区别。固定前往教堂的信徒比重，共和党（42%）高于民主党

（34%）。更明显的反差在于，将近六分之一的共和党支持者声称他们属于基督教的基要主义派，但只有7%的民主党支持者持同样的信仰。两党支持者的这些观点与当初的新政同盟已经有了明显差异。 83

政党组织

政党组织内部的共和党和民主党工作人员都是自愿的积极分子。公众对他们几乎一无所知。他们参加委员会会议，策划竞选活动。他们起草政党纲领，完成竞选活动的基本工作。他们通常更关心地方政治，而不是各州或国家政治。对他们来说，政党的胜利至关重要。

与此同时，他们是政党的真正信徒。对于这些政党积极分子的系统性研究得出了相似结论。虽然在历史上政党组织曾是物质激励的代名词，但在当代政治环境中，那些竞选政党组织内部职位的人或者那些为政党工作的人更关心政策，而不是物质利益。

什么政策？对于民主党人来说，积极分子和工作人员通常比普通支持者更倾向于自由主义，更加坚持传统的、秉持自由主义立场的民主党政策。对于共和党人来说，核心积极分子通常更加保守。近年来，这种保守主义立场更多地体现在社会问题，而不是经济问题上。美国的宗教右派势力协同一致，成功掌控了某些州的政党核心团体，同时对其他州的政党核心团体产生重大影响。

如果说，我们可以把公众关于政治问题的各种看法整理排序，从位于最右端的保守主义到位于最左端的自由主义；[7]如果说，我们可以画出公众立场的正态分布曲线，那么政党积极分子通常位于曲线的两个极端，普通的政党支持者处于靠近中心的位置。某个人在党内越积极，他或她采取极端立场的可能性就
84 越大，尤其是在某些最引人瞩目的当代问题上。因此，民主党官员比那些仅仅参加初选的选民更偏向于自由主义立场；参加初选的选民又比那些不愿意费神投票的民主党支持者更偏向于自由主义立场。

我们可以发现，这里的逻辑存在矛盾。如果政党的首要目标是获得竞选胜利，那么积极分子就应该希望本党采取中间立场，因为这样能吸引更多选民，最终获得胜利。但是，如果某人坚持采取极端的政策立场，他或她就会遵循另一套逻辑：必须说服其他人，你的立场是正确的；必须控制政党核心团体，提名那些与你持相同观点的候选人，并动员那些与你持相似观点的人来支持候选人，确保那些观点最终获得胜利。

这样的选举体系将产生某些后果。第一，政党组织在整个流程中的影响力越大，该组织采取妥协立场的可能性就越小。第二，政党在某个区域的控制力越强，该党的提名资格就越珍贵，同时潜在的候选人对于政党的大多数支持者（而不是中间派）的吸引力就越大。结果就是，和那些两党竞争激烈的地区相比，在那些受某个政党控制的区域任职的官员通常偏向性更为明显，并且在争议问题上往往采取极端立场。第三，政党的官方立场，比如写入政党纲领的立场（往往由积极分子主笔），通常强调两党存在立场差异的重大问题，而不是那些可能达成妥协立场的问题。综合考虑，我们看到政党组织内部的积极分子进一步加大了两党之间的分歧和偏向。

一个世纪前，正值政党的黄金时期，当时的政党组织更关心权力以及随权力而来的好处。政党领袖通常都是强势的政治人物。那些为他们工作的人受制于政党和领袖，因为后者能提供他们需要的物质利益。地方政治比各州或国家政治更加重要，因为地方组织控制了更多物质利益。政党立场只是次要问题。 85

到了21世纪，政党领袖大多默默无闻，只有当地的积极分子听说过他们。这些领袖依然履行传统的政党职能，但激励他们支持政党的因素是政策偏好，而不是潜在的物质利益。他们看重政党立场，并不是为了获取个人利益。因此，那些最关心政策的人能够得到政党内部的职位，并且掌控整个组织。

政府官员的政党归属

本章开头，我举了布什总统和肯尼迪参议员的例子来说明政治人物与政党之间的关联。当我们提到著名的政治人物时，哪怕是平时不怎么关注政治的人也有大致的印象。布什总统主张对恐怖主义宣战，降低税率，减少政府干预。肯尼迪参议员关心少数族裔权利，主张政府为那些有经济需求的人提供援助，同时施行保障人权的政策。这样的印象未必准确，但区别十分清楚。

民主党和共和党的在职官员有多大区别？很大程度上，这取决于你要求的精确度。十几年前，即便是最敏锐的观察家也很难说清楚，民主党的在职官员是什么样子。当时肯尼迪参议员已经当选，他或许比现在更偏向于自由主义。亚拉巴马州的乔治·C.华莱士作为民主党候选人参加总统竞选，他代表了南方各州持保守主义立场的民主党人，当时这样的人有很多。代表华盛顿州的参议员亨利·M.杰克逊在国内政策方面偏向于自由主义，但在国防事务方面是个顽固的保守派。在越战期间，民主党人林登·约翰逊负责战争事务，他在国会中有许多盟友，包括大多数共和党人；其他民主党人反对战争，一些共和党人站在
86 他们这边。很难界定某个政党在政府内的立场。

在21世纪的头十年里，界定政府官员的政党归属变得容易一些，至少在国家层面是这样。每到国会举行会议，"国会季度服务"就会给每位众议员和参议员打出"政党团结分"。[8]在近来的大多数会议上，每个政党的平均团结分都超过85%。一个政党的大多数议员联合反对另一个政党的大多数议员，这样的投票比例也有所提高。在国会内，我们可以看到共和党支持布什总统，民主党反对他的大部分提议。[9]

如果观察各州或地方层面，我们会发现各个地区的确存在差异。共和党是个明显的例子，新英格兰地区的在职官员通常在社会问题上立场更为温和；那些在"圣经地带"各州，即美国中部持宗教保守主义立场的地区任职的共和党人通常更为保守。在20世纪的大部分时间，共和党的团结程度高于民主党；但近年来，共和党矛盾增多，主要原因是宗教右派势力在社会问题上的立场导致内部分歧。

这种变化在堕胎问题上也能体现出来。1992年民主党全国大会期间，宾夕法尼亚州州长罗伯特·P.凯西被禁止发表反堕胎立场的言论。2006年，他的儿子，同样持反堕胎立场的小罗伯特·P.凯西被本党领袖选为候选人，参加联邦参议员竞选。与此同时，共和党变成了持反堕胎立场的政党，内部几乎不容许有分歧。在这个自由主义风气盛行的马萨诸塞州，州长米特·罗

姆尼之前在竞选州长职位时，在堕胎问题上含糊其词，但当他决定竞选共和党总统候选人提名资格时，便采取了坚定的反堕胎立场。

虽然有上述差异，政府内的民主党和共和党依然清晰可
辨——事实上，两党都努力与对方保持区分。在各种重大问题
上，当一个政党的领袖采取某个立场时，另一个政党的领袖就会 87
站在相反的立场上。至少在国家层面上，很少见到两党官员一
起努力，寻找共同的解决办法。更为普遍的局面是政党冲突，而
不是合作；更为常见的情况是内部分歧，而不是努力为迫切问题
寻求双方都能接受的解决方案。

无党派人士

之前我们分析了谁是民主党人、谁是共和党人，但还没有谈到剩下的群体，也就是无党派人士。对于政府官员来说，这个问题最容易回答：在职官员中无党派人士非常罕见。以美国第109届国会为例，只有一名无党派参议员，代表佛蒙特州的詹姆斯·杰福兹。他之前属于共和党，在脱离该党后继续担任参议员直到退休，因此并没有以无党派人士的身份参与竞选。在众议院内，同样来自佛蒙特州的伯尼·桑德斯是唯一的无党派人士。2006年，美国50个州的州长以及99%的各州议员都来自民主党或共和党。

对于无党派人士来说，谈论政党组织属于逻辑矛盾。既然他们没有党派，又何来政党组织？但是，在无党派人士参加竞选的时候，他们的确会建立组织。这样的组织大多属于临时性质，为某一次竞选活动而组建，之后就宣告解散。这些组织的成

员都是候选人的支持者，通常因为与候选人志同道合才选择跟随——他们或是共同关注某个（或某些）问题，或是对其他候选人感到不满。这样的组织偶尔也会保留下来，比如H.罗斯·佩罗为1992年总统竞选而建立的组织。这些支持者或尝试组建新的政党，或继续支持他们的领袖，是后者吸引他们加入政治领域的。和那些多年来为小型政党服务的工作人员一样，他们投身
88 于一项事业，但在此过程中，他们的影响力十分有限。

选民中的无党派人士往往最终决定选举结果。他们并非统一的群体。一些人热心政治，但不愿意保持对某个政党的忠诚，因为他们的观点与两党都有所差异。另一些人曾经是某个政党的支持者，但后来对该党感到失望，又不愿意支持另一方。还有些人对政治问题感兴趣，但不赞成那些明显具有党派偏向、不能保持中立的政治人物。最后，还有不少人对政治或政策毫无兴趣，不属于任何一个政党，因为他们并不关心这些讨论。因此，无党派人士中，有一些属于民众之中消息最灵通、对政治问题最关注的人；另一些则属于消息最不灵通、对政治问题最不关注的人。候选人必须了解这两类人，制定合理、有效的策略来吸引他们。这样的判断属于艺术而不是科学，更依赖于情绪而不是实质。在少数几个竞争激烈的案例中，这样的判断往往决定最终的胜负。

小结

政党在美国选举中处于核心位置，但大多数民众并没有正式的党员资格。事实上，许多人并没有形式上的政党归属，还有许多人甚至并不认同任何一个党派。但是，政党的概念依然十分重要。大多数民众对两个主要政党印象深刻，知道这些政

党的立场，知道什么样的人会认为自己属于某个政党。就连那
些自认为无党派的人，通常也会投票支持民主党或共和党候选
人——他们之所以那样做，往往是因为知道作为某个政党的候
选人意味着什么。候选人在政党组织的支持下参加竞选。他们
或许试图保持着独立于组织的地位，但没有人会否认这些组织
的重要性，尤其是在竞争激烈的选举中招募候选人和募集资金
时。在竞争激烈的选举中，政党组织还在另一个方面发挥关键 89
作用，那就是发动支持者前去投票。最后，政治人物当选之后，
政党就成为他们在政府内的组织形式。人们根据当选官员的政
党归属（民主党或共和党）来判断他或她的行事方式。越来越
多的民众声称他们不支持任何政党，以保持独立为荣。这通常
意味着，他们会更换支持对象，从一个党的候选人换到另一个，
而不是说他们找到了介入美国政治的第三条道路。 90

第五章

总统选举的提名与普选

2000年11月和12月，世界各地的民众等了几个星期才知道究竟是乔治·W.布什还是阿尔·戈尔赢得了美国总统选举。分析家和民众就两点达成一致。首先，美国的选举体系存在严重缺陷。选举结果等了几个星期才最终确定，而且清楚表明获胜者要靠司法机构对于问题选票的裁决才击败对手，这样的选举体系对一个以民主灯塔自居、被其他民主国家视为典范的国度来说，堪称羞耻。

其次，很少有人真正明白美国的选举体系。乔治·W.布什在得票数不如阿尔·戈尔的情况下，最终赢得选举，对此不仅美国人感到吃惊，世界其他地区把美国式民主视为典范的民众也深表意外。在美国各地，公民课的教师向学生解释何为选举人团，那些学生回家后又把这些知识告诉父母。试图向观众解释这一制度时，那些明白该选举体系的电视记者常常不知道从何说起。

如果说美国民众选举总统的方式十分复杂，存在漏洞，并且

很多人对此理解有误，那么两个主要政党遴选候选人的方式更是如此。民众知道获得提名的候选人在政党大会上产生，还知 91
道早在这些会议召开之前，获得提名的人选就已经揭晓。那么人选究竟如何确定？哪些州举行初选，哪些州召开推举会议？两者有何区别？具体如何操作？参加大会的代表是哪些人？他们如何选出？他们又做些什么？

提名流程并不只是抽象的步骤，不只是痴迷政治的人才对此感兴趣。提名流程的具体安排决定了哪些候选人有机会获胜，哪些人毫无机会。该流程从一大批潜在的总统候选人当中筛选出两个人——两个主要政党的提名候选人。不了解候选人如何选出，就不可能理解美国选举的最终结果。

同样，总统大选的规则也并非中立。选举人团体系对某些候选人有利，对另一些候选人不利。正因为这一体系如此运行，乔治・布什才能当选。如果换一种选举体系，或许他就会失利。规则不同，候选人的竞选策略就会发生变化。资金支持在总统提名和选举流程中有着巨大的作用。竞选活动的资金捐助有具体规定——这些规定的力度强弱同样影响到选举的最终结果。只有明白了美国选举体系的运作方式以及其他方式可能产生的结果，才可以根据民主价值对这一体系提出批评。

提名流程

乔治・W.布什两次获得共和党提名，成为总统候选人。第一次在2000年，时任总统比尔・克林顿即将离开白宫；第二次在2004年，布什寻求连任。这两次提名代表着政党提名总统候选人的两种不同方式。2004年，民主党提名约翰・克里成为总

92 统候选人，挑战在任的共和党总统，这是第三种提名方式。

表5.1列出了分析总统候选人提名时需要考虑的若干因素。[1]关键因素是现任总统是否寻求连任。与之相关的是第二个因素，即提名究竟出自现任总统所在的政党，还是出自“在野”党。[2]如果在提名流程中某个候选人早早被看好，这样的流程就和那些没有热门候选人的例子有所不同。

从表5.1可以得出关于党内竞争的几点结论。首先，除了寻求连任的总统之外，那些在提名流程中早早被看好的候选人很少能最终获得提名。有四个人是例外，很让人感兴趣。其中两个人获得提名后要挑战现任总统，后者被认为难以战胜，因此这样的提名实际上意义不大。1984年的沃尔特·蒙代尔和1996年的鲍伯·多尔都是受人尊敬的政党领袖，他们配得上提名资格。但是，如果其他潜在的候选人认为对手（即现任总统）可能输掉，或许他们在本党内部就会遭遇更为强劲的挑战。2000年，阿尔·戈尔是现任副总统，同时也是党内确定的继任者；他有责任延续克林顿–戈尔团队的政策。

但是，2000年乔治·W.布什的提名完全不同。布什几乎是政党领袖指定的对象——不是形式上的政党组织领袖，而是本党在政府内部任职的重要人物（包括共和党州长）和本党的主要资助者（包括许多来自他的家乡得克萨斯州的）。他早早被人看好，在初选之前已经有了巨大的优势，资金上的差距导致其
93 他潜在的强劲对手退出初选。[3]

重要的是，要观察候选人在不同情况下使用的竞选策略。不过，在理解这些策略之前，还是有必要先熟悉一下竞选活动使用的规则。

表5.1　总统候选人提名资格分类统计表（括号内的数字是具有竞争力的候选人人数）

总统的情况	获提名的候选人所在政党			
	现任总统的政党		对方政党	
	有候选人被看好	没有候选人被看好	有候选人被看好	没有候选人被看好
寻求连任	尼克松，1972 里根，1984 克林顿，1996 布什，2004	福特，1976（2） 卡特，1980（2） 布什，1992（2）	蒙代尔，1984（6） 多尔，1996（5）	麦戈文，1972（8） 卡特，1976（10） 里根，1980（7） 克林顿，1992（7） 克里，2004（6）
不寻求连任	戈尔，2000（2）	布什，1988（6）	布什，2000（6）	杜卡基斯，1988（7）

94

游戏规则

基本原则很简单：如果某个总统候选人能在本党的提名大会上获得过半数票，他或她就将获得本党的总统提名资格。如果某个副总统候选人能在提名大会上获得过半数票，他或她就将获得本党的副总统提名资格。还有更简单的规则吗？

半个多世纪以来，提名大会只不过是走个形式。大会代表早已选定，他们每个人都有自己承诺支持的对象。一旦某位候选人得到足够多代表的支持，可以确保获得过半数票，提名资格便就此确定。在正式投票时，代表通常按照总统候选人的意见，选出他指定的副总统候选人。[4]

这些代表是什么样的人？他们如何成为代表？在分配代表名额和选择代表方面，两个主要政党在许多重要细节上都有所区别。每个政党都有自己的一套办法来决定每个州可以选派多少名代表参加全国大会，这套办法并不固定，每次大会都可能有新的调整。但通常而言，这套办法基于两个因素：每个州的选民人数和本党近年来在该州的竞选成果。民主党还确保，部分经选举任职的官员（包括议员、州长、州级官员、政党领袖等）将作为代表参加全国大会。民主党全国大会通常比共和党全国大会
95 规模更大。[5]

不同政党之间、政党内部以及各州之间选择代表的方式也有所区别。通常来说，共和党允许各州政党组织有更多自主权来决定选择代表的具体方式，民主党则把若干指导意见强加给各州的政党领袖。[6]

选择代表有两种主要方式：一种是以总统候选人为准的初选，另一种是候选人推选大会。以总统候选人为准的**初选**把竞争提名的候选人列在选票上，由民众投票选出其中一位候选人，根据选举结果来确定参加全国大会的实际代表。这听起来很简单，但由于体系内部存在各种变量，实际操作非常复杂。

首先，那些参加投票的民众是什么人？是不是每个人登记之后都可以投票，还是说只有党员才有资格？对于没有正式党员的政党组织来说，“党员”究竟意味着什么？某些州（比如威斯康星州）施行所谓的开放式初选，任何登记过的投票者都可以参加。其他州（比如新罕布什尔州）允许没有在两党中任何一个政党登记的无党派人士选择两党中任意一个的初选进行投票，但民主党人不得参加共和党初选，同样共和党人不得参加民主党初选。还有一些州（比如马里兰州和纽约州）施行所谓的封闭式初选，只有正式加入某个主要政党之后才能参加投票，这样一来，无党派人士就被排除在外。各州的具体措施介于开放与封闭之间，出现各种复合型做法，只有极少数几个州推行纯粹

的开放式或封闭式初选。

那些推崇民主制度（即人民自治）最纯粹形式的人理应支持更为开放的体系，对吧？事实却并非如此。在开放式选举体系中，民主党人或许有权决定谁将成为共和党的提名候选人。但这样的人选难道不应该交给共和党人来决定吗？如果政党有存在的必要，那么由那些坚持本党原则的人来选出候选人，难道 96
不对吗？根据这样的逻辑，我们应该选择更为封闭的体系。

同样的逻辑认为，在更为开放的体系中，民众不分政党界限地随意参加初选投票会造成更多候选人选择中间立场。参加初选的候选人将不得不跨越政党界限，吸引不同的民众。更为封闭的体系将造成候选人的立场更加分化，让民众在普选中更容易辨别，但有些人或许会同时认为，这样的立场也更加极端。不同的规则导致不同的结果。

第二个变量与初选获胜者有关。之前的问题涉及投票区域的面积大小。参加全国大会的代表可能从各个选区分别产生，也可能在整个州范围内选出——又或者，某个州可能将这两种办法结合起来。不管代表如何选择，民主党是按照候选人在初选中获得的选票比重，将参加全国大会的代表名额按比例分配给他们的。[7]在共和党内部，有些州采用类似民主党的比例代表制，其他州则采取“胜者独占”的做法。[8]

我们该采取哪种体系？哪种体系“更公平”或者“更好”？这说不清楚。比例代表制允许各选区或各州代表参加全国大会，从而更为准确地反映初选投票者的偏好。对于选举体系来说，这当然是个合乎逻辑的目标。但是采取“胜者独占”的选举体系使得领先的候选人可以更快确立优势，把全党团结在他或她的周围，在大选时这或许会是一种优势。这同样是初选体系合乎逻辑的目标。一种体系在大选中获胜的可能性更大，另一种体系更为民主，如何在这两种体系之间取得平衡，这是过去数十年里导致政党内部的竞选专家和改革者产生重大分歧的难
97 题。在民主党内部，一系列改革委员会试图改变政党的管理机制、规则和程序，从中可以看到围绕两种体系展开的公开斗争。共和党希望看到民主党内部陷入争端，而他们自己采用的体系通常都能产生团结全党的候选人。[9]

2004年，美国50个州中，有35个州的民主党通过初选的方式选出全国大会代表；有32个州的共和党采取同样的方式。民主党大会全部4 322名代表中，超过60%的人通过初选产生；共和党代表中，大约55%的人通过初选产生。其余代表通过候选人推举会议（caucuses）产生。[10]

候选人推举会议实质上就是党员会议，参加会议的代表都是正式加入某个政党的人。在举行候选人推举会议的州，各地党员在同一天聚集到当地的总部。在这些地方性推举会议上，支持不同候选人的代表会尽其所能，随后全体参会者对竞选活动进行讨论，分析候选人的优势与劣势，然后进行公开投票。地方推举会议的作用就是选出参加县或州大会的代表，他们承诺支持相应的候选人，代表人数与候选人在推举会议上得到的票数成正比。推举会议的出席率通常远低于初选的投票率。但是，推举会议的支持者认为，推举会议通常持续几个小时，还要对竞选活动进行讨论，需要参会者在整个过程中高度投入，这就说明这种在候选人当中进行选择的体系具有显著优点。

图8　在新罕布什尔州的迪克斯维尔诺奇镇，官员正在记录总统候选人初选的得票数，一直以来该镇在本州都是最早报告选举结果的

关于总统候选人的提名流程，研究者争论最多的话题与时间安排有关。半个多世纪以来，新罕布什尔州的初选一直都早于其他地区；差不多同样历史悠久的是，艾奥瓦州的候选人推举 98
会议标志着正式提名竞选就此开始。主要的候选人往往重点关注这些选举，这些州也被认为具有显著影响力。在许多人看来，这些州规模有限，并不能代表全国，也不能代表两党中任何一党的全部支持者，因此这些州获得的影响力与他们本身的地位并不相称。[11]有些州，或是出于自愿，或是为了与同一地区的其他州保持一致，把他们的初选或者推举会议的日期提前，希望以此来吸引更多关注。结果就是，整个提名流程“重点全放在起始阶段”。在2004年的竞选活动中，截至4月1日，已经产生了超过

四分之三的代表，此时距离全国大会还有四个月。结果就是，参议员约翰·克里得到足够多的代表支持，在3月13日就已经确保获得提名资格。[12]至于那些在此之后举行初选的州，参会者对
99 于本党的提名对象没有产生任何影响。[13]

竞选策略

由个别州自行决定初选日期的做法由来已久，这对于候选人来说有着重大影响。2004年初，随着霍华德·迪安被看好获得提名资格，其他竞争者不得不做出决断。他们是否应该参加艾奥瓦州的候选人推举会议，与迪安展开竞争？是否应该参加新罕布什尔州的初选？还是两者都参加？或者，他们应该耐心等待，等其他人先来挑战迪安，自己随后来个渔翁得利？在争夺提名的竞选过程中，候选人始终面临这样的决策难题。

首先，候选人必须判断，他们获胜的可能性究竟有多大？他们的名气是否足够大？他们能否建立强有力的竞选组织？他们能否募集足够的资金以便参加初选期间的全部活动？虽然金额和方式一直在变化，但募集资金的能力——尤其是在竞选初期——正变得越来越重要。

初选的资金募集方式有两种。《联邦竞选法》规定，由公共资金进行匹配，为候选人提供参加总统初选的资金。[14]自该法案于1976年生效以来，一直到2000年的乔治·W.布什为止，几乎所有的候选人都选择通过这种办法来募集资金。[15]这一体系被认为成功遏制了提名竞选成本的过度攀升，同时为竞争者提供相对均衡的竞选环境。

然而到了2000年，竞选策略发生了变化。时任得克萨斯州

州长乔治·W.布什采取先发制人的手段，通过其他方式来募集初选资金——他通过私人关系来募集，这样一来就可以避开后续的开支限制。借助由政党领袖（包括当选的政府官员，尤其是同属共和党的其他州长）、他父亲竞选活动的支持者和得克萨斯州富豪组成的竞选同盟，布什获得的资助总额高得惊人，在第一场初选尚未进行之前已经募集到7 000万美元。共和党 100
内的一些知名人物原本有心竞争提名，比如前田纳西州州长拉马尔·亚历山大和前内阁秘书伊丽莎白·多尔，但他们在艾奥瓦州和新罕布什尔州选举开始之前就决定退出，因为意识到自己没法与得州州长的丰厚财力相抗衡。分析家担心，布什的策略破坏了《联邦竞选法》的有效性，巨额资金将再次主宰总统竞选。

这些分析家的看法有一定的道理，但这部分是因为负责为竞争总统提名的候选人募集资金的人员才智过人，想出了新的办法。这些分析家还说对了一点，即资金作为一种竞选资源，在争夺总统提名的过程中已经成为关键要素，这完全不同于1976至2000年间的做法。之前，候选人申请联邦政府的匹配资金，以此来证明他们竞争提名资格的可行性。现在，候选人必须做出决断，究竟是使用匹配资金，还是自行募集更多资金。他们很清楚，至少某些候选人会募集私人资金，相比使用联邦匹配资金的候选人来说，这些人可以承受更多开支。这样的决断兼具实践和策略两层意义。在实践层面上，这些候选人自己募集的资金能不能明显超过联邦匹配资金？在策略层面上，他们是不是在乎自己被看作募集大笔资金、依靠金钱铺路的人？有些州规定了候选人使用联邦匹配资金的开支上限，为了获得成功，这些自行募集资金的候选人是否应该超过规定的上限？

有些人担心，私人募集资金的做法必然导致那些有能力通过巨额资助来募集资金的候选人主宰竞选，但这样的想法并不正确。依靠私人财富（比如1996年和2000年的福布斯）或者依靠富豪资助（比如2000年的布什），这已经成为众人皆知的巨额资金募集方式。与之相反，首先是约翰·麦凯恩（2000年共和党初
101 选），随后是霍华德·迪安和约翰·克里（2004年民主党候选人提名），这些人证明借助互联网可以把数十万民众的资助汇聚成大笔资金，哪怕他们每个人捐赠的金额并不大。现在候选人必须做出决断：他们竞争提名的方式是否能吸引选民的支持？

除了决定如何募集资金外，竞争总统提名资格的候选人及其团队要做出的最重要的决策是，在哪里举行竞选活动以及如何在各州之间分配时间和精力。这些决策受到若干因素的制约，包括可用的资源、各州采用的竞选规则、候选人和各州选民的意识形态，以及日程安排。

资金充裕的候选人可以在多个州举行竞选活动；资源有限的候选人——不管是受制于资金还是人员和组织——必须做出决定，把精力集中于某些州，跳过其他州。能够吸引各种选民（特别是无党派人士）的候选人把精力集中到施行开放式初选的某些州。2000年，约翰·麦凯恩参加共和党内部竞选时，就采用这一策略。更为传统的具有政党偏向性的候选人，把精力集中到施行推举会议或者封闭式初选的某些州。同样是2000年，阿尔·戈尔在民主党内部竞选时就采用这一策略击败了比尔·布拉德利。以明显意识形态为人所知的候选人通常把精力集中到他的观点受欢迎的某些州，同时回避其他州。持中间立场的候

图9 1992年9月，乔治·H.W.布什在一次竞选行程中穿越俄亥俄州。在博林格林市郊外，他站在列车尾部向支持者挥手致意

选人能吸引各种选民，但也面临相当风险，即可能在某些州输给持保守主义立场的候选人，在另一些州输给持自由主义立场的候选人。最后，前期势头非常重要。因为选举的日程安排集中在整个流程的头几个月，对于那些接受公共资金的人来说，后期资助取决于每一场初选的结果，候选人必须在最早开始初选和推举会议的那些州当中，找到自己能够获胜的地方。 102

对于提名流程的批评

在考察这些竞选策略的时候，我们会惊讶地发现，其中涉及的各种变量与如何选出一个好总统无关；或者说，除了能吸引选民中的无党派人士外，与如何造就一个好的总统候选人无关。所以说，提名流程存在问题，因此招致不少批评。

如果我们要重新设计提名流程，那就要努力构建新的体系，让选举产生的两位候选人不仅展现出具有领导国家的能力，同时也能吸引包括本党支持者在内的广大选民。现行选举体系对于获得提名的候选人的能力甚至经验没有任何检验。取代这些能力或经验的是候选人在艾奥瓦州和新罕布什尔州的表现，这
103 两个州无论是人口比重还是在重大问题上的立场，都不能代表全国；同时，这两个州无论是意识形态，还是党员构成，都不能代表两党。现行体系仅凭少量投票者就确定提名资格（即便是最早开始的几场初选，民众投票率也是非常低，推举会议甚至更低），以至于许多州的投票者——那些在竞选活动后期才选出大会代表的州——对于选举结果没有产生任何影响。最后，由于竞选流程时间很紧凑，由于候选人在一些重大问题上并没有经受长期考验，由于竞选的大部分活动都安排在起始阶段，普通民众在那时还没有开始关注总统竞选，因此到了秋季大选开始时，民众往往对两党获得提名的候选人并不满意。

政党和媒体都注意到了这一问题，但很难找到解决办法。在2008年提名流程开始前，民主党人稍微改变了日程安排，在前期加入更多场初选和推举会议，以此来淡化艾奥瓦州和新罕布什尔州的影响力，但大家都认为这样的做法只是一种无力的妥协，是在主张维持现状和力图改革的两类人群中间保持平衡。随着更多大州把初选挪到2月初，由全国性政党组织发起的这些改革究竟能否起到积极效果，目前还不得而知。

2008年总统候选人提名

回想一下表5.1的内容。2008年总统候选人提名很像是

1988年的翻版，现任总统即将离职，并且两党都没有普遍看好的候选人。1988年总统竞选，副总统乔治·H.W.布什在共和党内处于领先位置，但没有人看好他能轻松获得提名资格，因为他并没有得到党内保守派的一致支持。在他的竞争者中，较有名气的包括堪萨斯州联邦参议员鲍伯·多尔、特拉华州州长皮特·杜邦、前国务卿亚历山大·海格、前众议员兼内阁秘书杰克·肯普、福音派领袖帕特·罗伯逊。 104

在民主党内，竞争甚至更加分散。之前被看好成为领先者的候选人，比如纽约州州长马里奥·科莫，最终决定不参加竞选。参加初选的候选人包括亚利桑那州州长布鲁斯·巴比特、马萨诸塞州州长迈克·杜卡基斯、来自密苏里州的众议院多数派领袖迪克·格普哈特、田纳西州联邦参议员阿尔·戈尔、1984年曾参加提名竞选的前科罗拉多州联邦参议员加里·哈特、民权领袖杰西·杰克逊、俄亥俄州联邦众议员吉姆·特拉菲坎特，媒体嘲讽这些人是七个小矮人。

两党的提名资格直到最后才确定，此前的人选只剩下几个有真正实力的竞争者。2008年的情况极有可能与之相似，开始阶段有大量候选人参与，经过一番淘汰才最终确定提名资格。然而，我们不清楚的是，淘汰的过程如何进行，涉及哪些关键要素——比如，金钱、组织的支持、调查数据、初选和推举会议的结果等，尤其在现行体系下，初始阶段的竞选活动一个接着一个，让人应接不暇。

以民主党竞选为例，其他竞争者有谁能与纽约州联邦参议员希拉里·克林顿在竞选组织（大部分源自她丈夫的竞选团队）或资金实力方面相抗衡？参议员巴拉克·奥巴马的名人效应能不能帮助他支撑到投票开始？早在初选和推举会议开始前一年，这一次竞选就被认为是希拉里与奥巴马的对决，其他候选人能不能脱颖而出，展示自己的特点？在共和党内，意识形态分歧能不能将具有竞争力的候选人与普通候选人区分开来？约翰·麦凯恩和前纽约市长鲁道夫·朱利安尼能不能向本党同仁展示他们的独立形象，从而吸引忠实的支持者？还是说，某个更
105 加传统的共和党候选人将脱颖而出，击败他们获得提名资格？

总统大选

2000年深秋，当时总统大选的结果尚未揭晓，民众关心的问题有好几个。毫无疑问，美国民众——以及世界各地关注选举过程的民众——对此十分关心，因为结果并不确定，美国人不知道谁将成为世界上最强大的国家的新领袖。还有一个原因是，这两位候选人都没能激发选民的热情，这一点加剧了民众的担忧。全世界都在焦急等待，看谁将成为总统。

另一个引发担忧的原因是重新计票的做法。几个未经选举产生的法官对不合格选票上的投票者意图进行解读，以此来确定美国总统的人选，这样做是否合适？在2000年11月之前，没有人听说过“悬而未决的问题选票”这样的说法。没人知道，是哪些负责竞选的官员做出了这样的决断。过去没人关心这些问题，但经历了这一次的激烈竞争之后，最终结果变得十分关键。[16]

选举人团

但大多数关注都集中在选举流程本身，也就是独一无二却很少有人能彻底理解的选举人团制度。普通美国人只知道存在

选举人团这样一种体系，但不知道这一体系究竟如何运作。美国人认为，多数法则是好事；但很少有人知道，得到多数（甚至相对多数）投票者的支持，未必就能当选总统。

在技术层面上，选举人团的运作方式非常简单。每个州分配到若干选举人票，名额等于该州的众议员人数加上参议员人数（每州两名）（参见第一章）。各州自行决定，如何选出本州的选举人，法律只规定选举人不得担任宪法授权的任何其他职位。[17] 106
有48个州外加哥伦比亚特区都规定，如果总统候选人和副总统候选人在普选中获得相对多数民众选票，那么承诺支持这些候选人的选举人就此当选，并相应投出他们的选举人票。[18]如果某个候选人（比如，2000年的布什）靠着微弱的差距赢下某些州（比如，布什在佛罗里达州只赢了537票，在新罕布什尔州只赢了7 211票），而他的对手以巨大优势赢得另外一些选举人票数大致相当的州（比如，戈尔在罗得岛州赢了118 953票，在伊利诺伊州赢了569 605票），那么像乔治 · W. 布什这样的候选人就有可能在对手获得全国范围内相对多数民众选票的情况下，当选总统。

替代选举人团的其他办法

有人提出一些办法来替代选举人团。最简单的办法就是改成直接选举总统，在全国范围内计算票数。其他人认为，最好的办法是，两个参议员名额给人口较少的州带来的微弱优势可以保持不变，但选举人票应该按比例分配，从而体现出各州民众投票的不同结果。还有些人认为，缅因州和内布拉斯加州采用的选区制应该在全国推行。另一些人认为，现行体系可以保留，但选举人票应该改成自动投票，这样就能避免出现“不守承诺的选举人”。

不守承诺的选举人

自1948年以来，共有九名选举人把选票投给其他人，而不是他们起初承诺支持的候选人。有些人明显是因为误投，比如来自明尼苏达州的某位选举人承诺支持克里，却把选票投给了克里的竞选搭档约翰·爱德华兹，很显然他混淆了两个“约翰”。另一些人则是出于其他原因，比如2000年竞选，来自哥伦比亚特区的代表芭芭拉·莱特-西蒙斯承诺支持戈尔，但她投了一张空白票，违背了作为选举人的承诺。她这样做的目的是为了抗议哥伦比亚特区的“殖民地”地位——特区在国会中没有代表。

上述替代方案有无数种变体。它们反映出民众对于现行体系的不满，从中也可以推测出人们能够接受的最激进的改革方案。直接选举总统的做法最接近民主理想。赢得最多民众选票的人当选，就像美国许多其他类型的选举那样。这听起来很简单。

但如果有三到四名重要候选人竞选总统，结果又会怎样？有人认为，选举人团制度规定“胜者独占”，加上单一选区制和需要相对多数票才能赢得议会席位，这些因素共同导致美国很难出现具有竞争力的第三党。一些分析家推想，如果废除选举人团制度，其他政党就会加入竞争，票数将大体上平均分配给多个候选人。如果某个候选人只得到30%或35%的选票，能不能当选总统？遭到大部分人反对的候选人能最终当选总统，这样的新体系真的好吗？采取相对多数原则来选出议员（100人或者435人中的一个）是一回事，用同样的办法来选出世界上最强大国家的领袖，又是一回事。

有些人认为，应该采取直接投票制，如果没有候选人得到过半数票，就进行决胜投票。[19]还有些人认为，如果没有候选人得到优势明显的相对多数票（比如45%），就进行决胜投票。这些新体系符合直接计票的民主原则，但同样面临少数票当选的问题。不管采取哪种体系，在重新组建的政党体系中，都可能导致频繁决胜的问题。[20]这样的不确定性比起现行体系来说，真的是进步吗？现行体系的优势在于，可以在相对较短的时间内，在几乎任何情况下得到确定的结果。[21]

这些理念分歧不容易解决，但即便我们可以达成一致，政治现实也不允许改为直接选举。首先，在实践层面上，类似于2000 108
年出现的计票问题吓倒了许多政治人物。简单来说，在对手主宰的地区，他们不相信对方政党的工作人员。试图窜改选举结果的传言有很多。许多人到现在依然认为，1960年总统选举中，理查德·尼克松在形势胶着的情况下没有对伊利诺伊州的结果提出质疑，唯一原因在于，虽然共和党在伊利诺伊州的边远地区“偷”了许多选票，但民主党同样在芝加哥地区“偷”了数量相当的选票。这些传言的真实性难以考证，但有不少政治人物都相信确有其事，因此反对直接选举的办法。每个州的官员都认为，他们能够控制自己管辖的区域，但又担心选民群体扩大后，会出现更多欺诈的机会。

少数族裔投票者坚决反对改革选举人团制度。非裔美国人和西裔美国人各自占到美国选民群体的大约10%，但这些人分布并不均衡。在全国性选举活动中，10%的人口比重或许无足轻重，但如果这些人聚居在某些重要区域，他们就有可能影响到该州的选举结果，让胜者得到该州全部选举人票，这样一来就放大了这些群体的影响力。

最后，一些人口较少的州可能抗拒改革。一方面，可以说这些人口较少的州拥有的选举人票数量很少，因此不受重视。毕竟，怀俄明州和其他人口较少的州只有3张选举人票；即便是中等规模的州，比如康涅狄格州、艾奥瓦州、俄克拉何马州或俄勒冈州，也只有7张选举人票。和加利福尼亚州（55张）、纽约州（34张）或得克萨斯州（31张）比起来，这些州在数量上相形见绌。在票数差距如此巨大的情况下，每州获得两张额外的选举人票又能产生什么影响？但另一方面，在势均力敌的竞选中，那些人口较少的州如果出现两党激烈竞争的局面，就会受到远超
109 自身地位的高度关注。他们的代表想要保留这小小的优势。

针对选举人团制度而采取的策略

普通民众不了解选举人团制度的意义，但每个负责策划竞选活动的人都知道这一制度的重要性。总统竞选的关键不在于每一张民众选票，而是在于选举人票代表的那个神奇数字：270。2000年的竞选之夜，起初佛罗里达州的选举人票被认为属于戈尔，随后被认为属于布什，之后结果一直悬而未决，电视观众从中可以看到竞选活动策划者的想法。美国全国广播公司华盛顿新闻办事处负责人蒂姆·拉瑟特这样描述选举的进程：“如果副

总统戈尔没有赢得佛罗里达州，他就必须赢得［目前局势尚未明朗的那些州］，才能达到270这个神奇数字。”这些计算就是竞选策划者需要做的事。

他们从自己的根据地开始，所谓根据地指的是他们确信自己会获胜的州，或者说要想赢得选举就绝不能输掉的那些州。对于民主党来说，根据地就是新英格兰地区、纽约州和加利福尼亚州；对于共和党来说，根据地就是中部地区、“圣经地带”和南方大部分地区。他们知道，自己只要花费少许精力，就能确保在根据地获胜，并且不管做出多少努力，他们都无法撼动对方的根据地。因此，他们采取的策略在意料之中。不要在上述地区浪费太多资源，结果已预先注定。

随后，真正的游戏开始了。哪些州才算是“竞争激烈”？你付出最大努力之后，可能在哪些州获得胜利？这些州拥有多少张选举人票？在这些州中，必须赢得多少个州才能达到270这个神奇数字，从而拿到超过半数的选举人票？当然，两党的竞选活动同时展开。如果民主党把新罕布什尔州作为目标，共和党就必须做出决断——为了捍卫新罕布什尔州，他们要付出多少代价？如果共和党转攻西弗吉尼亚州，民主党又会做出什么样的反应？在竞选过程中，策划者反复推敲类似的决断。两大阵营都在关键性的几个州进行民意调查。如果调查结果非常接近，他们 110
就投入更多资源。如果领先或落后，他们就进行相应的调整。

在最近的两次选举中，两党到初秋时分已经得出相同的结论，究竟哪些州真的是竞争激烈，也就是所谓的“战场”州。每次选举，战斗通常在大约15个州进行。这一次选举中竞争激烈的州，到了下一次选举往往依然如此。佛罗里达州、艾奥瓦州、密歇根州、内华达州、新罕布什尔州、新墨西哥州、俄亥俄州、俄勒冈州、宾夕法尼亚州、威斯康星州在2000年和2004年都属于“战场”，这些州一共有123张选举人票。如果我们计算两党的根据地票数，民主党距离270还差大约80张选举人票，共和党还差50张。双方都明白，他们需要把精力集中到具有关键性的这些州以及在某次选举中意外出现激烈竞争的少数其他州。

把精力集中到少数几个州，这在策略层面意味着什么？2000年和2004年，住在“战场”州的民众发现，总统候选人带着他们的竞选搭档、夫人以及其他随行人员频繁造访他们所在的地区。与此同时，住在其他35个州的民众很少能在自己的家乡见到竞选宣传。[22]住在“战场”州的民众打开电视，总是会看到竞选广告，这些广告来自两个候选人、他们的政党或者其他支持他们的组织。住在其他州的民众很少会在电视上看到总统竞选的商业广告。调查数据显示，“战场”州的民众对于选举更感兴趣，同时投票者对于重大话题和候选人本人更为了解；到了选举日，民众的投票率也更高。

如果废除选举人团制度，候选人采取的竞选策略也会有所不同。候选人会把精力集中到主要媒体，因为他们可以通过这
111 种方式接触尽可能多的选民。他们会把精力集中到优势区域，因为支持者的投票率非常重要。值得注意的是，他们不会把精力放到竞争激烈的州或地区，因为担心那样会吸引对手的支持者参加投票。如果候选人以5 000票的优势赢下某个州，或者以同样的劣势输掉某个州，这都不如在某个已经确定大胜的州再增加额外的15 000票。

就改善投票者与政府的关系而言，有没有哪个体系比其他

体系做得更好？在宏观层面上，这个问题没有明确的答案。很显然，现行体系有利于竞争激烈的那些州。候选人把时间和资源都集中到那里，而且在职的候选人会利用职务之便，采取有利于那些州的措施，从而寻求对方的支持。同样清楚的是，直接选举总统的做法有利于大都市的民众——这样的体系也有利于支持在职候选人所属政党的那些州，因为后者为了提高投票率，势必要讨好这些地区。在政治领域，人们对于争议性问题的看法往往取决于他们的立场。改革者将继续反对选举人团制度，但美国政治要想进行重大改革，必须抓住某些热点问题引起公众关注的时机。如果2000年的选举结果没能促成对选举人团制度进行改革，那么短期内就不大可能出现任何变化。

总统竞选活动的资金募集

在2000年和2004年总统竞选期间，政治新闻记者和改革者更关心的是这些竞选活动的资金如何募集，而不是票数如何计算、列表。《联邦竞选法》规定了全面的公共资助体系，为总统竞选活动提供资金。两个主要政党得到相同的金额（2004年的资助额度为7 460万美元）。少数党得到的资金与他们在上一次选举中获得的票数成正比，条件是必须达到5%的最低限度。 112

然而，全国性政党从一开始就绕开法律，自行募集资金。1995年，参议员麦凯恩和范戈尔德开始推行一项改革措施。他们的主要目标是消除所谓的“隐性捐款”——这些资金用于政治活动，但没有受到管制，大部分甚至不为人知。“隐性捐款”和所谓的“重大问题倡议团体”（这些团体避开竞选限制，声称他们支持某种政策立场，但实际上支持或反对的对象是某位候选人）的经费开销支配着政治格局。《联邦竞选法》的目标值得肯定，但明显的漏洞导致政治体系被巨额资助者所掌控。[23]

2000年选举凸显出《联邦竞选法》在实际运作中存在的问题。参议员麦凯恩是当年提名流程中的主要人物，并且他把竞选资金改革作为一项重大议题，因此他有充足依据来推进这项改革；在此前的五年时间里，改革并不顺利。麦凯恩-范戈尔德法案最终在2002年以《两党竞选改革法》的名义获得通过，法案中包括麦凯恩关注的许多问题。全国性政党受到限制，不得接受隐性捐款；作为补偿，公开捐款的使用上限有所提高。同时，法案对政党组织以广告形式为竞争联邦政府职位的候选人进行宣传的做法加以限制。反对者认为，该法案违背宪法精神，限制了相关人员的言论自由，但最高法院在2003年“麦康奈尔诉联邦竞选委员会案”判决中否定了这一说法。还有人认为，改革为政党敲响了丧钟，但没人理睬这种说法。

2004年总统竞选是第一次在《两党竞选改革法》限制下进行的选举。各方很快学到了一些经验——对于那些长期关注竞选资金改革的人来说，他们可能是重新温习了相关经验。第一，那些试图通过资金支持来影响政治活动的人总能找到办法。政党积极分子在美国税务局的规定中找到漏洞，建立起所谓的
113 “527团体”（得名于相关规定的章节号）；这类团体可以花费巨额资金，足以影响竞选结果。[24]这类团体（比如支持布什总统的“追求真理的老船员”和支持克里参议员的“美国大团结”）在之前提到的“战场”州花费巨额资金，超过两位候选人的竞选委员会的支出。

第二点经验是，政党事实上具有很强的适应能力。两个全

国性政党的确少了许多可用于竞选活动的隐性资金，却募集到更多公开资金来弥补损失，2004年他们花费的公开资金相当于1996年的公开资金加上隐性资金的总额。而且，他们花钱的方式比起以往更具策略性，把资金都集中到“战场”州，从而使竞选资金在整体策略中依然保持极其重要的地位。

选举结束后，麦凯恩和范戈尔德以及他们的盟友推出了新的改革措施，一方面证明《两党竞选改革法》的积极影响，另一方面试图弥补“527团体”所显示的漏洞。改革法案或许能通过，但那些试图通过巨额竞选资金来影响政治活动的人必然会找到新的办法来实现他们的意图。

小结：2008年总统竞选展望

现在距离2008年竞选还有一段时间，我们对此能了解些什么？这次选举将确定乔治·W.布什的继任者，我们对这个过程了解多少？

或许最明显的一点是，虽然2000年选举遭到广泛批评，但之后的竞选流程几乎没有变动。两个主要的全国性政党依然将主宰竞选；少数党或无党派候选人将扮演次要角色，甚至没有 114
机会表现。政党将通过让大多数选民感到困惑的流程选出提名候选人，并且提名资格依然将早早确定，那时候还很少有民众关注竞选。竞选流程的日程安排将导致一些州，特别是艾奥瓦州和新罕布什尔州，获得与他们的人口规模或代表性不相称的影响力。初选和推举会议的日程安排导致某些州产生巨大的影响力，另一些州则没有任何影响。只有极少数民众会参与提名流程，但在确定提名资格时，那些参与的民众（而不是政治组织形式上的领袖）才是最具影响力的群体。募集资金的能力将成为每个政党内部筛选候选人的关键要素，剩下的几个人最终有机会竞争提名资格。最后，如果以历史作为参照，候选人治理国家的能力远不如其他因素来得重要，比如在电视上吸引选民的魅力或者在引人关注的争议性话题上正确表达自身立场的能力，这些话题往往并不是牵涉到国家利益的重大问题。我们还可以确信一点：获得提名的候选人将会遭受猛烈抨击，原因可能是他们以往的任职经历、公开言论、个人生活或者他们家人的个人生活——这些抨击至少有一部分并不公正，同时与选举没有关系，却具有决定性作用。

一旦确定了候选人，且秋季竞选活动正式开始，另一些因素就将发挥作用。竞争集中在少数几个州。虽然每场竞选活动

图10　2000年10月，总统竞选辩论在维克森林大学的韦特教堂内进行，乔治·W.布什和主持人吉姆·莱勒正在听民主党候选人阿尔·戈尔回答一个问题

都要讨论大量议题，但最重要的讨论集中在某几个问题，这是导致候选人以及“战场”州民众产生意见分歧的原因所在。候选人之间将展开辩论，但我们并不确信，是否能从这些辩论当中看出不同候选人的根本区别。不管是基于本质还是风格，不管是基于总体印象还是瞬间触动，公众将根据这些辩论得出自己的看法。 115

总统竞选活动将花费大量资金。我们知道，两党会从公共资金那里得到数千万美元。我们不知道的是，候选人究竟是接受这笔钱，还是通过私人募集的资金来竞选，从而避开关于经费开支的限制。我们知道，全国性政党和其他组织也会提供资金。我们不知道的是，他们究竟如何来操作、打算花费多少，以及这笔钱所产生的效果。

最后，我们可以基本确定，有资格投票的民众最多会有略微超过一半的人参加投票。考虑到大多数现代民主国家（哪怕排除那些强制投票的国家）平均投票率超过75%，美国的投票率并不算高。虽然美国民众以他们的民主制度为荣，并且美国总统竭力对外传播美国式民主，但很显然，这一体系的某些方面并没有达到一个真正有效的民主政体应该追求的理想境界。 116

第六章

其他重要职位的提名与选举

2004年4月，距离全国性选举还有六个多月的时候，《库克政治报告》的高级编辑艾米·沃尔特对众议院435个席位中368个的确定获胜者做出预测；最终她全部都猜对了。此外，她认为剩下的席位中，有30个席位的"可能"获胜者非常明显，还有23个席位具有"偏向性"。在针对上述53个席位所做的预测中，她根据后来的竞选活动或重大事件，只更正了对其中2个席位的判断。在普通民众开始关注选举前的几个月，沃尔特已经正确判断出全部435个席位中419个席位的获胜者。在沃尔特看来，只有16个选区的竞争过于激烈，难以预测获胜者——要知道，她这么说是在投票开始前的六个月。

美国人很少知道，他们引以为豪的民主政体其实在选举流程中并没有多少竞争性可言。众议院选举就是个明显的例子。不管用什么样的标准来衡量——比如，竞选失利的现任议员、获胜的优势、没有挑战者的竞选场次——2002年和2004年的众议院换届选举都可列入史上最缺乏竞争的选举。上一次出现寻求连任的众议员获胜率低于98%的情况，还要追溯到十多年以前。即便是民主党大获全胜的2006年，依然有大约95%的众议员成功连任。当时有超过90%的竞选，获胜者优势超过10%。2004年，在435个席位中，只有5个席位的获胜者优势少于5%；剩余 117
席位中，只有13个席位的获胜者优势少于10%。2004年，435个席位中，有15%的“竞选”没有对手。2006年，这项数据是10%。人们或许会认为，那些具有明显政党偏向性的选区在初选中将会出现竞争。但事实上，寻求连任的众议员中，有超过70%的人在初选中没有遇到对手。

本章我们将关注除总统和副总统之外其他重要政府职位的选举流程，分析候选人如何产生以及普选如何进行。我们将讨论第一章粗略谈到的采用相对多数票获胜的单一席位选区制的重要性，特别是选区如何划分、竞选资金如何募集、竞选活动如何开展竞争。

本章列举的大多数例子来自众议员选举。作为普遍规律，各州州长和联邦参议员的提名与竞选要比众议员选举竞争更加激烈。相反，各州议员和地方官员的竞争激烈程度不如众议员选举。普遍原则是，提名资格的价值越高（根据当选的可能性来判断），产生竞争甚至激烈竞争的可能性就越大；某个职位的影响力越大，政党对于某个选区的控制力越弱，在换届普选中出现竞争的可能性就越大。

提名流程

2006年8月，康涅狄格州联邦参议员约瑟夫·利伯曼试图寻求连任，却没能获得民主党的提名资格。对此，不了解内情的

人感到吃惊和困惑。他既然已经赢得大会提名，为什么又会在初选中失利？不过，对于本书读者来说，现在应该能明白，各州
118 之间的竞选规则有着显著差异。

民主党和共和党的提名流程在形式上很简单。规则要求政党举行初选来确定获得提名资格的候选人。[1]但各州的提名流程在以下方面有所变化：

- 谁可以投票；
- 谁可以参选；
- 政党组织在提名流程中的作用；
- 出现竞争的可能性；
- 赢得提名需要付出的代价。

谁可以投票

和总统候选人提名一样，这个问题关系到党员资格，以及选举究竟是开放式（所有参加者都可以投票），还是封闭式（只允许党员进行投票）。关键问题是党员资格的界定。美国政治中说的“党员”（比如用于确定投票资格）指的不是正式的、缴纳会费的政党成员。大多数美国人都没想过要成为某个政党的正式成员。即便是这样宽泛的定义，各州之间依然存在重大差异。

一些州（比如，康涅狄格州、俄克拉何马州和内华达州）规定了党员的正式注册流程，由专人负责统计党员名册，明确成为党员的公开途径，并禁止候选人在提出职位申请后更换政党归属。另一些州（比如，马萨诸塞州、南达科他州和亚利桑那州）规定了正式注册流程，但在其他方面更加灵活，比如投票者何时

可以更改政党归属；有些州（比如，俄亥俄州）还允许在初选的投票日期更改。另外，是否允许以及何时允许那些没有在某个政党注册的人，注册加入另一个政党以便参加初选，这些州的做法也有所差异。[2]最后，还有一些州（比如，田纳西州、伊利诺伊州和密苏里州）要求投票者在初选当天公开表明自己的政党归属，但不会对此进行记录。总的来说，一共有39个州采取某种形式的封闭式初选。不过上述差异足以说明，这样的分类并不准确。

以上一组采取封闭式初选的州，与采取开放式初选的州（比如，佛蒙特州、威斯康星州和夏威夷州）差别不大，这些州允许投票者在投票间里，在保密的情况下，选择其中一个政党的投票箱进行投票。近年来，有三个州试图在初选时不考虑政党归属，虽然这听起来很矛盾。阿拉斯加州、加利福尼亚州和华盛顿州采用所谓的“无限制初选”。投票者在投票间里，在保密的情况下进行投票，但他们可以在某些职位把票投给民主党候选人，在另一些职位把票投给共和党候选人。随后，获得总票数最多的民主党候选人和共和党候选人在普选中展开竞争。2000年，最高法院在“加利福尼亚州民主党诉琼斯案”的判决中裁定，这种做法不合宪法，但华盛顿州和阿拉斯加州依然在围绕这一原则制订州政府职位的选举办法。

谁可以投票，这个问题在策略层面非常重要。政党领袖认为，和开放式的竞选体系相比，封闭式竞选体系更有可能让更多人成为本党纲领的忠实支持者。加利福尼亚州的两大政党联合起来，共同反对“无限制初选”，这说明“无限制初选”作为迈向开放体系的终极步骤，破坏了政党的内部团结。

谁可以参选

围绕谁可以参加初选的问题，各州在两个方面存在差异。最基本的问题涉及党员资格：候选人如何向政党证明自己的忠诚度，各州的规定有所不同。基本原则很清楚：共和党候选人竞
120 选共和党提名，民主党候选人竞选民主党提名。[3]

第二个问题涉及如何成为候选人。一些州的政党委员会控制着候选人资格，或者说至少控制着成为候选人的条件。但在大多数州，候选人通过在提名申请书上征集他人签名的方式获得参选资格。重要的是，谁可以签署申请书以及需要多少个签名。难度较大的要求（征集大量签名，必须是党员，并且要散布在选区各地）意味着候选人只有拥有运作良好的政治组织，或者得到现有组织（比如政党）支持，才能获得参选资格。难度较小的要求（少量签名，对象不限，居住地不限）降低了业余候选人参加初选的门槛。更为困难的要求，或者让政党组织发挥更大的作用，则意味着能够参选的很可能是更为传统的候选人。

我们很快就注意到，对候选人的要求越是简单，竞选活动就越是民主；毕竟，没有人因为官僚手续的限制被排除在外。许多人支持这种看法。然而，如果**任何人**都可以竞选政府职位，就会有许多人真的报名参选。如果同一职位出现许多候选人，选民就要花费很大力气加以鉴别——把有希望获胜的人和希望渺茫的人区分开来。由于选举通常采取相对多数票获胜的办法，参选人数过多意味着最终的获胜者票数不会太高。相对失败的候选人可能从某个具有竞争力但呈现颓势的候选人那里不成比例地分流一部分选票，从而影响到最终的选举结果。这样的做法

真的更加民主吗？

政党组织在提名流程中的作用

如前所述，政党的基本作用之一就是确保选举的竞争性。政党招募候选人竞选政府职位。但如果有多个候选人想要以该党名义参选，政党是否能决定候选人的提名资格？如果政党领袖招募了某个候选人，他们是否有权力（或者说，权威）“排斥”其他寻求提名资格的人？如果政党领袖认为某个候选人赢得换届普选 121
的机会远远大于另一个人，他们是否能够积极开展竞选活动——不管是以个人名义还是作为组织——来支持看好的候选人？

有些人提倡强势政党，认为这样的政党在民主政体的有效运作中能发挥核心作用，对于这些人而言，上述问题的答案自然是肯定的。另外一些人认为，政党破坏了民主，对这些人而言，上述问题的答案是否定的。各州的政党有着截然不同的发展历史，因此有些州采用封闭式政党体系，另一些州则更为开放。同样，各州的政党在历史上有着不同的影响力，这决定了他们在当代提名流程中扮演的角色。

有些州的政党在提名流程中起到重要的（乃至决定性的）作用。在犹他州，如果候选人在州政党大会上得到70%的选票，就能获得提名。如果所有人的得票数都没有超过70%，那就在得票最多的前两位候选人当中举行初选。在康涅狄格州的多个职位竞选中，政党选中的人自动获得提名资格，除非他或她遭遇其他人的挑战，后者或者是在政党大会或推举会议中得票超过20%的候选人，或者是提出申请并且征集到大量签名的候选人。击败乔·利伯曼的内德·拉蒙特就是这样获得提名资格的。利伯曼得到大会的支持，但在初选中失利。不过，类似的成功挑战屈指可数。自1996年以来，在康涅狄格州所有获得政党支持的候选人当中，只有不到10%的人要面临初选的考验。在其他州，政党大会的获胜者必然列在初选的选票上（有时列在选票顶部），其他候选人则必须提出申请。

有些州的政党在提名流程中并没有正式的角色，他们扮演
122 着非正式却又十分重要的角色。典型的例子当数伊利诺伊州芝加哥市库克县的民主党组织。在将近半个世纪的时间里，除了短暂的改革时期外，戴利的政党组织（在两任芝加哥市市长的领导下）垄断了提名资格。近年来，亚利桑那州民主党开始尝试一种新的操控办法，支持那些在他们看来在换届普选中值得信任的候选人，有时在同一场竞选中他们支持的对象不止一个。这意味着那些没有得到他们支持的人前途堪忧。

还有一些州禁止政党在初选候选人中选择支持对象。一些州的政党规则禁止本党选择支持对象；另一些州规定，政党官员和整个组织必须保持中立。这些州的政党官员发现自己面临着两难困境。如果他们招募某个候选人，当这个候选人遇到竞争对手时，他们无法向他提供援助；但如果他们不招募候选人，并且没有人选择以该党名义参加某个职位的竞选，那他们就等于失职。

竞争激烈程度

很显然，各个地区政党提名资格的竞争激烈程度相去甚远。那些决定着初选中是否存在竞争的变量很容易确定：选区的政党偏向性、职位的重要性、是否有强势的在职官员参选、政党组织的实力。

在共和党占据明显优势的地区，共和党的提名资格就更受看重（因为在换届普选中获胜的可能性更大），因此竞争也更加激烈。但这些地区的民主党提名资格竞争就不那么频繁。在民主党占据明显优势的地区，情况则正好相反。相比各州州长或联邦参议员竞选，地方职位和州议员的提名资格更有可能出现无人竞争的局面。事实上，在基层职位竞选中，政党的角色通常是找到愿意参选并且在获胜后愿意就任的人选。如果有强势的在职官员寻求连任，他或她所在的政党内部出现竞争对手的概率非常低，并且在对方政党内部出现竞争对手的概率也不高。最后，实力强大的政党组织通常会争取所有职位，并且压制本党候选人的竞争对手。实力较弱的政党组织更有可能放弃部分职位，把精力集中到更有价值的职位。

之前我们曾提到，近年来谋求连任的众议员有70%的人在没有遭遇竞争对手的情况下再次获得提名。其他人也很少遇到强势的对手。除了重新划分选区后的年份（两名现任议员可能被分到同一个选区），很少有人失去提名资格——在过去的30年时间里，除了重新划分选区后的年份，每次换届选举失利的都少于五人。为了反对现任议员，对方政党内出现提名资格竞争的情况更为常见。初选遭遇竞争的情况更多发生在公开席位竞选中，尤其是在某个政党控制某个选区的情况下。这个时候，获得提名资格意味着在换届普选中获胜的可能性更大。

谁获得提名资格

在绝大多数州，初选采取相对多数票的规则，得票最多的候选人获胜。很显然，在没有竞争的初选中或者在只有两名候选人参选的情况下，这条规则没有任何问题。但是，在那些参选门槛不高的州，重要职位的提名资格往往有多名候选人参与竞争。在这种情况下，相对多数票获胜的规则可能导致在换届普选中获得提名资格的候选人得票无法超过半数。

有九个州规定，获得提名资格的候选人得票必须超过半数，如果在第一轮投票中没有候选人超过半数，就由得票最高的两
124 名候选人进行决胜投票。历史上，南方各州普遍采用决胜制的办法进行初选。当时只有民主党候选人才有可能在换届普选中获胜。因此，初选实际上就决定了最终的胜者。现在，共和党在许多南方地区占据主导地位，一些非裔政治人物声称，决胜制初选对他们不利。比如，杰西·杰克逊在20年前就曾经借助一个突出的例子，用华丽的语言提出过此类看法。然而，历史经验表明，决胜制能确保最终获胜的候选人得到广泛支持，并且长期以来对于非裔候选人没有产生负面影响。

从实用主义角度看提名流程

虽然说，理解提名流程以及流程中的各种变量如何导致不同结果非常重要，但同样重要的是，我们不能只见树木，不见森林。除了公开席位的提名竞争之外——这样的竞争往往是为了党内重要职位，并且该党的候选人有常规的获胜机会——美国的初选很少出现激烈竞争。大多数情况下，只有一名候选人寻求某个政党的提名资格。这些候选人中，有些人是自告奋勇，还有些人则是由政党领袖招募才参加竞选。

有许多例子表明，如果非要坚持基本民主原则，就会造成无人竞选的局面，政党领袖通常也无法招募到合适的候选人。在

上述例子中，如果一名在职者寻求连任，他或她将在选民没有对上一任期进行考核的情况下再次当选。如果没有在职者参加竞选，选民将失去目标，不知道该选择谁来执政。虽然说，很少有州长或联邦参议员在没有反对意见的情况下当选或连任，但这种情况在其他职位选举中并不罕见——近年来，众议院有大约15%的换届选举出现此类情况；州议会选举的这项数据平均超过30%。

造成提名资格无人竞争的原因有许多。首先，由于在职者的强大实力、政党重新划分选区以及竞选成本等因素，潜在的候选人认为自己不可能获胜。我们将在下节关于换届普选的内容中讨论这些因素。除此之外，某些时候政党组织的实力不足以提供充分支持，这也是潜在的候选人没有涌现的原因之一。当政党组织寻觅到潜在的强势候选人并且鼓励他们参选时，他们通常都会接受招募。那些最终决定不参加竞选的潜在候选人认为，缺乏有效的政党支持是阻碍他们参选的原因之一。另外，有些潜在的强势候选人出于其他原因不愿意参选，比如对于竞选或者担任新职务不感兴趣——更喜欢自己现在的职务；不喜欢竞选流程；觉得参加竞选需要付出极大的个人代价和职业代价，超出了个人收益和职业收益。他们也可能在综合考虑上述原因后，决定不参选。

换届普选

我们之所以要研究选举活动的运作机制，是为了判断现有的选举活动是否有利于民主。对于美国选民投票行为的研究集中在总统选举。虽然分析家对此有不同的阐释，但他们一致认为，政党归属感和对于总统表现的评判是决定民众投票行为的重要因素。有人可能会说，依赖于对这些因素的评估符合民主价值观。那么，对于总统以下的其他职位选举来说，同样的说法是否还成立？

州长选举和参议员选举

把总统以下的其他选举按照职位重要性来划分，有助于我们的分析。新闻媒体和公众关注少数引人瞩目的选举。此类选举大多形势胶着，竞争激烈。不过，其他选举大多不开展竞选活
126 动，更谈不上激烈竞争。

有41个州在非大选年举行其他职位选举，这些选举吸引了绝大多数关注。2006年，有36个州举行州长选举。[4]其中有27个州的现任州长谋求连任，他们全都面临对手的挑战。大多数挑战者具备竞争力，能够募集资金并且把自己的竞选信息传递给公众。有8个州的现任州长陷入苦战，他们的对手不仅有足够的政治资历，而且有大笔竞选资金，足以保障大范围的媒体覆盖——这些人包括联邦众议员、之前因为任期限制而卸任的前州长以及各州范围内当选的官员。

另外有9个州的州长竞选属于公开席位，其中有2个州是因为现任州长决定不谋求连任，另外7个州是因为现任州长受任期限制无法参选。[5]这9个州当中，有8个州竞争激烈，每个政党都派出强势候选人参选。整个秋季，每一场竞选活动都努力把自己的竞选信息传递给选民，这些信息基于现任者之前的表现以及候选人将来要实现的承诺。公开席位竞选往往竞争激烈，选民的投票也更有意义。2006年，有6个州的州长职位落入对方

政党的手中。

各州的重大问题往往决定了州长竞选的结果。民众会评判州长作为行政长官的功绩，并且根据后者在上一任期内的表现做出判断。联邦参议员选举往往关注全国性问题。2006年，有43个州举行联邦参议院席位竞选。随着选举年的临近，鉴于共和党在全国范围内的影响力日渐衰退，民主党希望能重新掌控参议院。在选举年开始前，4名参议员（2名民主党人，1名共和党人，再加上无党派人士杰福兹）宣布离职。在寻求连任的29名现任议员中，有19人在距离选举还有好几个月的时候就已经稳操胜券（虽然在弗吉尼亚州，由于现任参议员乔治·艾伦在竞选活动中接连出现言行失态，原本没有悬念的选举变得竞争激烈，并且最终以艾伦的失利告终）。在争夺4个公开席位和挑战10名现任议员（民主党人和共和党人各半）的竞选活动中，出现了激烈竞争的场面。这些竞选活动中投入了数千万美元的资金。两党派出经验丰富的政治人物，或是争夺公开席位，或是挑战对方政党的现任议员。其中有许多人为了参加参议员竞选，放弃了其他重要职位。到了11月，有6个席位落入对方政党手中，同时民主党再次获得多数席位。

关于这些重要的公共职位选举，我们能得出什么结论？首先，在很多时候，两党都提名强势候选人参加竞选，他们得到巨额资金支持，开展咄咄逼人的竞选活动。参加这些选举的民众有机会获得充分信息，在理性思考的基础上选出能够代表他们的候选人。2006年，这样的有效竞选活动出现在大约30个州的选举中，其中有些是州长选举，有些是联邦参议员选举，也有些兼而有之。

不过，剩余的20个州（包括4个同时举行州长选举和联邦参议员选举的州），现任参议员没有遇到明显挑战就成功连任。有人或许认为，缺乏竞争的原因是某些州具有明显的政党偏向性。的确，在共和党占据明显优势的得克萨斯州，这就是州长里克·佩里和参议员凯·贝利·哈奇森轻松连任的原因所在。但其他州的情况有所不同。比如怀俄明州，民主党赢得州长选举，共和党赢得参议院席位。在这些例子中，阻止潜在的强势候选人参加竞选的因素不再是政党，而是在职官员及其个人组织的实力。并且，在这些例子中，民众即便对候选人的执政表现感到不满，也没有机会提出有效的反对意见。

众议员选举和州议员选举

“公正投票”组织（由“投票与民主中心”发起）是一个致力于选举改革的非政府组织，目的是提高选民的投票率，保障选举的公正性。自1992年以来，该组织一直保持活跃，重点关注众议院席位竞选。根据开国元勋的设计思路，众议院是美国政府最贴近人民的分支机构。“公正投票”组织关于众议院选举的报告取名“可疑的民主”，这是个很贴切的名字。

众议院席位很少出现竞争。在过去30年的选举中（包括2006年在内），所有谋求连任的现任议员，有超过90%的人取得成功。很少有人遇到具有竞争力的对手，许多人甚至没有对手——不论是初选，还是换届普选。潜在的强势候选人如果对众议院席位感兴趣，他们通常都会等到有公开席位出现，才宣布参选。结果就是，挑战现任议员的候选人实力孱弱，没有能力募集资金，因此也就没有能力把他们的竞选信息传递给选民。

为什么现任议员看起来不可战胜？有许多因素导致现任议员地位稳固：他们有能力取悦选民，这很大程度上得益于他们的众议员身份；他们有能力募集资金，尤其是从某些立场相近的利益集团；他们懂得如何划分选区以利于某个政党；最后，他们的个人组织和竞选技巧在第一次成功当选的时候已经经受考验，并且在之后的每一次选举中不断改善。

现任议员成功连任的比例如此之高，这算是问题吗？尤其是考虑到州议员连任的比例与众议员持平，并且州议员遇到对手的概率甚至远低于众议员。有人认为，如果民众想要替换现任议员的动机足够强烈，他们就会着手去做。毕竟，共和党在1994年就曾经控制众议院，打破了数十年来民主党的垄断地位，他们当时击败了34名民主党议员，增加了54个席位。当时甚至有许多民主党议员宣布离职，回避困难的竞选活动。2006年，民主党挑战者击败了20多名共和党议员，重新夺回众议院的控制权。

129

这些反例很重要，但必须慎重对待。美国式民主的前提是，民众有能力定期表达他们的意见：对于政府施行的政策，他们究竟是支持，还是反对。虽然民主的外表保持完好，但行使这样的权利十分困难。不管是在选区层面，还是在国家层面，都是如此。

2006年，共和党在众议院内遭遇一系列丑闻。多数党领袖汤姆·迪莱辞去职位，同时面临他所代表的得克萨斯州提起的指控；他和许多共和党同事都卷入超级政治说客杰克·阿布拉莫夫的非法活动，并且收受贿赂。

民主党要求对政治游说活动进行改革，同时谴责他们的共和党对手，试图以牙还牙，报十几年前的一箭之仇。但民主党面临的问题是，要确定争取哪些席位。在全国范围内，民主党比共和党更受民众欢迎，但民主党必须找出足够多的竞争激烈的选区。要分析某次选举中某个政党是否在全国范围内具有明显优势，关键是看该政党能否找到足够强势的候选人，把一些席位（这些席位看似对手的囊中之物）变成激烈的竞争。2006年，民主党做到了这一点，但优势非常微弱。他们扭转的席位数只有1994年共和党获胜时扭转的数字一半略多。在最后一章中，我们将回过头来分析美国选举体系的某些方面如何限制选民表达他们的意见。

竞选活动的质量

民主理论家一致秉持公正、有效选举的基本信念，包括反对党可以挑战执政党，候选人有权自由表达自己的观点，新闻
130 媒体可以自由报道选举进程，民众有权在保密、安全的情况下进行投票，投票者能够获得必要信息从而在了解局势的情况下进行投票。

理论家产生分歧的地方在于，为了确保民主，竞选流程中究竟需要多少信息。选民是否必须做到消息灵通，了解各方的政策细节以及候选人的相关看法，从而能够理性投票？或者，投票者只需要知道，他们对于执政者的表现是否感到满意？当初罗纳德·里根以候选人的身份与时任总统吉米·卡特进行辩论时，就曾令人信服地提出这样的问题："相比四年前，你现在过得更好吗？"民众凭借直觉获得第二种信息，他们不需要为了投票去搜集新的信息。并且，在互联网发达的当下，有进取心、关注

时事的民众必然能找到应对第一种考验所需的信息。但很少有民众真正具有进取心并且关注时事。

于是问题就变成，在极少数竞争激烈的选举中，普通民众能否通过竞选活动和媒体渠道得到充分信息。批评者认为，现在的竞选做不到这一点。候选人不惜一切代价，回避实质性内容，因为一旦在争议性话题上采取某个立场，他们给自己制造的敌人数量并不亚于争取到的盟友。政治顾问发明的最有效的竞选手段之一就是“否定竞选法”：把重点放在让你的对手感到头疼的话题或个人事务上，通过这种办法来控制议程。

大多数民众得到的政治信息都来自电视。对于总统之外的其他职位竞选，电视记者报道不多，并且很少关注实质性政策。地方竞选活动的报道数量非常少，哪怕是那些竞争最为激烈的竞选，因此这样的报道可以说意义不大。报纸对于竞选活动的报道胜过电视，但它们同样很少关注各州和地方性竞选活动。即便媒体报道某些竞选活动，也往往把重点放在领先者以及他们使用的策略，而不是候选人之间的政策差异或者资历差异上。

这一现状不能完全归咎于候选人的竞选活动和媒体报道。同样也不能责备民众，虽然民众的参与度完全可以更高。民众要在同一时间关注大量竞选活动（参见表1.1）。他们平时忙于自己的日常生活，总的来说，政治并不是他们的生活核心。或许最重要的是，他们往往搞不清楚，不管是众议员还是州议员选举，这个人或那个人的当选对于他们的生活会有怎样的影响。因此，他们很少留心竞选活动，只有在最后时刻才会关注；他们投票支持的对象是某个政党或者某个熟悉的候选人，或者是那些在他们看来改善了（或者没能改善）他们福祉的候选人。

媒体要报道同等数量的竞选活动。他们怎么顾得过来？有谁会关注？他们的资源有限，观众的兴趣也不高。的确，竞选报道作为一种公共服务，是大众媒体的职责所在，但很少有媒体会花费大量精力，尤其是考虑到经济成本。

候选人的目标是获得胜利。候选人及其顾问之所以采用否定竞选法，并不是因为他们都是坏人。他们这样做，是因为经验表明这样的竞选策略能够取得成功。聪明的商业广告相比滔滔不绝的谈话更能吸引公众的注意力。比较式广告不同于否定式广告，前者把某个候选人的任职经历或政策倾向与竞争对手进行比较，后者采取不公正的方式攻击竞争对手。通常这两者之间的界限取决于观察者。同一个商业广告，在某个竞选团队看来属于幽默风格的比较式广告，虽然持批评态度但并不过分；然而在其他人看来，这样的广告已经超过界限。最终的判决权属于民众——竞选顾问很清楚，他们**唯一**需要关注的是民众的意见，而不是竞选活动的批评者。

美国的竞选活动缺乏实质性内容，如果说这个问题不应该归咎于任何一方，那么问题究竟出在哪里？至少有部分原因在于竞选体系本身。美国的竞选体系采取单一席位选区、弱势政党、三权分立、强大的联邦体系等做法，这必然导致竞选活动立足于形象，而不是实质性内容。民众可以了解他们的代表，但并不能把责任归咎于后者，因为权力呈分散状态。政党在重大问题上可以采取相应立场，但候选人却可以选择忽略这些立场，因为他们的前程取决于选民，而不是全国性政党领袖或者各州的政党领袖。

小结

两个因素决定了总统之外的其他重要职位的选举结果。一方面，研究者关注全国性趋势。选民如何看待执政党？在选民看来，哪个政党更善于处理重大问题？总统是否受欢迎？民众是否认为，国家正朝着正确的方向发展？如果选民对国家的发展方向感到满意，支持总统，并且对执政党并不反感，那么选举的结果就不会促进变革。现状得以维系，这将成为民众意愿的准确反映。如果民众对于国家的发展方向并不认同，对总统的表现感到不满，并且对执政党产生反感，按照民主理论的说法，民众就会用新的人选来代替执政者，这些新的人选想必将针对民众的意愿做出反应。1994年的选举就出现了这样的情况，当时共和党取代民主党成为国会中的多数党。到了2006年，民主党重新夺回控制权。

另一方面，研究者熟悉一句古老的格言："一切政治都是地方政治。"通常认为这句话出自众议院前议长、来自马萨诸塞州的托马斯·P."蒂普"·奥尼尔。那些在职者努力满足选民的日常需求，往往因此疏远了国家政治。结果，在职者代表的民众往往对他们评价良好。这些良好的印象，加上在职者能够调用的大量竞选资源，导致其他候选人很难击败在职者，哪怕后者来自一个不受欢迎的政党。潜在的挑战者意识到，他们从一开始就处于明显劣势。因此，政党要花费很大力气，才能找到有实力的挑战者。

任何关于美国选举流程的评判都必然涉及一个悖论：同一个投票者可能在支持执政党的地方性代表的同时，在全国性选举或州级选举中反对该党。如果民众在地方选举中的投票结果并不能体现他们在全国性问题或州级问题上的立场，宏观层面的民意就无从表达。在美国式民主中，政党的作用就是要确保招募到候选人，一方面挑战在职者，另一方面争夺公开席位，这些候选人的竞选活动使得明显的全国性趋势在地方性选举中得以体现。在美国，大多数州级选举和地方选举缺乏竞争。美国式民主要想有效运作，政党的任务就是要确保足够多的选举具有竞争性，从而使全国性选举或者各州选举的结果能够体现民意。

第七章

不完美的民主

美国人始终认为，美国式民主代表着一种其他国家应该努力追求的理想，就连那些熟悉选举流程的人也秉持这种信念。他们指出其他政治体系的缺陷——像法国这样采取混合体系的国家，总统和总理之间存在分歧；像以色列这样的议会制国家为了达成多数，局势总是很混乱；像意大利这样的国家，政府始终难以稳定；像俄罗斯这样曾经遭受极权统治但现在却自称民主政权的国家，没有出版自由，也做不到公开透明；其他国家同样在种族、性别或阶级方面存在问题。但美国人很少把批评的矛头指向自身。本章我们将简要回顾此前提到的五个方面的问题。在美国的政府官员能够处理这些问题之前，美国式民主距离终极目标还遥遥无期。

参与度

2006年3月的选举中，以色列的适龄选民中有大约60%的人参加投票；以色列官员感到沮丧，在这样一场至关重要的选举中，投票率如此之低。2004年11月，美国的适龄选民中略超过

60%的人参加总统选举投票，这一数字是36年来的最高值，同时
135 也是自1920年女性获得投票权以来，第四次有五分之三的适龄选民参加投票。在非大选年的换届选举中，有36个州进行州长竞选，但全国范围内的平均投票率从未达到50%，通常都在35%至40%之间。在一份根据全国性选举的投票率排列的民主政权名单中，美国处在倒数五分之一的国家之列。[1]

问题不仅仅是美国人的投票率低于其他国家。更严重的问题是，参加投票的美国人与那些不参加投票的人有着群体性差异。非裔美国人和西裔美国人的投票率低于白人。穷人的投票率低于富人。受教育程度较低的人群投票率低于受教育程度较高的人群。简言之，全体选民的合唱，吟咏的只是有权有势者的声音。在代表制民主体系中，我们不得不感到担忧，政策是否更多反映出选民的意愿，而不是那些没有参加投票的民众。享有特权的人群投票率更高，这就是问题所在。

为什么美国的投票率低于其他民主国家？因为美国的政府体系和选举法都对民众的投票率产生压制。研究者很早以前就发现，采用比例代表制的选举体系比起采用相对多数票获胜的选举体系，投票率更高。平均来说，采用比例代表制的民主国家比起采用相对多数票获胜的民主国家，投票率要高出15%。采用混合体系的国家介于两者之间。

即便是在开国元勋创立的选举体系内部，与竞选相关的法律规定同样压制了民众的参与。不妨考虑下列因素：

- **登记法**：2004年选举，只有72%的适龄选民进行登记；其中
136 年龄在18至24岁之间的选民，只有58%的人进行登记。登

记法是否应该减少障碍，从而提高民众的参与度？[2]

- **选举频率**：比起其他国家的民众，美国人面临的选举次数更多，因为每个地区都有自己的规则，想要保护当地选举不受全国性趋势的影响。结果，美国人对于投票心生厌倦。是不是应该把全国的选举时间放在一起，每年只进行一次选举？
- **选举日**：投票时间都安排在工作周；民众必须在百忙之中抽出时间来投票。是否应该像许多国家那样，把选举日定为假日？
- **投票是义务，而非权利**：有32个国家规定，投票是民众的义务，但在美国，投票并非强制性要求。[3]在这方面做出改变，是否能提高投票率？由此产生的利益能否超过成本？
- **如何计票**：和这些问题相关的是一个理论问题，那就是采用简单多数票获胜的体系是否就是最民主的选举体系，这样的体系是否能最准确地反映出投票者的看法。相比其他体系，改用排序投票体系是否就能保证选举结果更为准确地反映出投票者的意愿？如果是，民众会不会接受这样的改变？

讨论美国选举体系的任何变动，必然涉及此类争论。有些人认为，那些对于投票有足够兴趣的人完全有机会付诸行动；另一些人认为，美国的低投票率是民主弊病的迹象。在每种观点的背后都是一个政治性问题：如果更多民众参加投票的话，谁将从中得利，谁又将遭受损失？在那些决策者看来，类似的改革能否改善美国式民主，这显然只是次要问题，重要的是判断由此在决策者头脑中产生的政治影响。

总统提名与竞选流程

2000年总统大选，美国民众面临的选择是在两个他们都不
137 怎么喜欢的候选人当中选出一个。有人认为，那次选举的低投票率反映出民众对于候选人的不满。民主党候选人过于聪明，过于做作，过于无聊，过于配合，想把自己塑造成投票者喜欢的任何形象。共和党候选人正好相反，不太聪明，不了解国家面临的重大问题，但讨人喜欢，待人友好，很了解自己。面临这样的选择，有很多投票者选择留在家里。

很显然，这样的解释过度简化了2000年大选，但观察者完全有理由质疑，一个拥有2.8亿人口的大国为什么会选择阿尔伯特·戈尔和乔治·W.布什作为总统候选人。这样的选择源自具有明显缺陷的提名流程，没有人支持这样的流程。普选过程（尤其是决定结果的方式）同样令人不满。对于研究民主政体的学者来说，下列问题值得思考。

- **艾奥瓦州和新罕布什尔州对于总统提名的影响**：艾奥瓦州和新罕布什尔州在提名流程中起到主导作用，虽然这两个州既不能代表两党的支持者，也不能代表整个国家。这两个州让面对面交流的政治活动成为可能，在为这种政治活动保留一定空间的前提下，能否削弱这两个州的影响力？[4]
- **选举流程的重点放在初始阶段**：同样，大多数人都会同意，竞选流程过于集中在初始阶段，民众被要求在形势明朗之前、在他们开始关注大选之前就选出总统候选人。[5]现在的流程有利于一部分候选人，这些人具有较高知名度，能够在

初始投票开始之前募集资金，对于他或她所在政党的支持者来说具有吸引力，能够在面对面交流的情况下顺利开展竞选活动，并且有能力建立一个全国性的竞选组织。这些因素并不能保证产生最好的候选人，后者应该具备的素质包括：能够吸引无党派人士和对方政党的支持者中立场不够坚定的一部分人；对于当前的重大问题了如指掌，并且能在不同场合就这些问题进行辩论；通过自己的言行举止告 138
知选民“我已经做好准备，成为自由世界的领袖”。有没有一种更为合理的办法来设置提名流程，从而选出让民众更为满意的候选人？

- **候选人与治理国家之间的关联**：要想成为一名出色的总统，就必须具备以下能力：能够既与本党又与其他政党领袖共事；熟悉世界大事，并且有能力与各国领袖进行协商；对于本国的未来发展有明确目标，并且有计划实现该目标；具备有效管理大型官僚机构的经验，不至于被细枝末节牵扯太多精力；具有演说天赋，不仅能打动全国民众，而且也能为全国民众代言——这些素质最好由同行进行剖析，而不是在选举流程中由民众来评判。但在美国的政治体系中，专业的政治同行在提名资格的产生过程中没有多少发言权，更不用说最后的当选者。有没有办法改变这一体系，把民主选择和同行评价相结合？
- **计票**：选举流程本身已经受到严厉批评。1789年竞选采用选举人团的历史原因到了现在已不复存在，但这一体系却没有随之做出改变。是不是应该抛弃选举人团制度，采取一种更为透明的民主做法？[6]

民主的成本

举行选举需要花费多少成本？应该由谁来承担成本？候选人募集资金的能力是否应该成为赢得选举的因素之一，甚至是决定性因素？

1976年大选之前，美国刚进行了竞选体系改革，对联邦竞选活动的资金募集方式做出规定。据估计，当时全部选举花费的资金总额（包括联邦、州和地方各级选举）为50亿美元。到了2006年，根据政治顾问的估算，两党总统候选人提名资格的“参选成本”将高达一亿美元每人。[7]许多潜在的候选人在竞选开始
139 之前就宣布放弃，因为他们无力承担一名具有竞争力的候选人必须筹到的“参选费用”。

2004年美国众议院选举，谋求连任的在职者比他们的对手花费更多资金，平均比例达到16∶1：前者的平均费用为80万美元，后者只有5万美元。如果在职者遇到具有竞争力的对手，他们花费的资金更多；只有不到40%的挑战者开支超过10万美元。只有5名现任议员在选举中失利。并且，在这些案例中获胜的挑战者开支都接近或超过在职者。

一直以来，竞选资金的募集方式都是改革者重点关注的问题。将近一个世纪前，美国通过了《蒂尔曼法案》，这是第一项与竞选资金有关的法案，规制的是企业和银行对于竞选活动的资金捐助。最近一次改革是2002年通过的《两党竞选改革法》，俗称“麦凯恩-范戈尔德法案”。改革者经过多年努力才促成该法案通过，因为各利益集团一直在纠缠不休。

人们普遍认为，现行的竞选资金募集体系存在漏洞。对于

政治改革者来说，这个问题早已不是新闻，但究竟该如何弥补，各方意见并不统一。原因很简单。对于某个群体有利的改革措施可能伤害到其他群体。在某一套规则下处于优势的人，在其他规则下可能处于劣势。

我们可以简要分析下列基本问题：

- **竞选活动的成本**：有些人认为，竞选活动成本过高。另一些人强调，美国人用于竞选广告的开支少于汽车广告。对于美国式生活来说，哪一项更为重要？
- **竞选活动的资金捐助者**：有些人认为，为竞选活动提供巨额资金只是影响选举结果并最终影响立法的办法之一。另一些人认为，捐赠资金并不是坏事，而是表达政治偏好的一种 140
方式，只要不是秘密资助，就应该得到保护。还有一些人则认为，竞选活动的成本应该由全体民众平均负担。有没有一种更为民主的方式为竞选活动募集资金？如果有，这种方式在哪个层面上更为民主？
- **竞选活动的资金捐助信息披露**：大家看来都赞同竞选活动的资金捐助信息应该向民众公布。有些人认为，现行体系已经充分揭示联邦官员或州官员的相关信息。另一些人认为，需要公开更多信息，并且信息公布应该更加及时。一方面是竞选活动资助者的信息需要公开，另一方面是个人在避免公开曝光的情况下参加竞选活动的权利，这两者之间能否取得平衡？
- **应该接受规制的对象**：与此相关的全体人员都赞同，竞选政府职位的候选人以及他们的竞选活动应该受到规制。《两党

> 竞选改革法》还对隐性捐款的开支情况进行规制，限制可供政党用于更多领域（不限于某一次竞选活动）的资金上限。尽管有这些限制，“老船员”和“美国大团结”等团体依然能找到办法，把资金用于竞选活动。有些人认为，他们采取的行动受到言论自由的保护。另一些人认为，他们通过一个惊人的漏洞，找到了避开法律规制的途径。在政治信念的自由表达不受压制的情况下，应该如何来规制政治言论？[8]

政党花费大量的时间和精力为候选人募集资金，并且帮助候选人为他们的竞选活动募集资金。要想对竞选活动的资金募集办法进行改革，关键问题依然有待回答。能否设计出一种竞选体系，在确保不会出现偏向某些候选人从而压制竞争的情况下，募集到足够资金并投入使用，从而让竞选活动接触到广大选民？能否在确保宪法第一修正案规定的政治自由的情况下，做
141 到这一点？

缺乏竞争

民主政体的基本前提是，如果民众对于执政者的表现感到不满，可以让执政者下台。竞争是必需的。然而究竟如何来界定竞争，还没有定论。

在某种意义上，美国的选举体系竞争十分激烈。很难想象，有哪场选举的激烈程度能与2000年总统大选相比。即便是在2004年，如果把俄亥俄州的某些票数从布什总统的得票数里扣除，划归克里参议员，那么克里就将成为美国总统。在近年来的选举中，某几场关键性竞争的结果决定了某个政党能否控制

联邦众议院和参议院。类似的情况也发生在许多州的议会选举中。从政党对于局势的整体掌控来看，该选举体系中的竞争十分激烈。

但是，如果我们来看各州和各国会选区的竞选活动，那么竞争程度就要弱得多。在过去两次总统大选中，只有大约15个州真正产生影响。在其余35个州，结果相当于提前揭晓。这些州的民众几乎没有机会来衡量候选人或者表达他们的观点。

从许多指标来看，2002年和2004年的众议院换届选举是现代史上最缺乏竞争的竞选活动。不管是在职者的连任率（两届都超过98%）、失利者能够真正威胁到获胜者的比率（两届都是大约10%）、某主要政党没有招募候选人参与竞争或者招募的候选人得票率不到20%的席位比例（大约30%），或者获胜的平均优势（大约40%），这两届选举都没有出现真正的竞争。即便是在竞争更为激烈的2006年，大多数选区也看不到真正的竞争。同样的结果也发生在大多数州议会竞选中。至于州级竞选（州长或者联邦参议员），一些州的竞争更为激烈，但其余各州同样 142
缺乏竞争。

- **在职者的优势：**在职者显然拥有巨大的优势，包括知名度、为选民提供服务从而强化正面形象的能力、参加竞选活动的经验、资金募集渠道。但或许在职者是靠着自己的努力才获得这些优势的。毕竟，他们首先需要赢得职位，那并不轻松。人们可以声称，他们选择连任并且轻松获胜，是因为很擅长这一套。竞选体系是否应该做出改变，以减少在职者的优势或者增加挑战者的竞选资源？

- **重新划分选区**：选区的划分方式往往有利于在职者。选区的不公正划分，或者说，出于政治目的划分选区，这种做法在建国之初就已存在，现在变得更为复杂，更为有效。但是，创造性的地域划分并不能解释某些州只有一个政党或者有些州被某个政党主宰的局面。一些学者认为，把缺乏竞争归咎于划分选区的人，这并不公正。民众往往愿意和观点相近的人群在某个地区聚居；或者民众可能改变自己的观点，与邻居保持立场一致，从而产生在政治观点上普遍相似的社区。划分选区的时候，是否应该忽视在职者的居住地或者选民的政党偏向？
- **竞选资金的募集方式**：竞选资金的募集方式当然影响到选举结果。大多数挑战者都是在资金不足的情况下参加竞选。利益集团倾向于支持两党的在职者，因为他们知道在职者获胜的可能性更大。不管这种说法是否正确，他们的资金支持都被认为是成功当选的保证。是否能设计出一种竞选体系，确保挑战者有公正的机会来募集充足的资金，从而具备竞争力？
- **候选人的质量**：竞选资源之所以不平等，或许是因为那些试图挑战在职者的候选人质量不高。如果有更好的候选人参
143 加竞选，他们就能募集到更多资金，让竞争变得更加激烈。虽然如何界定“更好的”候选人纯属主观，但不管用什么方式来界定，现有候选人中的大多数都不符合标准。政党花费大量时间，试图招募那些在他们看来具有竞争力的潜在候选人，却往往遭到对方拒绝。能不能找到办法，鼓励那些更有资格的候选人参加竞选？什么样的激励能够让那些现在不愿参选的人改变主意？

竞选话语

我们最后来看竞选活动中候选人说的话。竞选活动要想接近民主理想，候选人必须就当前的重大问题发表看法。投票者必须聆听这些看法，然后在众多候选人当中做出选择。

关于讨论这些重大问题时应具体到何种程度，学者们意见不一。有些人认为，候选人必须明确说出自己的观点，投票者必须了解候选人之间的观点差异，有自己的偏好，并且在偏好的基础上进行投票，从而满足民主信念的要求。另一些人则认为，不需要那么多条件，民众只需要有大致的印象，能够判断出国家是否走在正确的道路上，并且知道谁该为国家的正确（或错误）走向负责。不管是哪种情况，投票者都必须收集充分信息，了解在职者和挑战者各自的履历，从而做出自己的判断，并在此基础上进行投票。

- **否定竞选法：**在投票者看来，通过竞选活动表现出来的候选人之间的差异往往是“否定”的。关键是人们如何来界定“否定”这个术语。如果有人批评某位议员在社会福利开支方面的若干次投票行为，这算是否定吗？还是说，这是恰如其分的批评？如果有人批评某位在职者没有参加委员会的例会，暗示对方没有尽到职责，这算是否定，还是泛泛的批评？如果有人用轻视的语气提出这样的批评，假装要派遣搜救队寻找那位缺席的议员，那又会怎么样？这种说话方式算是过度否定，还是说，仅仅是通过幽默的方式来表达观点？如果说，那位议 144 员之所以缺席会议，是因为他或她要参加同时举行的另一个会议，那又怎么样？批评者是否有必要指出这一点，还是说，遭到质疑的那位议员有义务自行申辩？如果某位候选人在担任公职之前曾经酒后驾车，那么在竞选活动中提出这样一桩发生在五年前的事件，是否正当？如果这一事件发生在他或她担任公职期间，那又怎么样？如果发生在30年前，那又怎么样？这些事仅仅是个人事务，还是说，从这些事能够看出我们想要什么样的候选人代表我们成为政府官员？如果否定竞选法妨碍潜在的候选人和民众参与竞选，那么我们能否在不违背言论自由原则的前提下，设计出有效的限制措施？

- **媒体关于竞选活动的报道**：民众从两个渠道得到竞选活动的信息：一个是付费媒体，来自候选人和他们的代理人，这个渠道与竞选活动的资金来源直接相关；另一个是免费的、应该保持中立的媒体，来自大众传媒。批评者认为，大众媒体关于竞选活动的报道没能为民众提供充分信息，原因有两点：大众媒体关于竞选活动的报道范围不够广泛；同时，大众媒体关于重大问题的报道不够深入。

如果民众下定决心要把候选人的履历和纲领弄清楚，他们当然可以找到相关信息。但这需要花费大量精力，需要到网站查找信息，普通投票者不大可能采取这种做法。大众媒体很少提供这类信息，因为他们既没有资源，也没有经济动力来做这些事。

即便大众媒体愿意这样做，网络、地方性电台和电视台、地方性报纸也无法覆盖全部竞选活动。网络把大部分注意力放在
145 总统竞选上，同时重点报道参议员、州长和众议员选举。地方性电台、电视台和报纸面临着更大的难题。他们人员不足，却要报

道更多的选举。他们究竟该把重点放在全国性选举，还是州级选举上？该不该关注地方性议会选举（这些选举是否会出现激烈竞争还不得而知）？应该把重点放在州级议会选举，还是地方性竞选上？这些选举往往在同一时段举行。如果选择全部报道，每个选举得到的篇幅都很有限。有没有新的办法可以通过大众媒体来为民众提供更多信息？应该由谁来发现新办法并为之提供资金，是媒体，还是政府？

小结

本章的目标不是为了让那些坚定支持美国式民主的读者感到沮丧或恼火。恰恰相反，我想提醒读者，只有在充分注意到自身缺陷的情况下，美国式民主的许多优点才得以体现。

根据“自由之家”发布的政治权利指标，美国得到满分。“自由之家”是一个独立运作的非政府组织，为全世界范围内的民主和自由提供支持。[9]让美国人感到自豪的是，他们的政治体系提倡竞争、全体民众平等参与，并且由民众控制政府。反对者可以公开批评执政者，他们也的确这么做。在职者如果在竞选中失利，他们就此离任，将权力和平转交给击败他们的人。这种代表制竞选流程已经健康运作了两个多世纪，这是人类历史上前所未有的由民众掌控权力的时代。

然而，虽然民众有权（有些人会说，有义务）参加选举，但许多人并没有行使权利。虽然整个政治流程向所有具备竞选资格的民众开放，但事实上很少有人有机会成为候选人。提名流程往往很难弄明白，最终获得提名的人选也不是理想的候选人。虽然政党有权利竞争所有职位，但它们往往不会那么做，或者

说，它们虽然发起形式上的竞选活动，其实并没有机会获胜。虽然民众享有平等参选的权利，但金钱起到非常重要的作用，决定
146 着谁将赢得选举以及谁将对获胜者产生影响。虽然我们支持多数票致胜法则，但在我们的选举体系中，很少有获胜者能得到多数票——许多民众支持的对象在竞选中失利，我们对于他们的第二选择一无所知。最后，即便我们享有不受约束的自由发表政治言论的权利，民众却很少听到候选人就当前的重大话题进行深入讨论，因此他们很难在获取充分信息的基础上做出判断。

改革者已经注意到这些缺陷，并着手改进。但要找到解决方案并不容易，哪怕人们决心这样做。指出体系中的缺陷要比解决这些问题同时避免产生新的问题容易得多。在这一体系中，只有得到执政者的同意才能改变游戏规则，这些执政者正是通过现行规则才得以当选的。某种意义上，狐狸正在看守鸡笼。当民众对于现行体系的不满达到一定程度时，变革就会发生。这些变革导致新一轮的评估和调整，或许还会引发新的变革。

美国的选举流程——特点是两党制和三权分立的联邦政府体系——并不适合所有国家。我们没法出口文化与传统。我们不能把这样一个即使到现在还存在明显缺陷的体系称为完美。我们不仅要称颂美国选举体系的优点，同时也要清楚这一体系的缺点，就像温斯顿·丘吉尔对于英国式民主的评价：“除了人类已经尝试过的所有其他政治体制，据说民主是最糟糕的统治形式。”美国式民主最坚定的支持者应该尽全力改进这一制度。然而，虽然人们想要把美国式民主推向完美，但很少有政治领袖能把自身的政治利益放到一边，关注对国家最为有利的竞选流
147 程。事实上，后者才是对领袖的真正考验。

注 释

第二章

1. 他们担心的政党或派系是像18世纪英国理论家博林布罗克勋爵（“通过政党来治理……必然导致政府内部派系林立”）或大卫·休谟（“派系颠覆政府，……并且导致身为同胞的民众彼此敌视”）所谴责的那种内部分歧。
2. “政党体系”这个术语用于描述这样的竞选形势：两个或多个政党相互竞争，争夺权力；并且这些政党无论是治理国家，还是制定选举策略，都会将对手的反应考虑在内。
3. 鉴于1800年选举造成的危机，该宪法修正案规定，今后总统和副总统选举放在一张选票上进行。值得一提的是，联邦党人在1800年时已经组织有方。他们安排其中一名选举人投票支持约翰·杰伊，而不是亚当斯指定的竞选搭档查尔斯·C. 平克尼。这样一来，如果亚当斯获胜，就可以避免他和搭档票数相同的局面。
4. 当时民主共和党的统治地位无可撼动，以至于1820年詹姆斯·门罗谋求连任时，其中一名选举人投票反对，因为他希望华盛顿能继续保持唯一全票当选总统的纪录。

5. 各州保留权利，可以自行决定如何选出选举人。越来越多的州已经从州议会选择改为民众投票。1824年选举第一次统
148 计民众投票的总数，当时大约有35万名白人男性参加投票。

6. 政治学家遵循V.O.凯伊的看法，把某些选举看作关键性选举，因为在这些选举中，选民被动员起来，关注选举结果。一些选举被称为“重新结盟的选举”，因为政党结盟的方式发生了重大变化。1828年选举（由深受民众支持的杰克逊领导的民主党与辉格党展开竞争）、1860年选举（共和党和民主党在奴隶制问题上发生激烈碰撞）、1896年选举（政党没有发生变化，但关键问题变成了经济问题，因此导致选举同盟发生变化）和1932年选举（两党针对大萧条的不同应对措施导致选举同盟又一次发生变化，虽然两党本身没有改变）通常被认为是美国历史上导致重新结盟的重要选举。其他人认为，最好还是把这段历史看作重新结盟的若干时期，上述选举只不过是一些节点，方便我们观察选民群体的变化模式。

7. 1951年正式生效的宪法第二十二修正案明确规定“华盛顿先例”。针对罗斯福的四个任期，该修正案规定，未来的总统最多只能连任一次。

8. 通常认为，V.O.凯伊还提出了政党三分论：政党组织、政府官员的党派归属、选民的党派归属。在镀金时代，这三方面之间的联系最为紧密，但直到现在，这些依然是重要的分析对象。

9. 实际上，尼尔·科特和伯纳德·亨尼西在1964年写了一本

关于两党全国委员会的著作《没有权力的政治》。《华盛顿邮报》的记者兼专栏作家、普利策奖得主大卫·布罗德在1971年出版了一本广受赞誉的著作《政党的终结》，深入剖析党派政治。

10. 瑟蒙德的一生自始至终充满讽刺意味：后来他被揭露有一名私生女，孩子的母亲是非裔美国人，当年他一边在公开场合发表种族歧视言论，一边在私底下资助自己的私生女。

第三章

1. 2002年，80名众议员在没有对手的情况下赢得连任；2004年，这一数字是65人。近年来的最高值出现在1996年，当时有94名众议员没有遇到竞争者。
2. 州政党组织可以向竞选联邦政府职位的候选人提供的资金上限为5 000美元，这实际上提高了全国性组织可以提供的资金上限，后者只需将资金分拨给各州组织。
3. 这次选举的重点在于众议院，而不是参议院。参议院竞选流程与之相似。但是，每隔两年，众议院中全部435个席位都会举行换届选举，而参议院只有三分之一的席位可以竞选。因此对于众议院竞选委员会来说，涉及的资源分配问题更加尖锐，也更加重要。
4. 各州形式上的组织结构存在显著差异，这不足为奇。
5. 在这一点上，两个主要政党的规定略有不同。对于共和党人来说，四年一度的全国大会所制定的规则在下一次大会召开之前一直有效，并且不得更改。对于民主党人来说，自1970年以来，政党委员会（有时也包括全国委员会）有权在两次大会期间修订相关规则。共和党的规则留给各州的余地比民主党更大，前者允许各州自行安排流程，后者往往限制各州自主权。这些差异反映出两个政党在州权和联邦权力哪个优先这个问题上的意见分歧。

6. 还有另一种变化形式：某些州参加全国大会的代表由州大会选出，不过并没有在州范围内进行提名。在这些例子中，政党的团结程度不尽相同，视总统候选人之间的争论程度而定——在总统候选人提名资格的产生流程中，召开全国大会的时机很重要，往往大会的目的就是要促进党内团结。

第四章

1. 现在研究者一致认为，党派认同与某个时间点发生的短期性事件（比如深受民众支持的候选人或者政治丑闻）有关。但是通常认为，政党认同是对某个政党的长期性偏向，即便有特定的事件发生，认同依然会延续。换句话说，受访者自我报告的政党归属比起他或她在某个时刻的投票行为来说，是一种更为准确的判断标准。

2. 为了预测竞选获胜者，调查者必须区分受访者可能投票支持的对象和不太可能投票支持的对象。但是，如果目的只是要
150 了解选民的政党偏向，那就没有必要作这样的区分。事实上，关于美国的民意代表质量，其中一个重要的研究问题就是观察民主党和共和党，究竟哪个政党参加投票的支持者更多。

3. 在受访者回答他们自认为属于某个政党之后，“全国竞选研究”组织还将继续追问，他们究竟是坚定的支持者还是普通的支持者；对于那些自称无党派的受访者，问他们是否偏向

某个政党。此处的分析遵照哈罗德·斯坦利和理查德·尼米在《党派偏向、政党同盟和群体支持》一文中的做法，只参照第一个问题。

4. 分析按照人口或者社会经济因素划分的某类人群的政党认同，这是个复杂的问题。我们中的大多数人都是多个群体的“成员”。某人可能同时是南方地区的白人、天主教徒、工会成员。这些群体归属从不同方面对他产生影响。在此处的分析中，群体归属指的是某个群体的成员选择认同某个政党的平均概率。借助多元回归分析，我们还可以说明某个人因为某个因素认同某个政党的可能性比这个人因为其他所有因素认同某个政党的可能性高出多少。如果有机会，我们也会介绍斯坦利和尼米对于这些因素的分析。
5. 西裔美国人来自不同的国家和地区，包括波多黎各、墨西哥、古巴以及拉丁美洲的其他国家。来自古巴的西裔美国人主要集中在佛罗里达州，历史上他们支持的对象是共和党，因为赞同后者针对卡斯特罗采取的政策立场。
6. 当然，这些数字都包括了非裔天主教徒；这些分类存在交集。
7. 这样的假定显然过度简化了公众的观点，当许多复杂的问题被提上议事日程的时候，公众在某个问题上采取保守立场不等于在其他问题上也是这样。尽管如此，这个假定依然有用，我们可以借此区分积极分子与普通的支持者。
8. “政党团结分”指的是当某个政党的大多数议员投票反对另一个政党的大多数议员时，某位代表选择追随本党的概率。
9. “国会季度服务”另外还统计“总统支持率”和“总统反对率”。2005年，众议院内共和党的“总统支持率”和“总统反

对率”分别是81%和17%，民主党的这两项数据分别是24%
151 和74%。参议院的数据相差无几。

第五章

1. 自从1968年总统选举以来，提名规则发生了巨大变化。改革的目的是为了让整个流程变得更加民主，减弱政党领袖的控制力。此处分析只涉及改革后的时段。
2. 本节我只讨论主要政党的提名流程。第三党或少数党候选人有时会在总统选举中起到重要作用，之后我将讨论这一点。但我不会涉及非主要政党的内部政治，因为这些往往只是个别现象，没有什么可供将来参考的有用经验。

3. 很显然，表5.1关于“被看好的候选人”和“具有竞争力的候选人”的界定纯属主观看法。“被看好的候选人”不同于领先者，前提条件是媒体分析得出结论，除非有黑马出现，否则某个候选人将获得提名资格。“具有竞争力的候选人”可以宽泛界定为在初选中获得民众投票的著名政治领袖或在职官员。那些参加初选但表现不佳的人也包括在内，但那些常被提及甚至表态参选但没有参加初选的人则不在此列。
4. 这条规则最近一次出现例外是在1956年，当时民主党获得提名的候选人阿德莱·史蒂文森允许大会为他选择竞选搭档。也有人当场挑战获得提名的候选人，但他们的提名资格并没有遭受严重质疑。
5. 全国大会代表的选举规则可参见政党网站，民主党：www.democrats.org；共和党：www.rnc.org。
6. 政党制定的规则反映出不同政党的理念差异。共和党倾向于把权力交给各州，几乎给了各州自行决断的完全自由。民主党更倾向于中央集权。此外，正如第三章所强调的那样，共和党认为大会是本党唯一的管理机构，因此只有大会才能制定全党统一执行的规则。民主党把一部分权力交给政党委员会以及/或者全国性委员会。 152

7. 民主党规定，候选人要想得到代表名额，他或她的支持率必须达到最低要求（或者说门槛），具体数字历年来有所变化，目前的要求是15%。领先者希望提高门槛，刚参加选举的新手希望降低门槛，从而能赢得一些代表名额，哪怕自己在最终投票中表现惨淡。
8. 情况其实更为复杂，一些州的初选规则由该州法律明文规定，另一些州的规则由政党自行决定。以2004年密歇根州的初选为例，民主党和共和党分别采用不同的选举体系。
9. 初选体系的第三个变化是，谁来选择真正的大会代表以及多大程度上这些代表继续支持初选的获胜者。通常来说，要么由总统候选人先选出代表，随后这些代表投票支持他，要么总统候选人在投票结束并且需要选择的代表人数确定之后，直接任命真正的代表。大多数州的代表在全国大会的前一轮或两轮投票中继续支持本州的初选获胜者，也可能直到该候选人被淘汰为止。最后一条在大会召开之前的提名阶段尤为重要，因为如果某位代表支持的候选人被淘汰（因为缺乏足够的支持），该代表就成了自由投票者，剩余的候选人都想争取他或她的支持。那些变成自由投票者的代表在需要进行多轮投票的大会期间如何选择支持对象，这是一个未解的难题，政治学家和新闻记者都没法给出答案。

10. 在民主党内，一些所谓的“超级代表”当选的原因是因为他们的职位，是他们的同事（比如国会议员）选择了他们。

11. 为缓解这种忧虑（至少这是其中一个原因），民主党改变了2008年的提名规则，允许少数举行候选人推举会议并且人口众多、更能代表整个国家和整个政党的州，把他们选择代表的日期提前。

12. 针对2008年的提名流程，一些人口较多的州，包括加利福尼亚州、佛罗里达州、新泽西州、纽约州和得克萨斯州，将他们的初选日期改到2月的第一个星期二，从而加快了提
153 名流程。

13. 如果没有候选人能赢得足够的代表支持，从而及早确保他或她获得提名资格，那么随后选择代表的那些州就会拥有更大的影响力。

14. 要想获得匹配资金，候选人必须达到最低限度的捐款额度，这些捐款必须来自个人，金额较少，并且资助者散布在几个州。一旦达到最低额度，政府就会匹配所有金额在250美元以下的小额资助。但是，如果候选人接受公共资金，那么他或她就必须接受相应的限制条件，即这些资金可用于竞选活动的比例上限，既包括个别州，也包括整个竞选活动。

15. 早期的一个例外是前得克萨斯州州长、前财政部长约翰·康纳利，他认为只有比对手花费更多资金，才能在1980年选举中赢得共和党提名资格。他募集了1 200万美元，大部分来自得克萨斯州的石油富豪。但他最终成绩惨淡，在整个大会中只得到一名代表的支持。1996年，出版业大亨马尔科姆·“史蒂夫”·福布斯同样为自己的竞选活动募集到大笔

资金，原本不被人看好的他顿时希望大增。这样的经验提醒了竞选活动的策划者，2000年乔治·W.布什参加竞选时，就利用了这样的可能性。

16. 选举刚一结束，美国国会和许多州议会就开始审视选票问题和美国人投票时使用的物质手段。这些变化固然重要，但本质上只是技术性的。没有人会认为，选票存在缺陷是件好事。

17. 许多人并没有意识到，哪怕在现行的选举体系中，选举人其实是活生生的人，他们将亲自前往各州首府，投票选出总统。

18. 缅因州和内布拉斯加州的法律规定，在每个国会选区的民众分别投票之后，承诺支持获胜者的选举人就此当选，并且每人可以为总统投一票；另有两名选举人承诺支持在本州范围内得到的民众票数最多的候选人，他们也将当选，每人可以投一票。

19. 令大多数美国人感到意外的是，过去的十次总统选举中，只有五次选举的最终获胜者在民众投票中得到过半数票。不过除了2000年的乔治·W.布什外，其他人都获得了相对多数票。虽然少数党候选人在美国选举中只扮演次要角色，但由于他们造成票数分流，最终当选的总统候选人往往得不到过半数票。 154

20. 由“公正投票”组织（“投票与民主中心”发起的一个项目）领导的一群改革者要求采用排序投票制，该体系要求投票者对候选人进行排序，如果他们的第一顺位候选人得票数没有进入前两名，他们的选票自动投给剩余的候选人中排序最高的那一位。排序投票制能够解决如何决胜的难题，有些地区已经采用这种做法。这种办法正在吸引越来越多的支持者，但距离普遍实施还早得很。

21. 2000年选举和1876年选举是两次主要的例外，这两次选举的结果也是在计票结束数周之后才公布。

22. 主要的例外是加利福尼亚州和纽约州，候选人往往在这两个州短暂逗留，参与资金募集活动。

23. 竞选资金滥用的问题中，有许多最严重的与众议院竞选活动有关。第六章将进一步讨论。

24. 《联邦竞选法》造成的后果之一就是，一直以来影响总统竞选活动的利益集团调整了他们的重点目标，开始转向众议院竞选活动，于是这些竞选活动的开支节节攀升。

第六章

1. 少数党通常没有正式注册的党员，大多数州允许他们自行决定提名候选人的方式，可以通过候选人推举会议，也可以召开大会。此外，有些州的主要政党也通过候选人推举会议或召开大会的方式来提名某些职位，不过通常都有补充条款，规定可以在初选中挑战由政党会议提名的候选人。康涅狄格州就采用这样的选举体系。

2. 我们经常会听到“独立党”（“无党派人士的政党”）这样的说法。一些人之所以自称“无党派”是因为他们没有政党隶属关系。有些候选人组建了所谓的“独立党”，试图吸引这些对主要政党感到不满的选民，但通常来说，这个词指的是那些没有登记加入任何政党的民众。

3. 这条规则的确存在例外。比如，纽约州的法律规定，政党委员会可以允许在其他政党注册的人竞争本党的提名资格。

少数党往往采用这一策略，希望候选人在某个特定问题上能按照他们的意愿行事。作为交换，他们愿意提名候选人；如果候选人不愿意听命行事，他们则威胁取消提名。通常共和 155
党人不仅竞选本党的提名资格，而且还作为保守党或者作为生命权利党的候选人参加竞选。民主党人则寻求职工家庭党的支持。纽约州选举在计算候选人票数时，把各个政党的票数都加在一起。

4. 有五个州——肯塔基州、路易斯安那州、密西西比州、新泽西州和弗吉尼亚州——在奇数年举行州级选举；这些选举与总统选举或众议院换届选举都不产生冲突。有两个州——新罕布什尔州和佛蒙特州——每隔两年举行州长换届选举，其他州的州长都是四年一届。
5. 有36个州限制州长的任期，除了弗吉尼亚州（规定不许连任），其他州都规定任期不得超过两届。一些州规定，前州长在离职超过至少一任后，可以再次当选。

第七章

1. 相关数据由“国际民主与选举援助研究所”收集整理，他们对1945年以来举行过两次以上选举的国家进行排名，依据是该国所有选举的平均投票率（以具有投票资格的适龄人口为基准）。在全部140个民主国家中，美国排在第114位。完整数据参见：www.idea.int/vt/survey/voter_turnout_pop2–2.cfm。
2. 针对美国选举中的低投票率，政府采取了各种措施。最成功的措施当数1965年通过的《选举权法》，最近这项法案的有效时间又延长了25年。针对某些州和州内的地区采取种族歧视政策的问题，该法案强制推行联邦制定的标准。有充分证据表明，该法案明显提高了非裔美国人登记、投票和任职的比例。1993年，经过漫长的辩论之后，国会终于通过《选民登记法案》，并经克林顿总统签署生效。该法案简化了选民登记的手续。虽然过程有所简化，但登记和投票人数并没有出现预期中的大幅增长。

3. 这些国家彼此差异很大，有些国家如澳大利亚，采取严格的执行措施，另外一些国家如玻利维亚和荷兰，几乎没有任何执行措施。但是，只要是法律明文规定强制投票的国家，不管采取什么样的处罚办法或执行措施，投票率都比那些没有明文规定的国家要高。

4. 民主党多次尝试改革这一流程，最近一次发生在2006年，当时内华达州获得许可，把该州候选人推举会议的日期设在艾奥瓦州候选人推举会议和新罕布什尔州初选之间；另外，南卡罗来纳州获得允许，把初选的日期改到新罕布什尔州初选之后的那一周。这样的变化被认为是一种妥协，没有哪一方对此感到满意，也没有从根本上改变流程。

5. 公平地说，究竟该如何改变，并没有取得一致。如果某个政党提前揭晓候选人，比如现任总统寻求连任，那么另一个政党最好也提前揭晓获得提名的候选人，这样对政党有利。在提名资格明确后，政党选定的候选人可以集中精力准备大选，而不是忙于应对来自本党内部的指责。

6. 除了提倡总统直选之外，也有人建议按比例或按选区分配选举人票，就像缅因州和内布拉斯加州那样。2006年，一群改革者（领头的是“投票与民主中心”以及曾作为第三党候选人竞选总统的约翰·安德森）提议，在不修改宪法的情况下，对选举体系进行改革。他们的提议包括：各州签订协议，所有签约的州同意将他们的选举人票投给全国范围内民众投票的获胜者；一旦有足够多的州同意签约，从而能够在选举人团中控制过半数票，协议就自动生效。这项改革提案引起高度关注，2006年3月14日的《纽约时报》特别刊发头版社论，支持这项提案。这些改革者认真提出此项提案，并且像《纽约时报》这样严肃认真的媒体也赞同提案，这充分说明现行的选举体系存在弊端。一种绕开宪法的手段试图改变宪法所规定的总统选举流程的某个基本方面，这样的事不应该发生。如果找出漏洞被当作施行重大改革的合法手段，那么立宪民主制取得成功的根基又在哪里？与此同时，认真的人心灰意冷，认为这样的举措意味着选举体系本身需要改革。手握权力的政治人物不太可能认真对待这样的改革措施，除非有人迫使他们这样做。

7. 之前读过本书的许多人都问我，是不是在这个数字后面误加了一个零，在此我特别重申，准确的数字就是这样：100 000 000美元。 157

8. 与之密切相关的一个问题是，这样的管制是否可行。2006年，众议院就这一问题展开辩论，试图堵上这个涉及527个团体的漏洞。众议员麦克·彭斯把这样的努力比作狂欢节上的“打鼹鼠”游戏，每当玩家把一个鼹鼠敲下去的时候，新的鼹鼠又会从其他地方冒出来。

9. “自由之家”关于民主自由政府的定义以及他们对各国政府的评分，可以参见：www.freedomhouse.org。 158

索 引

（条目后的数字为原书页码，见本书边码）

A

B

C

D

E

F

G

H

I

J

K

L

M

N

O

P

R

S

T

U

V

W

L. Sandy Maisel

AMERICAN POLITICAL PARTIES AND ELECTIONS

A Very Short Introduction

This book is dedicated with respect, admiration, and profound gratitude to Joe Boulos, Bob Diamond, Bob Gelbard, Bill Goldfarb, and Larry Pugh.

Contents

List of illustrations

Foreword

The concept of the Very Short Introduction series has intrigued me for some time. You can go to your local bookstore, pick up a volume, and quickly relearn what you once knew but had forgotten about important subjects. Or you can find a volume on something you should know about but never found time to study. I must admit that I have long thought of these books as sophisticated crib notes, written by scholars who understand what is important about a subject and can distill complex information in an accessible format.

Then I was approached to write this book. My admiration for those who have written VSIs on Democracy or Fascism, on Islam or Judaism, on Kant or Socrates, on Choice Theory or Literary Theory has increased immensely. Like John Pinder, one of the authors in this series, I have thought often of the claim—attributed at various times to Dr. Johnson, Twain, Shaw and various other sages—that they wrote a long letter because they did not have time to write a short one.

The difficulty in writing a short work about a subject on which one has written at length is to decide what is essential and what merely interesting, to determine which familiar but complex concepts are intuitively known accurately by your audience and which are often misunderstood, to choose when familiar examples are needed to illustrate a process and when a generalized description will suffice, and, particularly when one is writing on a subject of contemporary saliency, to concentrate on themes that the reader can apply in the immediate context and into the future. In my case, the difficulty was exacerbated because American political parties and elections are of interest to an American audience familiar in a general way with much of the process, and to a non-American audience to whom the electoral process in the United States is not only unfamiliar but also significantly different from their own.

The importance of understanding how elections work

In my view, the subject matter of this book merits the attention needed to approach these tasks carefully. The electoral process serves as the link between the people and their government. When a government is as powerful as that of the United States, the consequences for all citizens of the world are so high that at least a basic understanding of how they are chosen is essential. Do the decisions of the government in fact represent the will of the people? Do the opinions expressed by elected leaders reflect the views of Americans more generally? If not, why does the system not link the representatives and the represented more closely?

The reader will judge how well I have distilled the complex American electoral process to its core elements and have discussed the implications of these elements for governing. My goal was to accomplish these tasks so that the reader can follow an election and critique the system knowledgeably. More than that, I sought to evaluate the process against rigorous democratic criteria, the principles to which Americans hold dear. I am a passionate believer in American democracy, but I am also an ardent critic. And I do not believe that those two positions are inconsistent. The American electoral process works very well for the United States—but not perfectly. As a nation based on an ideal democratic creed, as eloquently laid out in the Declaration of Independence, the United States should have a constant goal of improving the ways in which citizens express their consent to those who govern them.

In the pages that follow, I hope to inform the reader about the American system and to stimulate thought and discussion about ways to improve it. Reform is not easy; were it easy to right the problems with the American system, someone would have done so long ago. Consequences of reform efforts are notoriously difficult to predict; passage of reform proposals are always difficult because of those with vested interests in the status quo. But anticipated difficulty does not mean that effort is not worthwhile; that is what striving for an ideal is all about. As Woodrow Wilson, a noted reformer himself, said, "Some people call me an idealist. Well, that is the only way I know to be an American. America is the only idealistic nation in the world."

Acknowledgments

In working on this book, I have accumulated many debts. I want to thank Tim Bartlett and Kate Hamill, the editors at Oxford who brought this idea to me, and especially Dedi Felman and her assistant, Michele Bove, who have seen it through to completion. My thanks go to Helen Mules, Mary Sutherland, and Jane Slusser for their fine editorial work. A sabbatical leave from Colby College afforded me the time necessary to work on this project; I have always considered myself extremely lucky to work at an institution that values the two aspects of my professional work from which I derive most enjoyment—undergraduate teaching and productive scholarship.

Andrea Berchowitz served as my research assistant on this project; her dedication and skills are evident throughout, and her humor always made working with her a pleasure. I would also like to thank Rhodes Cook, Brooke McNally, Pippa Norris, Dan Shea, Harold Stanley, Amy Walter, and Sarah Whitfield for pointing me in directions I otherwise might not have found. Bob Atkins, Lynn Bindeman, and especially Helen Irving commented on the manuscript from the perspective of informed non-American readers; I hope that the changes I made as a result of their comments have made this book more useful for non-American readers. If not, as in all else, the fault is mine alone.

As has been true for more than a dozen years, my most significant debt is to my wife, Patrice Franko. We have both been on sabbatical leave this year. Some might think that two professors spending a year together—each working on a book project and, even more amazingly, working on another one together—would be a recipe for disaster. Not so for us, and my only hope is that Patrice feels that my support for her has been as helpful as I know hers has been for me.

Finally, this book is dedicated to five wonderful friends. Joe Boulos, Bob Diamond, Bob Gelbard, Bill Goldfarb, and Larry Pugh are all trustees of Colby College, generous benefactors, and incredibly loyal alumni. But this book is not dedicated to them for that reason. I have done so because to me they are role models, individuals who combine excellence and success in their professions with an understanding that one only lives a full life if that commitment to the workplace is combined with devotion to and love of family, enjoyment of leisure time spent with good friends, and commitment to community. Patrice and I feel privileged indeed to count them and their wives among our friends.

Sandy Maisel
Rome, Maine
November 2006

Chapter 1
The context of American elections and political parties

Americans are proud—justifiably proud, given its longevity—of their democratic electoral system. Yet, truth be told, few Americans and even fewer observers from other nations understand the American electoral process. Most citizens of democratic regimes evaluate other democracies according to the standard set by their own. But representative democracies come in many varieties. What is common across democratic systems is that citizens vote to choose those who are to govern them. In some cases they choose executives, legislators, and judges; in others, only some of these. In some nations, voters choose national, regional, and local officeholders; in others, only some of those. What is critical is that citizens can evaluate the performance of those who make decisions that most directly affect their lives.

The world's democracies are judged to be more or less effective based on a number of factors. Is the process open? Do those out of power have a chance to contest for office successfully? In Canada, party control of government has switched with some frequency. In the old Soviet Union, such power-shifting was unimaginable.

Do citizens participate easily and freely in the political process? In Denmark and Germany, turnout in typical elections for the legislature averages nearly 90 percent; in Poland and Switzerland, closer to 50 percent; and in recent U.S. elections, around 33 percent have voted in midterm elections and about 50 percent in presidential.

To how much information do citizens have access before they reach their decisions of voting? How free are candidates and parties to express their views on the issues of the day? Democratic regimes span a wide spectrum in terms of how freely those in power can be criticized, by the press or by the opposition, on such issues as the openness of the process, the ability of those out of power to contest for office successfully, the level of participation among the citizenry, the amount of information to which citizens have access in reaching their judgments, and the freedom that candidates have to express their views and that citizens have to vote.

By all of those standards, the democracy in the United States scores quite high. In terms of citizen rights and procedures American democracy is exemplary, but a higher standard is needed. Voters and candidates must be able to take advantage of these procedures and thus exercise their rights in a way that impacts governmental policy to conform with citizens' expressed preferences.

In this book we examine the ways in which the electoral institutions in the United States facilitate, often through voting, the granting of the consent of the governed to those who govern. We also look at *when* this process of generating citizens' support (and thus that consent) for government policy breaks down. Many citizens who care passionately about policy—about the issues of war and peace; economic prosperity; care for the poor, the ill, and the elderly; equal treatment without regard to religion, race, gender, sexual orientation, physical handicap; protection of the environment; and so many others—are bored by the mechanics of the electoral process. But those are the questions that enthrall me. The rules by which elections are run often determine who will win and, therefore, whose policy preferences will be heard. Thus, understanding what may seem like procedural nuances is necessary to understanding both electoral and policy outcomes.

As a starting point in our examination of American democracy, we begin by discussing the aspects of the constitutional framework in the United States that have relevance not only to the electoral process but also key aspects of the electoral process itself. We will look at how each of these basic aspects of American governing contributes to or detracts from the ability of citizens to give consent to the policies imposed by their government. Familiar concepts such as separation of powers and a federal system help explain how America uniquely solves the problem of democratic consent and thus have important consequences that bear a revisiting.

A federal republic with separation of powers

The two defining characteristics of American democracy are the separation of powers (with constitutionally guaranteed checks and balances) and federalism. While other nations share one or both of these traits, the ways in which they function under the U.S. Constitution are unique. One cannot understand the American system without exploring their significance for politics and governance.

Separation of powers means that the executive, legislative, and judicial powers are housed in separate institutions. If an individual serves in the executive branch, he or she cannot serve in the legislature or on a court. At the level of the national government, two minor exceptions exist. The vice president of the United States (an executive branch elected official) serves as president of the U.S. Senate. His only functions are to preside over the Senate and to cast votes in case of a tie. The chief justice of the United States presides over the Senate in the rare circumstance when the Senate is sitting as a court of impeachment for the president; this has happened only twice in the nation's history.

In governments characterized by separation of powers, the chief executive is elected separately from legislators. In the United States, not only are these officials chosen in separate elections but also their terms of office, as specified in the Constitution—a four-year term for the president, two-year terms for members of the House of Representatives, six-year terms of U.S. senators—also guarantee that they are elected by different electorates. A system with separation of powers is distinguished from a parliamentary system, such as that of Great Britain, in which the prime minister is an elected member of Parliament chosen as leader by his fellow legislators.

The United States is a federal republic in that the nation is made up of distinct geographic subunits that have residual powers. The powers of the government of the United States are specified and limited in the Constitution; the Tenth Amendment to the Constitution specifies that "the powers not delegated to the United States by the Constitution, nor prohibited by it to the states, are reserved to the states respectively, or to the people." These states have their own elected governments, also characterized by separation of powers. They differ from each other in ways that are specified in their own state constitutions.

A federated system with separated governing powers means that the ability of citizens to express their views through elections and the interpretation of elections are both difficult. Should citizens vote to reelect a representative in Congress, of whose job they approve, if they feel that the entire Congress is not performing adequately? If a citizen feels that governmental policies are leading the country in a wrong direction, but the president and the Congress have been at loggerheads over policy direction, how can citizens vote effectively to withhold their consent from future policies? Against whom are they dissenting? The president? The Congress? Or the failure of the two to agree?

In most elections in the American federal system, citizens vote for state officials and federal officials at the same time. If citizens feel that state government is not meeting their expectations because of actions at the federal level, how do they express those views? Because power is shared between the federal and the state governments, and because no one branch of either government can impose its will on the others, it is difficult to translate even clearly understood citizen preferences into subsequent policy. It is also difficult for citizens to cast blame when no one set of officials is fully responsible for policy outcomes.

The long ballot

First, Americans elect more than 500,000 public officials, more than is the case in any other democracy. We separately elect executives, legislators, and in some cases judges (that varies from state to state), at the federal, state, and local levels. We elect many of them at the same time. For instance, on November 7, 2004, citizens of Charlotte, North Carolina, cast their votes for president and vice president, for U.S. senator, for representative in the U.S. House of Representatives, for governor and lieutenant governor and seven other statewide executive branch officials, five state judges and a number of local judges, for state senator, for state representative, and for candidates for a variety of county or local offices. The so-called long ballot evolved in the nineteenth century as a way to extend democracy, but some claim that our system might have produced too much of a good thing.

Because the presidency is the largest prize in the system, the quadrennial election of the president of the United States dominates all other elections. As a result, citizens concentrate on the presidential election and pay less attention to other elections "down the ballot." Some citizens vote only for those elections at the top and leave other choices blank. This phenomenon is called *falloff* and can amount to more than 25 percent on extremely long ballots.

Those running for less salient offices struggle to gain attention. One campaign technique is to bask in the glory of those above you on the ballot and hope that you can ride to office on their coattails; in 2004 many Republican candidates, sensing that President Bush was popular among their constituents, urged the president to visit their districts so that they could be seen as part of his entourage. As a consequence of the long ballot, it is difficult to forge the connection between votes cast for lower offices and citizens consenting to the governing policies of those officials. Rarely are the outcomes of elections near the bottom of long ballots determined by candidates' views and records; factors that should be less significant according to democratic theory—name recognition, ethnicity, geographic proximity of the candidate's home to the voter's, and perhaps party affiliation—are often critical.

. . . or not so long

The second consequence of a federal system with separation of powers is that all ballots are not equally long; in fact, some might be quite short. Because federal legislators' terms differ in length from that of the president, some legislators are elected at the same time as the president, others are not. Because the fifty states have different governing structures and set their own rules, some state governors and legislatures are elected at the same time as the president, some are not; some are elected at the same time as the Congress in nonpresidential years, others are elected separately.

Which offices are contested at the same time as other offices have important consequences. Many states have changed their laws in recent years, so that their statewide offices are not on the ballot in presidential election years. One would hope that actions such as those would make it easier for citizens to express their views of the actions of those for whom they are voting. State issues, not national issues, should dominate political discussion. But, except for in the five states that hold elections in odd-numbered years, citizens elect federal legislators in the same election as state officials, even in these elections.

Table 1.1 shows the possible electoral scenarios that might face the electorate, with examples cited for each. Turnout in elections held

Table 1.1 Office Contests at the Top of the Ballot

	2004	2005	2006	2007
President/governor/ senator/representative	8 New Hampshire	x	x	x
President/governor/ representative	3 West Virginia	x	x	x
President/senator/ representative	26 Alabama	x	x	x
President/representative	13 Maine	x	x	x
Governor/senator/ representative	x	x	22 New York	x
Governor/representative	x	x	16 Massachusetts	x
Governor/state offices	x	2 New Jersey	x	3 Kentucky
Senator/representative	x	x	9 Utah	x
Representative	x	x	3 Louisiana	x

* These numbers assume no additional vacancies in the Senate due to death or resignation.

in the off year, that is, the year in which a president is not being chosen, is typically 75 percent of that in presidential election years. Most attention is paid to the gubernatorial race when it is atop the ballot. United States Senate and congressional races get most attention only when no more visible offices are contested at the same time. All state issues gain primacy when no federal elections appear on the same ballot.

Table 1.1 could have been extended to include elections for local office, which in some communities are held separately from all federal and state elections, so that the electorate pays attention to the local issues. However, in those cases, while citizens face shorter ballots, they are asked to go to the polls much more often, with a consequent drop-off in turnout. Citizens in Baton Rouge, Louisiana, where state elections are held separately from federal elections, and local elections are held separately from state elections, were asked to go to the polls eleven times in the 2003–4 biennium.

Citizens have the right to express their views, but because they are asked to so often, many choose not to exercise the franchise. Thus, frequent elections do not necessarily translate into citizens expressing their consent effectively.

In addition, calculating politicians think carefully about the implications of what offices are to be contested in a particular election before deciding whether to run. For instance, it is easier to raise money if running for U.S. senator if a gubernatorial election is not held in your state in the same year, because candidates for governor would siphon off some of the money otherwise available. Such decisions have little relationship to effective democracy.

Fixed terms with regular elections

An additional consequence of the constitutional provisions that govern American elections, and which distinguish our system from many others, is that the terms of all offices in the United States are set and fixed. Thus, no American government can fall because of failure to respond to a crisis. The electorate does not have the opportunity to express opinions until the expiration of a set term.

To use federal offices as an example, elections are held the first Tuesday after the first Monday in November in even-numbered years, no matter what else is happening in the world. The term of the president is four years; if a president dies in office (or resigns, as was the case with President Nixon), a successor replaces him for the remainder of his term, but no new election is held until the next regularly scheduled date.

President Franklin D. Roosevelt was reelected in 1944; a campaign was run despite the fact that we were engaged in World War II. When he died in April, 1945, his little-known vice president, Harry S Truman, succeeded him, leading the nation in the war effort and postwar period without facing the electorate until November 1948. Congressmen serve fixed two-year terms and U.S. senators,

1. Harry S Truman takes the oath of office as president of the United States in the Cabinet Room of the White House, following the death of President Roosevelt in April 1945.

six-year terms; if they die or resign, a successor fills the remaining part of that term, but the regular cycle continues. American governments cannot fall through votes of no confidence; elections cannot be timed to coincide with public opinion or world events.

The electoral system in the United States has a number of other facets that are taken for granted by American citizens but also have important implications for translating popular will into governmental policy. Among these are electing the president through the Electoral College, choosing representatives in single-member districts that are defined geographically, and declaring those with a plurality of the votes cast as the election winner, rather than requiring the support of a majority. Changing any of these might seem undemocratic to many citizens, but in fact each is but one means to the end of effective representation, each a means with implications for democracy that few consider.

The Electoral College system

Americans—and the world—became acutely aware of the Electoral College system for electing the president and vice president of the United States in November 2000. For months following the voting, in an election that seemingly would not end, courts debated whether George W. Bush or Albert Gore would win Florida's twenty-five electoral votes. Despite the fact that Vice President Gore won more popular votes than had then Governor Bush, neither candidate had won enough electoral votes to garner the needed majority without Florida's twenty-five. The election was not decided until the U.S. Supreme Court ruled that recounts should cease and the Florida votes be awarded to George Bush, thus determining that he would be the forty-third president.

If political observers became aware of the Electoral College, they are certainly less knowledgeable about why it exists, how it works, and most importantly what political implications follow from this system. That is what is really important. Yet American democracy is often defined by and either defended or criticized for the way in which the president is elected. It is essential to understand the Electoral College in order to evaluate American democracy because that feature of the election context determines how candidates campaign, to which voters they appeal, and ultimately how accurately citizen views are reflected in the result of the election.

Why an Electoral College?

Put simply, the Electoral College was invented by the founders of the nation in order to solve political problems that they faced. Constitution writing is complicated business. The most important compromise in drafting the Constitution of 1787 was the so-called Connecticut Compromise that called for a House of Representatives, apportioned by population, and a Senate, with each state sending two senators. This compromise resolved the conflict between those states with large populations and those with small. Congressional representatives were to be popularly elected; the states were to determine how their senators were chosen with the norm at the time of adoption election by the state legislature.

But how was the president to be chosen? By the states? Not if the views of the states with large populations were to be heard. By popular vote? The "democrats" who wrote the Constitution were not that democratic; few were willing to entrust such an important decision to the masses. And even if one were to do so, what about the slaves? The slaveholding states wanted their slaves to count for population purposes—and the nefarious three-fifths compromise, counting each slave as three-fifths of a person for the purpose of representation—solved that problem. But although the slaves counted to increase the slaveholding states' representation in the House, they were not to be allowed to vote. That was the farthest thing from the minds of the founders from those states.

The Electoral College was the resultant compromise. The system was a filter from pure democracy. Each state was to select a number of electors equal to the number of congressmen plus the number of senators (always two); this formula was a compromise between large and small states. Each state was to determine for itself how those electors were to be chosen, a concession to states' rights and a clear means of avoiding the necessity to answer the question regarding the slaves. No elector could hold any other office of trust within the federal government; thus, worthy men without a conflict of interest would be chosen. Each elector was to cast two votes, one for an individual not from his state, an effort to avoid state parochialism as the assumption was that only favorite sons would receive votes without this provision. A majority would be needed to elect a president, preventing domination by one or two states. If no majority occurred, the House of Representatives would choose from among the top three finishers, but each state would have only one vote in this election, again compromising the interest of small and large states. The runner-up would become vice president, assuring that a respected man would be in line for the presidency should anything happen to the president.

When looked at from the perspective of the founding generation and the political problems they faced, the Electoral College can be seen as an amazingly successful invention, one which guaranteed the election of a respected leader without violating any of the hard-fought compromises battled over as the Constitution was drawn. That everyone involved in the process knew that George Washington would be selected under this procedure—and that was the desired result—clearly contributed to the adoption of the procedure that in large part is still in place today. It is difficult to argue, however, that the Electoral College fostered democracy. It was a compromise crafted by a political elite to guarantee a desired result.

The Electoral College in the Contemporary Context

I am not aware of anyone who today would argue in favor of the Electoral College as the ideal way to select the president. Arguments are often raised against specific changes—in fact, these arguments have prevailed in all recent attempts to scrap the system—but no one is heard to proclaim, "Thank goodness the founders gave us the Electoral College. It is the best system we could have!" Merely saying that out loud demonstrates how ludicrous it is.

But also few are aware of how the Electoral College actually works—and therefore, of what changes could be made. The functioning of the Electoral College has evolved since the ratification of the Constitution. The most fundamental change followed the development of political parties as campaign organizations (see chapter 2). As a result, the earliest candidates ran as tickets with the understanding that one candidate was the presidential candidate and the other, the vice presidential. However, the Electoral College system did not allow for such pairings and resulted in no candidate receiving a majority in 1800. To rectify this problem, the Twelfth Amendment to the Constitution, ratified in 1804, provided that electors vote separately for president and vice president.

The second major change has been the adoption by states of a winner-take-all method of allocating the electors chosen within that state. The Constitution leaves the method of choosing electors to the states. By 1836, reflecting democratizing reforms, all states held popular elections of electors in statewide, not district, voting. Because of the power of political parties, this system led quite naturally to winner-take-all elections for pragmatic reasons. If a state were assured to be in one party's column, then winner-take-all made sense to the party in power; the candidate that controlled the state would gain more by winning. Once supporters of one party adopted this system in their states, supporters of the other party had to follow suit in the states they controlled or lose votes in the process. State parties ran slates of candidates, with the number of potential electors on a slate equal to the number that the state was allowed; supporters routinely voted for all of the slate, guaranteeing the desired winner-take-all result.

In a parallel manner, state legislators in closely divided states realized that if the size of the prize were enhanced—all of the state's electoral votes as opposed to just the margin between those allotted to the winner and those allotted to the loser under another system—candidates would concentrate more on that state. Again, when one such state went to a winner-take-all system, other states were pressured to do the same.

Today, the winner-take-all aspect of the Electoral College system, the most controversial part of the system, is used in forty-eight of the fifty states and in the District of Columbia. Each still is allotted a number of electors equal to the number of representatives plus senators. The citizens of the District of Columbia were given the right to vote for president by the Twenty-third Amendment to the Constitution, ratified in 1961, with the specification that the District of Columbia shall have the same number of electors as the least populous state i.e., three. This allocation of electors means that citizens in the states with smaller populations are slightly overrepresented, even though the absolute number of electors in these states is low.

In all states except for Maine and Nebraska, the plurality winner of the popular vote among the slates of electors pledged to the various candidates receives all of the electoral votes for that state. In these two states, the plurality winner in each congressional district receives one vote, and the winner for the entire state receives the other two. Since these systems were adopted by these two states' legislatures, the same candidate has always won each district. As a consequence, this variation from the normal voting procedure has had no practical impact.

A majority of the Electoral College vote is needed to elect a president and vice president. If no majority exists, the president is elected by the House of Representatives from among the top three finishers, with each state casting one vote and a majority of the states' votes needed to win. In that circumstance the vice president is elected by the Senate.

The Significance of the Electoral College System

That the Electoral College system for choosing the chief executive is unique among democracies does not make it significant. In evaluating American democracy, however, the system by which the president is chosen is noteworthy for a number of reasons.

- Because of the two electoral votes given to each state beyond those reflecting the state's population, each citizen's vote does not count equally in presidential voting.

> Californians in 2004 had one electoral vote for each 664,700 voters; Mainers had one vote for each 329,300 voters. California's total was 54 electoral votes, and Maine's, 4.

- Because of the winner-take-all nature of electoral voting, candidates do not campaign frequently in states in which they are assured either victory or defeat; as a consequence, some states and their citizens see active campaigns for the presidency, while others (including some of the largest) see virtually none.

> In Iowa, in 2004 the Bush campaign advertising ran 50% above the national average on a per capita basis; the Kerry campaign, 35%. In Wisconsin the comparable numbers were 39% above average for the Bush campaign, 46% for Kerry's. By contrast, advertising in California, Texas, and New York were all well below the national average.

- Because electoral votes are cast on a state-by-state basis and not nationally, two candidates with virtually the same vote total might receive significantly different electoral vote counts; the system benefits candidates who are strong in one state or region and weak nationally as opposed to those whose strength nationally is the same but spread evenly among the states.

In 1948 two minor party candidates, Strom Thurmond of the States Rights Party and Henry Wallace of the Progressive Party, each received approximately 2.4% of the vote. Thurmond received 39 electoral votes because his votes were concentrated in southern states. Wallace, whose votes were spread throughout the nation, received none.

- Because the margin of victory in a state does not alter that state's prize, that is, all of its electoral votes, it is possible that the candidate who receives the most votes for president does not win the election, as was the case with Al Gore in 2000.

In addition to President Bush, Rutherford B. Hayes (1876) and Benjamin Harrison (1888) were elected to the presidency despite receiving fewer votes than their opponents.

The system came under a great deal of criticism in 2000, because of the closeness of the result and the fact that Bush was a minority winner. Despite that criticism, however, momentum was not found for a shift to any other system—the district plan as used in Maine and Nebraska, a system of awarding the electors within a state proportionately to the votes received, or, most radically, direct election of the president. As a result, the Electoral College system continues to have strategic implications for running presidential campaigns (see chapter 5). Certainly, if one believes that the person who receives the most votes should win, the implications for democracy are evident.

Single-member, geographically defined districts with plurality-winner elections

When Hillary Rodham Clinton moved to New York to run for the U.S. Senate in 2000, she was accused of being a carpetbagger, a colorful term from the Reconstruction era, referring to Yankees who moved to the South (rolling their belongings into a carpet) for exploitative reasons, with no intention of staying. If Clinton wanted to serve in the Senate, she had to reside in the state from which she ran.

Representatives and U.S. senators must reside within the state that sends them to the House or the Senate. But that is the only constitutional requirement regarding residency. Nothing requires that legislators live within the districts they represent, that only one representative represent each district, nor that gaining a plurality of the votes, that is, one more than the next highest vote getter, is sufficient for victory. Yet these norms have important consequences for American politics—determining, in essence, who may run for a seat in a legislature and who wins. Without these restrictions, it can be argued, the electoral process could produce more accurate reflections of citizen preferences, at least on a national level.

Single-member, geographically defined districts

Americans assume that they will have "their" representative in the legislature; that is, one member will be elected from their district to represent them. While such a system is mandated by federal law for the House of Representatives, multimember districts exist in some states and in many local communities. Why is one system seen as superior to the other? Does one lead to better representation?

The history of single-member districts in the United States is instructive. Single-member districts were discussed at the 1787 Constitutional Convention. In one of his articles presenting the case for ratification of the new Constitution, published as *Federalist 56*, James Madison argued that single-member districts would "divide the largest state into ten or twelve districts and it will be found that there will be no peculiar interests ... which will not be within the knowledge of the Representative of the district." Essentially, local representatives would understand and therefore could defend local interests.

By the time the party system came into play, it became apparent that single-member districts would allow for better representation of partisan interests; while one party might dominate a state's politics, the other party might have strength in certain geographic regions. Despite these arguments, six of the twenty-eight states with more than one representative in the House were still using at-large elections when Congress passed the Reapportionment Act of 1842, mandating single-member districts. Four of those states ignored the law, which some felt an unconstitutional infringement on states' rights, in the next election, with total impunity.

The Congress continued to pass reapportionment acts every decade; most included requirements for single-member districts. In 1929 the Congress passed a law that set up permanent means for reapportionment; but three years later the Supreme Court, in *Wood v. Broom*, 287 U.S. 1 (1932), ruled that any reapportionment act could have effect only for the decennial reapportionment for which it was enacted. Most states continued to use single-member districts, but as late as the Kennedy years, more than twenty members of Congress were elected from multimember districts.

In 1967 Congress passed, and President Lyndon Johnson signed, a new law prohibiting states from electing representatives in multimember districts, a practice that had been prevalent in the past but was being used only by Hawaii and New Mexico at the time of that legislation.

The impetus for the new law was the passage of the Voting Rights Act of 1965, extending the franchise to more black citizens, particularly in the South, and the fear that southern state legislatures would revert to multimember districts as a means of diluting black voting power. In addition, some members feared that the courts would order at-large elections when state legislatures had difficulty redistricting—and that such elections might jeopardize their seats in Congress. The 1967 law remains in effect today.

2. President Lyndon B. Johnson signs the Voting Rights Act of 1965 into law.

Redistricting laws were thus implemented as a means to improve representation—to allow for representatives to know their constituents in the early days, to permit party members who were in a minority statewide but dominant in some regions to elect representatives, to assure the influence of newly enfranchised black voters. Do any of these reasons pertain today?

Twenty-first-century congressional districts average nearly 700,000 residents. Whereas the founders' vision was of homogeneous populations in relatively small districts represented by one of their own who knew their interests, many of today's districts have extremely diverse populations—in racial, ethnic, socioeconomic, and religious terms—with heterogeneous views on the issues of the day. In the early days of the Republic, geographic districts were necessitated by the difficulty of traversing long distances; today with air travel and electronic communication, contact with constituents does not require close physical proximity.

While single-member districts were designed to enhance effective and fair representation of partisan interests, today those who draw district lines often do so with the express purpose of restricting competition and guaranteeing the desired partisan result. Partisan gerrymandering, drawing lines for the express purpose of gaining partisan advantage, has been challenged in lawsuits before the Supreme Court, with petitioners claiming their rights of equal representation have been violated. But the Court has not prohibited such gerrymandering, thought by many to be responsible for the lack of competition in congressional races, at least in some of the more populous states.

The use of single-member districts to increase the influence of black voters, deemed an important goal after the passage of the Voting Rights Act four decades ago, is also called into question today. Increased racial diversity in most districts, and the mobility of our population that makes predicting district demographics problematic, both raise the possibility that the means is no longer an effective route to the end.

Yet the norm continues. Even citizens whose state representatives or city councilors are elected in multimember districts cling to the notion that their U.S. congressman should represent their local geographic unit and protect their interests. Should the concept of single-member, geographically defined districts be reexamined? Claims and evidence that this "pillar" of American democracy might in fact be counterproductive toward achieving fair representation, competitive elections, and ultimately improved democracy, meet stiff resistance from a citizenry that sees this relatively recently mandated provision of election law as somehow fundamental to what American democracy entails.

Plurality election winners

Americans believe in majority rule. Except that for the most part election winners are determined by a plurality of those voting, not a majority. If true majority rule were the norm, the results of many elections might be changed. It is worth questioning whether a more effective representation would be the result.

We have already noted that George W. Bush was elected with fewer votes than his opponent Al Gore, despite the majority provision of the Electoral College system. Nonmajority winners are common in American elections, though losers among those who have won a plurality and did not face a runoff are more rare. Despite the fact that the American system is dominated by two parties, in every election year a number of winners poll fewer than half of the votes—and minor party or independent candidates receive enough votes to hold the balance of power. This result is particularly true in primary elections, elections held to determine a party's nominees, in which more than two candidates often vie for a party nomination.

Think about Dino Rossi. As the Republican candidate, he lost the 2004 gubernatorial election in Washington State to Democrat Christine Gregoire by just over 100 votes out of 2.8 million votes cast. Neither candidate had a majority. Libertarian candidate Ruth Bennett, whose supporters might be presumed to have favored Rossi over Gregoire, polled over 63,000 votes, only 2.3% but enough to influence the result. If a majority had been required, a runoff election might well have favored Rossi.

Again, changing from the current system of "first-past-the-post" winners, that is, the person with the most votes (a plurality) wins, whether that is a majority or not, strikes many Americans as strange, despite its obvious undemocratic implications. Two alternative systems (with variations) are often examined as ways to alter the current practice.

In many southern states and in scattered locales throughout the rest of the nation, runoff elections are held if a majority winner does not emerge. (In a few areas of the nation runoffs are called for if a "super-plurality" is not obtained, e.g., if the winner does not achieve at least 40 percent of the vote in the first election.) This practice is more common for primary elections than for general elections; it was put in place in part because the primary was the functional equivalent of the general election in the South for many years when the Democrats dominated southern politics. However, runoffs are not without problems. Turnout is normally much lower in runoff elections than in the first-round election; intense ideological groups tend to dominate, because they are better able to mobilize their share of the electorate. Experience has also shown that minorities fare poorly in runoff elections. And, of course, runoffs are expensive for candidates to contest and for jurisdictions to administer.

More recently reformers have pushed for Instant Runoff Voting (IRV). A variety of alternative means have been proposed to implement a system such as this, but the basic concept is that, in races with more than one candidate, citizens cast votes in which they express their preferences for a first choice, a second choice, and so on. After the voting, if no majority is achieved, the candidate with the least support is eliminated, his or her votes are reallocated to the second-choice preference, and totals are recalculated. In multicandidate fields, this procedure is repeated until a majority winner is declared.

IRV has certain obvious democratic advantages. Spoiler candidates no longer impact the result as they do in plurality elections; at the same time, voters can show their preferences for minor party or independent candidates without fear that such votes will aid the candidate they favor least. Candidates do not have to raise vast sums of money in short periods of time to contest runoffs. And most importantly, majority will prevails. But others point to disadvantages, notably that the procedure seems complicated, especially to an electorate that is not terribly well informed as it is.

IRV is used in Ireland and a number of democracies. Recently IRV was used in the city of San Francisco, with good results. A number of states have given municipalities the power to implement such a system should they so desire. To the general public, however, IRV still seems strange. It will be a long time before this "fundamental tenet" of American democracy, plurality winners, is replaced with a system that more closely meets the democratic goal of majority rule to which most Americans profess.

The two-party system

After the 2000 elections, some Americans began to question the efficacy of the Electoral College system. Some questioned the choice they were presented in that election. But few questioned the aspects of the electoral process described above, and even fewer called in question the system that has allowed the Democrats and the Republicans to dominate politics for nearly 150 years. Yet the fact that two—and only two—parties can compete effectively for power in the United States has clear implications for the linkage between citizens and their government.

The American electoral system is frequently described as a two-party system. But political parties are not mentioned at all in the Constitution. No laws mandate that elections be contested by the Democrats and the Republicans. Minor party candidates or independent candidates run for many offices in each election cycle; some of them even win, and many more have an impact on the election's outcome. But two parties do dominate American politics. Of the 535 legislators in Congress in 2006, only Congressman Bernie Sanders and Senator Jim Jeffords, both from Vermont, were not either a Democrat or a Republican; all fifty state governors ran with either a "D" or an "R" next to their name; more than 7,350 of the approximately 7,400 state legislators in the forty-nine states that hold partisan elections for that office are either Democrats or Republicans. (Nebraska's legislature is unique in two ways. First, it has only one house, while all of the others have two. Second, state legislators run without partisan affiliation on the ballot. Nonpartisan elections are much more common at the municipal level, following the old adage that "there is neither a Republican nor a Democratic way to clean the streets.")

The discussion of the electoral context above says a good deal about why a two-party system has evolved in the United States. First, the presidency is the big prize in the United States. It is either won or lost. The winner-take-all nature of voting for the Electoral College exacerbates this effect. A system characterized by separation of powers, in which the chief executive is chosen by a series of plurality-winner elections, does not allow for coalition governments or electoral deal-making; therefore coalitions are formed *before* votes are cast in order to achieve majority status and win the presidency.

Second, single-member districts with plurality winners for legislative seats have much the same effect. Again, only one winner emerges; votes for minor party candidates are viewed as wasted votes or even counterproductive vote, if the least favored candidate wins because of votes cast for someone with no chance of electoral success. A system of multimember districts with proportional representation would encourage additional parties, because they could achieve some level of electoral success and might be able to form coalitions with like-minded parties in the legislature, but such a system has never existed in this country.

The two parties, while in office, have passed additional measures that go far toward ensuring their continued dominance. Most prominent among these is the system of campaign financing that puts minor parties and their candidates at a significant disadvantage (see chapter 7). In a similar vein, the debates during recent presidential campaigns have been administered by a *bipartisan,* not a *nonpartisan,* commission. The commission, co-chaired by former heads of the two major parties, has adopted a series of rules regarding participation by minor party candidates that candidates such as Green Party standard-bearer Ralph Nader thought decidedly unfair. The situation has been compared to the proverbial "fox guarding the chicken coop," especially by those anxious for minor parties to have more of a say in American politics.

That the system favors two parties does not mean that all Americans are satisfied with the result. In a number of recent presidential elections (particularly those of 1992 and 2000) and in some statewide elections (e.g., the Maine gubernatorial election of 1994, in which Independent Angus King actually beat a prominent Democrat and an up-and-coming Republican) many citizens have expressed dissatisfaction with the choices offered by the two major parties. But to say that there is dissatisfaction is not the same as to say that the system is likely to change. Whether one favors a two-party system or a multiparty system, it is difficult to argue against the proposition that the current institutional context leads almost inevitably to dominance by two parties. And that is different from at least discussing the implications of a two-party system for representation.

At the same time, however, the continued existence of a two-party system does not imply that the electoral system—particularly at the state level—remains stagnant. The American party system is a competitive two-party system nationally; that is, the Republicans and the Democrats are the only competing parties that have a chance to win elections, and the outcome of the election between these two parties is in doubt.

But the nature of their competition has changed. For much of the twentieth century, for example, the South was solidly Democratic, a holdover from the Republicans being viewed as the party of Lincoln that promulgated the Civil War and freed the slaves. The Republican Party did not even exist in much of the South until after the elections of 1964. Today, the Republican Party dominates the South; the Democrats find their strengths in urban centers, particularly on the two coasts and in the industrial Midwest.

After the 1960 elections all 22 U.S. senators from these states and 99 of the 106 U.S. representatives were Democrats; after 2000, 13 of the 22 senators and 71 of the 125 representatives (the number had increased as a result of population shifting to the region) were Republicans.

While the two major parties contest for offices in all states, tremendous variation exists, both between states and by region within states. Illinois, for example, is competitive statewide, but Chicago is dominated by the Democrats, and downstate by the Republicans. New York is generally quite safe for the Democrats, in normal circumstances, but competitive elections abound in many of the rural areas. And these patterns clearly changed over time and are responsive to the political issues of the day and to the mobility of the population. Nuance is often lost in overgeneralizing about any aspect of American politics.

Summary

Understanding the implications of the framework and rules under which elections are run is critical to appreciating how well the electoral system achieves the ultimate democratic goal—allowing the citizens to express their consent to the officials who govern them and, by implication, to the policies implemented by those officials. The American creed is laid out in the Declaration of Independence, which outlines the basic tenets of democracy, the "self evident truths" upon which democracy in the United States is based and which have been continuously professed since the founding. The most basic truth is that "all men are created equal" and that they are "endowed by their Creator with certain inalienable rights." The purpose of the government is to secure those rights; and the power of the government depends on the consent of the people.

How the people give that consent is determined by the electoral process. And how the electoral process functions, how effectively it facilitates the people granting their consent to those who govern, is determined by the institutional framework laid out in the Constitution. The most important aspects of that framework are the separation of powers, with a single executive separate from and elected separately from the legislature, and the federal system with residual powers left to the states. The initial means of choosing leaders followed from these elements that were central to the Constitution. The current political system—and the role played by political parties in that system—evolved from those original decisions. To understand the current system and to evaluate American democracy in today's world, it is necessary first to look at that evolution.

Chapter 2
A brief history of American political parties

In *Federalist 10*, written in 1787 to convince the citizens of New York to ratify the new federal Constitution, James Madison, credited most often with proposing the principal outline of the Constitution, warned his readers of the evils of factions, "adverse to the rights of other citizens and to the permanent and aggregate interests of the community." In his Farewell Address to the nation, delivered on leaving the presidency, George Washington, warned "in the most solemn manner against the baneful effects of the spirit of party."

Yet it was Madison who urged Thomas Jefferson to join in organizing against the policies of Alexander Hamilton, Washington's secretary of the treasury, the reputed author of the Farewell Address. How ironic that these founders of the nation who feared factions, who argued against political parties, became the leaders of the first parties. The Jeffersonian Democratic-Republicans were really the first modern political party.

The institution that the founders feared had not really been developed at the time of their warnings. But parties—and a two-party system—did develop early in American history and have persisted since. In the first chapter we explored some of the institutional reasons why the United States has a two-party system; in this chapter we will look at historical reasons and the development of the institution of party.

3. John Adams, Gouverneur Morris, Alexander Hamilton, and Thomas Jefferson, political leaders of the early American republic, were among the founders of the nation's first political parties.

The first American political parties

Madison and Jefferson joined together to organize a political party not because they sought power for themselves but because they believed that Hamilton was leading the country in the wrong direction. Hamilton's economic policies favored the mercantile interests of New England; Madison and Jefferson viewed the nation as rural, exemplified by those on Virginia plantations and the farmers on the western frontier. Each camp felt that it defined the public good.

And therein was the debate.[1] The parties that they formed were the parties of eighteenth-century Anglo-Irish philosopher-politician Edmund Burke ("a body of men united, for promoting by their joint endeavors the national interest"). The founding generation, as theorists, feared factions and the division in the nation that factions implied. The founding generation, later as those attempting to govern, found that parties were necessary to form the coalitions required to further their views of the common good.

Alexander Hamilton believed that a strong central government was necessary for the new nation to survive, both economically and geopolitically. As treasury secretary in the nation's first years, he had the ear of President Washington, particularly on the critical issues of fully funding the debt incurred during the Revolutionary War and the federal government's assuming the debts that the various states incurred. John Adams, Washington's vice president and eventual successor, agreed with many of Hamilton's views, even though he despised him personally. Thomas Jefferson, Washington's secretary of state, strongly opposed Hamilton's program but remained in the cabinet out of loyalty to Washington. In Congress, however, the division between followers of Hamilton's ideas and those of Jefferson's concept of a more rural, state-centered nation became apparent. The partisan divide grew out of philosophical differences concerning the direction the nation should take.

The dichotomy between the party of Washington, Adams, and Hamilton, known as the Federalists, and the party of Jefferson and Madison, the Democratic-Republicans, became permanent during the debate over adoption of the pro-British Jay Treaty. Jefferson, a Francophile, opposed it. He resigned his cabinet post and returned to Monticello, his Virginia home.
But not for long.

Washington announced that he would not seek a third term in 1796. John Adams, as vice president, sought to succeed him, intent on following through with Hamilton's program, without the presence of Hamilton himself. Congressional opponents of Hamilton's views organized a campaign for Jefferson by writing to the constituents for support. Adams narrowly beat Jefferson in the election, by three electoral votes; Jefferson conceded to Adams and agreed to serve as his vice president, as specified by the electoral process at that point, an important step in nation building as he acknowledged the legitimacy of the electoral system. This party system was policy-center and formed at the seat of the national government, spreading to the far reaches of the nation.[2]

Adams proved to be an unpopular leader, and Jefferson opposed him again in 1800. The party system was mature enough by that time that all of the electors favoring Jefferson also cast their second vote for his choice of running mate, Aaron Burr—and they tied for the presidency, each polling eight more electoral votes than Adams. Under the constitutional provisions in place then, because no candidate had received a majority of the electoral votes the election was thrown into the Federalist-controlled House of Representatives to decide among the top three finishers, and the country was in a crisis, rife with rumors of clandestine deals to keep the presidency from Jefferson. Jefferson was eventually elected, after thirty-five inconclusive ballots in the House. Because the winner of the election was not denied his prize, the legitimacy of the electoral process was established.[3]

The contributions of these early years to nation building are truly astounding, and the parties, reviled by the founders before they came to power, played a major role. First, a popular president, who could easily have been reelected as long as he wanted, voluntarily relinquished power in 1796. Then, after the election to succeed him, a candidate who opposed the policies of the president and was narrowly defeated agreed to serve as vice president, because that was the constitutional stipulation in place at the time. Third, a party system formed through which national leaders were able to take their policy differences to the electorate, for the voters to decide. Of course, the electorate was miniscule in those days—and restricted to white males and in many states property owners.

4. The heated political rivalry between Aaron Burr and Alexander Hamilton ended in a duel at Weehawken, New Jersey, on July 11, 1804.

Fourth, in 1800 the incumbent president lost the election and eventually conceded, though it would have been possible for him to stay in power through manipulating the House of Representatives. When Adams voluntarily turned over the power of the presidency to Jefferson, the legitimacy of the new nation's political system was assured; and the role that parties were to play in that system demonstrated a primacy without precedent.

Soon after the election of 1800, the Federalists became little more than a New England sectional party. Their policies were too conservative to appeal to the nation, and their leaders made little effort to compromise in order to gain popularity. Anglophiles to the end, they opposed Congress's declaration of war against Britain in 1812. By 1820 the Democratic-Republicans were without major challengers.[4]

The first party period in American history ended with the disappearance of the Federalists. Today Americans would be amazed if a major party were to vanish, but remember, these were fragile and immature parties. Citizens had not had time to develop loyalty to a party as an institution—their loyalty was to the leaders. The political elite were not divided on every issue. It was Jefferson, in his first inaugural address, who said, "Every difference of opinion is not a difference of principle.... We are all Republicans, we are all Federalists." Legislators' loyalties were more to region than to party. Jefferson as president used to hold carefully orchestrated dinner parties in order to cajole congressmen to support his views. When Federalist leaders failed to respond to popular dissatisfaction with their views, there was no ingrained party organization to uphold the party. The leaders retired back to their homes, and the party disappeared.

The development of modern parties

The development of modern political parties over the last 200 years can be viewed from different analytical frameworks. Each adds to our understanding of the role that party plays in American politics today.

Parties as a reflection of policy divisions among the electorate

The ideological and policy split between the Federalists and the Democratic-Republicans defined partisanship during the early years of the American republic. When the Federalists disappeared as a threat to win a national election, that division also disappeared. During the "era of good feelings" following the demise of the Federalists, electoral competition was found within the Democratic-Republicans.

All four candidates who ran in the election of 1824—John Quincy Adams, Henry Clay, William J. Crawford, and Andrew Jackson—were Democratic-Republicans; the party did not choose one nominee. The story of that election is a fascinating one, too complex to relate here. Suffice it to say that Andrew Jackson won the most popular votes and the most electoral votes in the election, but he did not receive a majority of the electoral votes, so the election was thrown to the House of Representatives.[5] There, Speaker of the House Henry Clay, who had finished fourth in the Electoral College voting and thus had been eliminated, threw his support to John Quincy Adams, who was elected as the sixth president. Adams then named Clay as his secretary of state, raising claims from the Jackson camp of a corrupt bargain.

Party labels and loyalties remained volatile during this period. In 1828, Jackson, running as a Democratic-Republican, challenged President Adams, the candidate of the National Republicans, and easily defeated him. The election was based on personality more than issues. And with victory, the Jackson party, soon to be known simply as the Democrats, garnered the spoils of victory, claiming all government patronage jobs for their own, throwing out supporters of Adams.

However, the burning issue of slavery, as exemplified by the Missouri Compromise, was emerging beneath this politics of personality and patronage. Party politics in this era can be understood by how the political elite responded to the slavery question. The Whig party replaced the National Republicans as the main opposition to the Democrats from 1836 through 1852, but both parties equivocated on the issue of slavery. Third parties, first the Liberty party and then the Free-Soil party, emerged as alternatives to the major parties, facing up to the most important issue of the day. In 1854 the Republican party was formed as a major alternative to the Democrats, confronting them on the issue of slavery. By 1856 the Whigs had all but disappeared, with former president Millard Fillmore receiving only eight electoral votes as their standard-bearer, losing to Democrat James Buchanan and the first Republican candidate for president, James C. Fremont. In 1860 Abraham Lincoln won the presidency as a Republican, defeating a Democratic party that was split between its northern and southern camps.

Missouri Compromise

The nation—and thus the Senate—was divided equally between free states and slave states, with the abolition movement starting to gain momentum in the North. When the Missouri Territory applied for statehood, northerners first insisted on a clause barring the importation of slaves to the new state. This clause was rejected in the Senate in a debate that foreshadowed the bitterness that was to characterize the debate on slavery for decades to come. The Missouri Compromise of 1820 ended the nation's first crisis on the slavery issue, admitting Maine as a free state at the same time that Missouri was admitted with slaves, but the issue of slavery dominated politics for the next four decades.

The Democrats and the Republicans have dominated American electoral politics as the two major parties since that time. No other party's candidate has won the presidency; no other party's followers have gained majority status in Congress. But that is not to say that party politics has remained dormant for 150 years. The issues that have divided the parties and the compositions of their electoral coalitions have changed again and again.

For decades after the Civil War, and particularly after the end of Reconstruction in 1876, when the Democrats made serious inroads into the South because of lingering resentment toward the party of Lincoln, national partisan battles were closely fought. In a time of rapid industrialization in the nation, the leaders of industry dominated both parties. They backed candidates, many of them generals from the Civil War, who would support their programs of economic advancement. Immigrants flooded the nation's shores and supported the party that was in power in the urban centers to which they moved, because that party, tied to the area's industrialists, would guarantee jobs and security. As the nation grew into an industrial power, policy debates took a backseat to power politics.

A series of seemingly unrelated events prevented the Republicans from total domination during this period. First, scandals and an economic depression rocked the administration of Ulysses S. Grant (1869–77), held down Republican support, and helped Democratic candidates in 1876 and 1880. A decline in agricultural production in 1884 and a depression in the early 1890s contributed to Democrat Grover Cleveland's two nonsuccessive elections in 1884 and 1892. And dissatisfaction by Midwest farmers, evident throughout the 1880s, and later by farmers in the South and the West, gave the Democrats an issue on which to stand. The Populists, carrying the banner of agricultural America as a third party, played much the same role as had the abolitionists half a century earlier.

The election of 1896 stands as a clear dividing point. The Democrats had suffered huge losses in the midterm election of 1894, as a reaction to the depression of 1893 during Cleveland's second term. The standard-bearer for the Democrats, the charismatic William Jennings Bryan, attacked big business and took up the cause of rural America, calling for easier credit and adoption of a silver standard. No one would deny the power of Bryan's rhetoric, but he defined for his party a losing coalition.

> The great cities rest upon our broad and fertile prairies. Burn down your cities and leave our farms, and your cities will spring up again as if by magic; but destroy our farms and the grass will grow in the streets of every city in the country.... You shall not crucify mankind upon a cross of gold.
>
> William Jennings Bryan's "Cross of Gold" speech
> Democratic National Convention, July 1896

The 1896 election realigned the electorate.[6] The Republicans became the party of the cities, of workers and industrialists; the Democrats remained dominant in the South and border states, but still a minority party. The only two presidential elections that the Republicans lost over the next nine were those won by Woodrow Wilson, in 1912 because the Republican party was split by the third party candidacy of former president, Theodore Roosevelt, and in 1916 when Wilson barely won reelection. Republican control of Congress followed the pattern of presidential voting, as few in the electorate split their tickets at this time.

The electoral coalitions that remained stable through the first quarter of the twentieth century were shattered by the Great Depression of 1929 and the two parties' responses to that crisis. Once again, the party labels remained the same, the Democrats and the Republicans, but former Republicans became ardent Democrats and those who had felt equally strongly about the Democratic party switched to become Republicans. Republican Herbert Hoover, president during the onset of the Depression, argued for staying the course. His Democratic challenger in 1932, New York governor Franklin Delano Roosevelt, argued for change during the campaign and chose a different course once in office.

Roosevelt's advisors followed Keynesian economic doctrine and advocated policies that emphasized government intervention in the economy and deficit spending to stimulate economic growth—a New Deal for America. The government became the employer of last resort, the provider for those who were without the necessities of life, the benevolent force in the lives of those in need. Economists can debate whether Roosevelt's policies pulled the nation out of the Depression—or whether the economic stimulus necessitated by the lead up to World War II had that effect—but none can deny that the public perception of his policies changed electoral politics for decades to come.

The Democrats maintained their dominance in the South largely for cultural reasons from the Civil War. But Roosevelt's New Deal coalition added the support of labor union members and of small farmers, of minorities and of ethnic Americans, of the poor and of those fighting for equal rights. The Republicans became the party of big business and of the affluent. Roosevelt led the nation into World War II, and he gained popularity as the wartime leader. He broke the precedent set by George Washington that presidents should serve only two terms, winning a third term in 1940 and a fourth in 1944, before dying in office in April 1945.[7] The Democrats controlled the Congress during his tenure in office and, with one minor exception, maintained that control into the last decade of the century.

The New Deal coalition dominated American politics into the 1960s; one cataclysmic event did not shatter it, but rather it was broken gradually as different issues confronted the electorate and citizens' memories of the events that led to their party loyalties or to their parents' loyalties dimmed. In the 1960s Republican presidential candidate Barry Goldwater made the first inroads into Democratic dominance in the South. Richard Nixon followed a southern strategy of appealing to voters whose loyalty to the Democratic party was based more on tradition than on policy preferences. Since that time, the South has moved more and more toward the Republicans, not only for presidential elections but also for state and local offices.

The Vietnam War also brought traditional party loyalties into question. Much of the opposition to that war came from Democrats; many traditional blue-collar Democrats felt that opposing a war while troops were in harm's way was unpatriotic; they moved to the Republican party in protest. Others left the Democrats because they felt the party had become isolationist, not willing to stand up to the rest of the world.

On domestic issues the Democrats came to be associated with what some viewed as extreme social positions. During the 1972 presidential campaign, the Democrats were dubbed the party of "amnesty [for draft evaders], acid, and abortion." The allegiance of more socially conservative Democrats was tested. The presidency of Ronald Reagan stretched traditional loyalties further. Reagan was a charismatic leader with a clearly stated philosophy. He favored a strong defense and lower taxes, cutting welfare programs and supporting traditional social values. Leaders of more conservative, but traditionally Democratic unions joined his supporters. Reagan Democrats, traditional Democrats who voted for President Reagan and the Republicans in the 1980s, were an important part of his winning coalition.

5. Ronald Reagan accepts the presidential nomination at the Republican National Convention in Dallas, Texas, on August 23, 1984. Describing a partisan view of the differences between the Republicans and Democrats, he said, "The choices this year are . . . between two fundamentally different ways of governing—their government of pessimism, fear, and limits, or ours of hope, confidence, and growth."

As the twentieth century drew to a close, the rise of conservative Christians as a political force further complicated analysis of political coalitions. Many conservative Christians who should have favored the Democrats for economic reasons voted Republican. Partisan politics became increasingly bitter, with compromise positions to solve pressing national problems difficult to forge. The partisan balance, as exemplified by the closeness of the Bush-Gore presidential election in 2000 and the party divisions in each house of Congress, is precarious. It is clear where the two parties stand on some of the issues. However, more policy issues seem to overlap. Social issues divide the electorate in one way; economic issues, in another; international issues, in perhaps a third. Which party citizens decide to support depends on which issue is most important to them, or which issue is articulated in a way that appeals to more voters. Politicians, seeing this, emphasize extreme positions on wedge issues that further divide the country.

From this review it is clear that at various times in American history the division between the parties has directly reflected a policy divide in the nation; at other times this correlation has been less clear. As the national government has become involved in more areas of citizens' lives, and as those lives themselves have become increasingly complex and more involved in a global community, the extent to which partisan differences can reflect the often subtle and internally conflicted citizens' views on the issues becomes more difficult.

In the early years, the parties were instruments of political leaders seeking a following in the country. But they evolved into institutions that play a major role in the electoral process, without which American politics is unimaginable. Another important part of party history, then, is a story of institutional development.

American political parties as institutions

The development of parties as institutions begins in earnest with the democratizing reforms of the Jacksonian period (1829–37). Popular participation in the electoral process was the centerpiece of Jacksonian democracy, drawing the lesson from John Quincy Adams's winning the White House after losing the popular vote. Rejecting the old method of nomination by congressional caucus, caricatured as King Caucus, prior to the 1832 election, parties began to hold conventions, with delegates coming from around the nation to select presidential candidates. By the 1830s the norm was for states to choose presidential electors by popular elections, not by balloting within the state legislature. In order to connect representatives in Washington to their constituents, states moved to district, rather than at-large, elections of U.S. representatives, a practice written into law in the Census Act of 1840. Governors, who had often been selected by state legislatures in the early days, came to be popularly elected, and citizens were asked to vote on many state and local officials.

As a result political parties began to organize at the local level in order to fill ballot slots, to support candidates, and to get out the vote. By the 1840s both parties had complex, decentralized organizations. In 1848 the Democrats formed a national committee (and the Republicans followed suit less than a decade later); the national committees, however, were clearly less powerful than their state and local counterparts. Nonetheless, by mid-century formal organizations from the local to the national level were in place in both major political parties, and they have remained so since.

As the franchise spread to a larger portion of the citizenry, the parties adopted campaign techniques to reach the voters. Candidates were often old generals who recalled their military exploits with catchy slogans—Jackson himself, the hero of the Battle of New Orleans in the War of 1812, was "Old Hickory"; "Tippecanoe and Tyler Too" were William Henry Harrison, the victor of the Battle of Tippecanoe against a group of American Indians, and his running mate John Tyler; "Old Rough and Ready" was war hero Zachary Taylor, elected president in 1848.

Politicians learned to use inflammatory rhetoric to excite the voters; parties ran torchlight parades to stoke the competitive fires of their followers. Getting out the vote meant getting the common man to the polls, and then, as now, the average voter was not stirred by philosophical debates; the spoils system, with the spoils in terms of postelection employment going to supporters of the winning candidate, and the excitement of campaign events were the stuff of politics at mid-century.

The latter half of the nineteenth century is known as the "gilded age of parties." Party competition was incredibly intense. As a result parties put a premium on organizing to get their supporters to the polls, particularly in marginal districts; they had to be disciplined, organized, and energetic.

Party machines, structured hierarchies, dominated by political bosses, with workers organized down to the most local level, the voting precinct, came into existence during this period. Party workers and voters loyalty to the machine was cemented by material incentives, tangible rewards that were given when elections were won and, by implication, would be removed if the elections were lost. Party workers often held lucrative patronage jobs—and they worked hard for the machine to keep those jobs. An important part of their task was to recruit new loyalists, and new immigrants were tempting targets. The party in power provided new citizens with all forms of aid—jobs, lodging, the extra treats at Thanksgiving and Christmas, and, perhaps most important to new arrivals, socialization into their new community. In return, the machine received votes—and loyalty.

The party machines that dominated urban areas at the end of the nineteenth century were parties of patronage, not principle. Their job was to win elections; they recruited candidates for local office, but they cared more about the jobs those officials could hand out than the policies they passed. Most patronage jobs were controlled by local or county government.

At the state level, party machines, particularly Republican party machines, were run differently. In those cases the fuel was money, provided by business interests, more than jobs and aid for new voters. State machines were often run by U.S. senators, because at this time U.S. senators were chosen by state legislatures. The business interest supported the boss, who was elected by the state legislature and went to Washington to protect the interests of those who supported his organization. The fuel that ran the machine was different, but the material nature of the incentives for loyalty was the same.

One important mechanism of party control was control over the nominating process. Party bosses decided who the nominees would be. They then printed and distributed the ballots, so that they controlled the fate of those nominees. The workings of the parties were out of sight and well beyond the control of the average citizen.

Party machines reached their peak at the turn of the century. Their decline began with reforms of the early twentieth century and proceeded, at different paces in different areas but inevitably, from then on. The invention and then spread of the direct primary election took control of nominations out of the hands of party leaders. The civil service system removed many patronage jobs from party control. The Seventeenth Amendment to the U.S. Constitution, passed in 1913, required direct election of U.S. senators, taking one of the last powers away from state party machines. Welfare reforms passed as part of the New Deal in response to the Great Depression meant that the federal government, not the parties, were the source of aid for needy citizens—and loyalty was transferred accordingly. While vestiges of party machines could be found in certain urban centers well past mid-century, Mayor Richard J. Daley's Cook County machine in Chicago standing as a prime example, those last dominating party organizations were the exception, not the rule.

6. President Lyndon Johnson pays homage to Chicago's longtime political boss, Mayor Richard Daley.

Parties, however, did not disappear. If parties as campaign organizations were on the wane, parties as a means to organize the government and as a symbol to which citizens showed loyalty remained strong.[8] In the early twentieth century both parties, in both houses of Congress, began to elect formal leaders, whether the party held majority or minority status. Party members in legislatures were expected to follow their leaders. The party of the president was expected to support that president's legislative program. Newly elected presidents routinely chose members of their own party to fill cabinet and subcabinet jobs.

Voters might have lost material incentives to support one party or the other, but their loyalty remained. The partisan division during the New Deal was extremely deep. President Roosevelt was viewed as a savior by Democrats; he was viewed as a demon by Republicans. Voter loyalty to party transcended issue and, except for in the case of charismatic leaders like General Dwight D. Eisenhower, when he ran for president in 1952, personality. Party organizations remained in existence, but their power was gone.[9]

However, to paraphrase Mark Twain, rumors of the death of political parties have been greatly exaggerated. Not only has the two-party system not died, but the Democratic and Republican parties persist and continue to dominate. Unlike in the early eighteenth century, when the Federalists disappeared and two-party competition ended for a while, that did not happen in the mid-twentieth century because each party now exists as an organization, and organizations adapt to maintain their existence; they do not fold up their tents and sulk away.

The adaptation by political parties involved responding to a situation in which the campaign tools they used were no longer as relevant, in which loyalty was not to the organization per se, in which ticket-splitting, voting for Democrats for some offices and Republicans for others, became routine, and in which candidates ran campaigns on their own, not in lockstep alliance with other members of their parties. Put simply, parties adapted to a new situation by taking on a role that candidates needed to have filled. For new campaign technologies—first radio, then television, then ever more sophisticated use of computers for polling and direct voter contact—money was needed. Parties took on the role of raising money for candidates. They did this at the national level, through the national committees and the four separate committees charged with overseeing congressional and senatorial campaigns, to so-called Hill committees (the Democratic Congressional Campaign Committee, the Democratic Senatorial Campaign Committee, the National Republican Congressional Committee, and the National Republican Senatorial Committee); they passed money from the national level down to the state levels; they provided services, such as polling and opposition research, for candidates who could not afford to do so. They served as a go-between, easing contact for candidates in their party with representatives of interest groups likely to support them. The parties have essentially become service organizations for their candidates for office; but in that role they play a very important part of national campaigns.

The political historian Joel Silbey divides the history of American parties into four eras, according to how central the role of parties has been to American life. The early period, up to the Jackson presidency, is described as a *preparty period*. The period from then through the gilded age of parties is called the *party period*. The period in which party's role is seen to be declining is a *postparty period*; the current era he characterizes as a *nonparty period*. Perhaps that is so, in terms of the centrality of party to American life, but parties—particularly as campaign organizations and as means to organize the government—remain vibrant and active today. They do not play the role they once did, but they have adapted and found a new role. If one does not understand that role, one cannot understand modern American elections.

The system in which American political parties function

To this point we have discussed how the American parties have reflected policy divisions within the electorate, and the development and adaptation of parties as political institutions. But institutions exist—and policy is developed—within a broader political system. Changes in that system lead inevitably to changes in the functioning of institutions and just as inevitably to alterations in the policy arena. We will briefly consider three areas in which important changes have taken place—the electorate, what offices are contested under what rules, and what techniques are used to contest elections—looking in each case at the implications for political parties and the electoral process.

Expansion of the electorate

At the time of the founding, in most states voting was the exclusive prerogative of white, male property owners. Today, universal suffrage is the rule, with debate over how to raise turnout, to convince those eligible to vote to exercise the franchise. The history of expansion of the electorate has progressed in four phases.

The first step was removal of the property-owning requirement, which was eliminated on a state-by-state basis, usually to be replaced with a requirement that voters be taxpayers. The taxpayer requirement persisted, in the form of a poll tax, a tax levied as a citizen exercised the right to vote, until it too was eliminated—for federal offices by the Twenty-fourth Amendment to the Constitution (ratified in 1964) and for all elections by the Supreme Court in the case of *Harper v. Virginia State Board of Elections* 383 U.S. 663 (1966).

Next came the extension of suffrage to blacks, a process that took more than a century to complete. After the Civil War, the Fifteenth Amendment, ratified in 1870, stated that no citizen could be denied the right to vote based on "race, color, or previous condition of servitude." However, legislatures in former slaveholding states adopted ingenious means of keeping the newly enfranchised former slaves from voting. The so-called Jim Crow laws included literacy tests, tests on interpreting the Constitution, "whites only" primaries (that defined the parties as private associations open only to whites), residency requirements, and poll taxes. Southern communities often placed voting booths far from areas in which former slaves resided and opened them only for limited hours. These legal restrictions were supplemented with illegal means—intimidation and physical abuse. The result was that in 1960, fewer than 15 percent of the African American citizens living in Alabama, Mississippi, and South Carolina were registered to vote; only about 30 percent of the African Americans living throughout the South were registered in that year. The Voting Rights Act of 1965 addressed the inequality of political rights that resulted from these practices. That act specified that the determination that less than 50 percent of a racial minority was registered to vote in any county constituted prima facie evidence of discrimination, and federal registrars would replace local officials the guarantee that racial minorities were given equal treatment with regard to voting. The Voting Rights Act was one of the most important products of the Civil Rights movement of the 1960s. By the decade's end, the percentage of African Americans registered to vote had more than doubled throughout the region and had grown more than fourfold in the states with the lowest percentage registered earlier. While African American voting turnout still trails the national average, the most significant legal barriers to voting have been removed.

The third stage in the expansion of the franchise was extending the vote to women. The epic battles waged by women suffragists, from the Seneca Falls convention issuing its Declaration of Sentiments regarding woman rights in 1848 through ratification of the

7. A woman suffrage procession makes its way through the streets of Washington, DC, on March 3, 1913. The expansion of the franchise had the potential to double the size of the electorate.

Woman Suffrage Amendment to the Constitution, the Nineteenth Amendment ratified in 1920, rightly deserve the volumes dedicated to them. Fighting simultaneously on a state-by-state basis and on the national stage, the suffragists sought to gain an equal share of power, not just from those holding it but from those with whom they shared a home and bed. That they succeed is testament to the strength and skill of their leaders, to their perseverance, and to the triumph of people of principle over people of power.

These three stages of expansion of the electorate all made significant difference in the electoral process in the United States. In the early days of the republic, only about one in thirty could vote; politics was an avocation of the elite. There was little need to consider the views of the average man. But extending the franchise to all taxpayers fundamentally changed the game; as the players changed, those seeking election had to adopt new strategies or, as in the case of the Federalists, disappear.

Extension of the vote to African Americans was a statement of principle in the first place, but, the theoretical right to vote was converted into actual voting power in the 1960s. Especially in the

Strom Thurmond

Nowhere was the need for new political strategies clearer than in the career of Strom Thurmond of South Carolina. Thurmond made his career in South Carolina as a race-baiter, as a segregationist politician who stood up for the way of life that some southerners yearned for. In 1948 he ran for president as a States' Rights candidate, opposing the liberal views of his Democratic party's incumbent, Harry S Truman. By the 1980s, however, Thurmond, who had converted to the Republican party in the 1960s, because Lyndon Johnson was too strong on civil rights, had an African American receptionist in his Senate office. No longer could those in power in the South ignore their African American constituents.[10]

South, large segments of the population whose views and desires had been safely ignored by elected politicians, because the politicians knew that African Americans did not vote, now became relevant.

When women received the right to vote, on a state-by-state basis near the end of the nineteenth century and nationally in 1920, the eligible electorate doubled. Those in power—party leaders, union leaders, the liquor industry, the Catholic Church, business leaders—all opposed women voting, because they feared that policies on which their power depended would be reversed overnight. That did not happen, but the nature of politics did change, with parties adopting platform planks appealing to women and adapting campaign techniques and strategies accordingly. At various times in the twentieth century women came together on issues of special concern to them; at times they voted significantly differently from their male counterparts. But, by and large, women's voting behavior did not differ significantly from that of men.

The fourth and last stage in the expansion of the franchise occurred when the voting age was lowered from twenty-one in most states to eighteen. President Eisenhower, who as supreme commander of the Allied Expeditionary Force in Europe during World War II, had sent hundreds of thousands of young men into harm's way, understood the contradiction inherent in a law that kept those between eighteen and twenty-one from voting, while they could be drafted. He asked Congress to lower the voting age to eighteen in his 1955 State of the Union Address and insisted on Alaska and Hawaii having lower voting ages in order to join the Union.

But it was not until 1971, during the Vietnam War, that the issue reached a national crescendo, leading to the passage of the Twenty-sixth Amendment to the Constitution, lowering the minimum voting age to eighteen. While some feared and others hoped that the newly enfranchised youth would vote as a liberal bloc, this prediction has never been realized. Young voters participate at much lower rates than their older peers; they do not differ significantly in how they vote from older voters with similar racial, social, and economic backgrounds.

Offices contested in American elections

If expansion of the franchise altered participation, changes in the contested offices altered the objective of the electoral process itself. Again, a progression can be noted, and the result has clear implications for the electoral process itself.

The progression is seen in an increase in the number of elections for office put before citizens. One can see the pattern without describing the steps in great detail. At the time of the founding, the president, U.S. senators, and most governors were elected with little or no popular participation. The president was elected indirectly, by the Electoral College, and few of the electors were chosen in popular elections; governors were often elected by state legislatures; U.S. senators were selected by state legislatures; and many local officials were appointed.

All of that has changed. While the Electoral College still elects the president, electors are now popularly chosen in every state, and there is considerable agitation toward eliminating the Electoral College altogether. All state governors are popularly elected. Since the passage of the Seventeenth Amendment in 1913, U.S. senators have been popularly elected. And now judges are elected in many states. Local officials continue to be elected in numbers beyond those in any other democracy. While the number of elected officials has increased, the number of political appointees these officials can name to office has decreased radically.

As a result, electoral politics is much less about the spoils of office and more about appealing to the electorate in other ways. Presidents and statewide officeholders portray a public image that appeals to the electorate. That trend can be seen as far back as the mid-nineteenth century, when parties nominated war heroes to whom the electorate could relate. The trend is more obvious in the age of television and mass communications. Could someone who looked like Lincoln be elected in the modern era? Other office-holders, those in less visible offices, have developed other techniques to reach the voters. Congressmen and state legislators spend a good deal of their own and their staff's time on constituent service, looking out for the needs of individuals and of communities as they relate to their government. All of these changes have clear and quite obvious effects on the electoral process.

Campaign techniques

Howard Dean's unsuccessful campaign for the Democratic nomination in 2004 demonstrates the third systemic change, change in campaign techniques. He relied on the Internet to reach voters, to organize his campaign and to raise money, using technology in ways never tried before, but in a sense his campaign was only the latest in a long series using technological innovations in a political context.

One hundred years ago politicians reached citizens on a one-on-one basis. Personal contact was the only possible means of contact, whether by mail or face-to-face. Politicians did not use radio as a means to communicate or as a campaign technique until the presidency of Franklin Delano Roosevelt.

Since that time we have seen three separate technological revolutions in campaigning. First, candidates now communicate differently with the electorate. Radio has been replaced by television as the principal means of communication with potential voters. Broadcasting over television has been supplemented by "narrowcasting," buying advertisements on cable outlets that appeal to particular subsets of the population and designing messages accordingly. Internet appeals—via websites and e-mail—further refine the ways in which candidates communicate their messages to prospective voters and raise funds.

Second, candidates find out information about the electorate in increasingly sophisticated ways. Computer technology revolutionized the polling industry. Whereas once only national campaigns or the most expensive statewide campaigns could afford public opinion polling, and a benchmark poll at the beginning of a campaign and one or two subsequent polls was considered state-of-the-art research, now national and even statewide campaigns poll continuously. They use rolling samples to gauge changing public views on a day-to-day or event-to-event basis. Polling is commonplace in many local elections. Whereas once pollsters were told to work their craft, provide their information to campaign strategists, and stand aside, now they are campaign strategists, working closely (often in the same firm) with media consultants, direct mail consultants, fund-raisers, and the inner circle of a candidate's campaign. Information that is gathered is more sophisticated, more timely, and clearly more central to defining campaign messages.

Third, campaigns gather and analyze data with increased sophistication. Faster and cheaper computer technology now allows campaigns to gather, store, and analyze data—on supporters, on volunteers, on donors, on issues, on opponents—in much more sophisticated ways. Fund-raising has changed dramatically, because campaigns can target appeals with precision. Campaign organizing can be done with increased sophistication, with much of the communication handled instantly over the Internet. Candidate speeches and debate preparation can be more clearly tailored to audiences, can reference government programs more precisely, and can counter opponents' claims more swiftly, all because of computerized data analysis.

Even with these changes, politics remains as much art as science. Recall again the presidential primary campaign of Howard Dean in 2004. Dean, former governor of the small state of Vermont, harnessed the Internet as no candidate had before. He took a technique pioneered four years earlier by Republican John McCain and used the Internet to raise vast sums of money; none of the other candidates understood the power of this tool until the Dean campaign demonstrated it. He used Internet communications to build a vast army of volunteers, all connected instantaneously with the campaign messages. He targeted the voters to whom he appealed in a precise and sophisticated way. Yet, he lost. He lost, in part to be sure, because he lost his cool one night in Iowa—and the very same people who were listening so intently to his message saw a different side of the man they had supported.

He lost more fundamentally because others in the contest understood the game as well—and they applied their art. They took lessons from the Dean campaign—John Kerry raised more money on the Internet than did Dean—but they also drew a picture of the electorate that fit their image, and they worked on refining that. In essence, Dean showed how the new techniques could be applied. The others learned and quickly caught up; their campaigns better understood the art of reaching a broad base of the electorate.

Summary

This brief history of American political parties is instructive for understanding the electoral process today. Parties have changed throughout this nation's history. The parties have changed as institutions; the issues of the day have defined the appeals that they have made to the electorate; the electorate itself has changed, as have the offices that are contested; and the ways in which appeals are made have changed as the technology important to campaigning has advanced.

But at the same time, the electoral process has not changed. It is still about contesting for public support of candidates based on what the voters think those candidates have done and are likely to do in the future. It is still about winners and losers—for in the American system, close does not count. And it is still about organizing, understanding the rules and the voters and how one can appeal to the voters most efficiently under the rules in play. With the context of the electoral process and this brief history in mind, we turn to those questions in the next chapter.

Chapter 3
Party organizations: What do they look like? What do they do?

According to his eulogist, longtime New York state senator George Washington Plunkitt, one of the leaders of New York's Tammany Hall political machine at the turn of the twentieth century, "understood that in politics honesty doesn't matter, efficiency doesn't matter, progressive vision doesn't matter. What does matter is the chance for a better job, a better price of wheat, better business conditions." At its height the machine controlled more than 12,000 jobs, with an annual payroll of over $12 million, more than leading iron and steel corporations of the time.

During the "gilded age of parties," a century ago, party organizations, often well-oiled political party machines, did the business of governing. They recruited the candidates and set the governing agendas; they socialized the citizens and brought them to the polls; they populated the civil service and provided the link between citizens and their government. Party bosses were legendary for their power and their influence—and often for their corruption. As Plunkitt said, defending his personal gains, "I seen my chances and I took 'em." That was how the business of politics was run.

Even in the first half of the twentieth century, in city after city urban bosses controlled access to politics. James Michael Curley was the boss of Boston, Massachusetts, for most of the first half of the century. The Pendergast machine in Kansas City, Missouri, came to power in the second decade of the twentieth century and remained powerful enough to claim credit for placing Harry Truman in the Senate and eventually in the White House. The Crump machine in Memphis, Tennessee, dominated that city's politics until after World War II. The same can be said of Frank Hague's machine in Jersey City, New Jersey. William J. Green's machine in Philadelphia, David Lawrence's in Pittsburgh, and Richard J. Daley's in Chicago all were still important enough in 1960 to contribute importantly to John F. Kennedy's nomination for the presidency.

Party organizations were clearly structured at that time. They were hierarchical organizations with material incentives linking the populace to precinct captains and district leaders and even greater material incentives linking those leaders to the hierarchy in city halls and county court houses. The material incentives of jobs and additional assistance of food and clothing for the immigrants flooding American cities were supplemented with solidary incentives, a feeling of kinship, help for the newly arrived as they made their way in a strange land, a place to gather and to mix and mingle with like-minded people.

These organizations were dominated by powerful leaders who understood that their power was a direct function of those beholden to them remaining in office. To say that rules were bent to achieve this end is an understatement. And the bosses were not shy about their goals and their motives. Tom Pendergast put it simply, in his one rule of politics: "The important thing is to get the votes—no matter what." Frank Hague expressed his view on politics somewhat differently: "I am the law. . . . I decide; I do; ME!" The bosses got the job done; they were loyally followed by the voters who benefited from their largesse; their means were often ignored.

The story of the demise of the machines is a complex one—involving democratic reformers, the government assuming many of the responsibilities for social welfare that parties once performed, exposure of corruption, and other factors that varied by locale. By the last quarter of the twentieth century only the palest shadows of these once powerful organizations remained.

In the twenty-first century, these machines seem a relic from a bygone era, but party organization persists. Whereas once party organization built from the most local level, through counties and states to the national level, today the power in the organization flows largely from the national level down. Whereas once parties controlled the nominating process and candidates were creatures of the parties, today candidates establish their own organizations to run in primaries and the political party organizations exist largely to serve the needs of those candidates who are nominated or who, once elected, are seeking reelection. Whereas once the work of parties depended on personal connections and personal contact with the voters, today the work of political parties focuses on providing money and the means for electronic communications.

American political parties do not resemble the programmatic parties typically found in Western democracies. The party organizations and their leaders play virtually no role in shaping policy agendas. In fact, one could argue that American parties, for at least the last half century, have been in search of a role. However, organizations continue to exist at the local, county, state, and national level; in recent election cycles party organizations, all but unknown to the voting public, have played critical roles in various aspects of the electoral process. In this chapter we will outline the structure of the party organizations as they exist today, discuss their roles in electoral politics, and speculate on how that role might evolve in the decades ahead.

The national political party organizations

Perhaps the best way to begin a discussion of party organizations in the United States is to ask a simple question: Can you name the chair of the Democratic National Committee (DNC) or of the Republican National Committee (RNC)? Non-American readers might claim that the question is unfair, that only Americans would know such information. American readers are scratching their heads, unsure exactly who holds these positions, much less what they do.

The national party chairs

Table 3.1 lists the holders of the top positions in the national party organizations since 2000. Not exactly a list of household names. In fact, only the name of Howard Dean, who ran a very visible, though unsuccessful campaign for the 2004 Democratic presidential nomination, is familiar to most citizens, even those who follow politics closely. The contrast between Dean and his Republican counterpart, Ken Mehlman, is instructive.

Mehlman's path to the chairmanship of the Republican National Committee is quite typical. First, he was the choice of the successful Republican candidate for president, George W. Bush. Incumbent presidents dominate their party's national committee and typically are very influential in choosing its head. Second, Mehlman came to his post through a series of political jobs. In 2000 he was the field director for Bush's presidential campaign; when Bush was successful, Mehlman, who had begun his political career working for a series of Texas Republicans in the House of Representatives, went to the White House as Director of Political Affairs. He left that job to assume the position as campaign manager for the Bush-Cheney reelection campaign. Mehlman is a political operative, closely tied to the incumbent president, expert in running campaigns, not in setting policy. Although he was officially elected by the members of the Republican National Committee, he was in fact chosen by his boss, George W. Bush.

Table 3.1 Democratic and Republican National Committee Chairs

Democratic National Committee chairs

Joe Andrew, 1999–2001
Former chair of the Indiana Democratic Party

Terry McAuliffe, 2001–2005
Prominent fundraiser for the party and President Clinton; businessman

Howard Dean, 2005–present
Former governor of Vermont; unsuccessful candidate for party's presidential nomination

Republican National Committee chairs

Jim Nicholson, 1997–2001
Vice chair of the RNC; RNC member from Colorado

James S. Gilmore III, 2001–2002
Former governor of Virginia

Marc Racicot, 2002–2003
Governor of Montana

Ed Gillespie, 2003–2005
Political consultant

Ken Mehlman, 2005–2007
Campaign manager for Bush–Cheney '04

By way of contrast, political observers were shocked when Howard Dean announced his interest in running the Democratic National Committee. Dean made his reputation as a political iconoclast. When he began his campaign for the Democratic presidential nomination, few observers gave him any chance. He was an unknown governor of a small state, an outsider intent on challenging the status quo and the party establishment. He took what some deemed to be extreme positions on the issues of the day; he did not seek endorsements from the party leaders; he developed an innovative but untried campaign strategy based largely on the Internet. Dean succeeded beyond anyone's expectations. Even though he did not win the nomination, he changed the ways funds were raised and campaigns were run, energized the left wing of his party that had grown disenchanted with mainstream party candidates, and altered the issue agenda.

Then he decided to take over the party organization. His candidacy caused concern among party centrists who feared that his approach would alienate the political center, necessary for national victories. Dean did little to allay these fears. In an e-mail to his supporters announcing his candidacy, he said simply, "Our party must speak plainly and our agenda must clearly reflect the socially progressive, fiscally responsible values that bring our party—and the vast majority of Americans—together." Party leaders worried about the "speak plainly" aspect of that statement and that he would be too progressive on social issues for a national audience.

But they also realized that the Democrats had lost two straight presidential elections with mainstream, establishment candidates running campaigns that paled in comparison to the Republican's platform, that their party had not controlled the Congress in a decade, that the party was losing strength at the state and local levels, and that Dean had demonstrated real strengths in technological innovation, in fund-raising, and in organizing. In the end, many swallowed their fears, and Dean was elected by the Democratic National Committee over a strong field of traditional political operatives.

And how have these two leaders differed in their styles? Mehlman performed as a fairly typical party chair. As President Bush's popularity plummeted in the winter of 2005–6—in the wake of difficult times in Iraq, the perceived failure of the federal government response to Hurricane Katrina, scandals involving members of the administration, presidentially authorized wiretaps of questionable legality by the National Security Administration, and perceived cronyism in some appointments, Mehlman was the president's staunchest defender. He was at the front line of taking media questions about each situation—and responded with the most positive spin possible.

Dean has played a different role. He traveled into strongly Republican areas and carried his message of a Democratic party standing firmly on issues of principle. While he did not back away from his mission, he was not always welcomed by local Democrats; in the South in particular, local Democrats appreciated that Dean as the DNC chair cared about their state, but many believed that his message was wrong for their constituents. A number of elected officials were notably absent from his appearances.

Dean's plain speaking has not abated. At one point Dean characterized the Republican Party as "pretty much a white, Christian Party." His comment was met with disdain by elected party leaders. Connecticut senator Joe Lieberman said, "It was divisive and wrong and I hope he apologizes for it." Delaware senator Joseph Biden's reaction to Dean's language was similar: "He doesn't speak for me with that kind of rhetoric. And I don't think he speaks for the majority of Democrats."

National party organization staffs

To this point, we have pointed to the role of DNC and RNC chairs, but we have talked little about the committees they head. Each party's national committee is comprised of members chosen by party organizations in each state and territory of the nation. While the committees hold the formal power in the parties, chairs play a much more visible role and much of the work is done by the staffs. The committee staffs, working out of large, permanent party headquarters in the shadow of the U.S. Capitol, raise money, plan strategy, devise tactics, do research, provide resources, and ready the party and its candidates for each campaign cycle. One of the most important functions of the national committee staffs is to monitor how campaigns are running throughout the nation, which campaigns are clearly won and which lost, which are hotly contested, which candidates need financial help, and the like. Then they funnel resources accordingly.

Table 3.2 presents some interesting comparisons. The states with approximately the same populations are paired. In each case, the two national committees have transferred significantly more to the competitive state than to the noncompetitive state. To put the party efforts in starkest terms, the two national parties transferred nearly identical sums of money to the Oregon state committees as they did to those in California. Oregon, which was a competitive state in 2004, has a population approximately one-tenth that of California, which saw little competition in that election.

The Democratic and Republican National Committees

The Democratic National Committee (DNC) is comprised of 440 members; there are nine officers (the chair, five vice chairs, secretary, treasurer, national finance chair); each geographic jurisdiction is represented by its chair and the highest ranking officer of the opposite sex; 200 additional members are apportioned among the states according to population; elected Democratic officials from the national to the local level and party constituencies (e.g., college Democrats) are represented by a total of 27 members; the chair can appoint up to 50 at-large members to represent groups thought to be important to the party but underrepresented on the DNC (e.g., ethnic or racial minorities or unions).

The Republican National Committee (RNC) is a much simpler body. It consists of the chair and one committeeman and one committeewoman from each state and territory. Officers are the chair, a co-chair of the opposite sex, and four male and four female vice chairs, chosen on a regional basis.

Table 3.2 Transfers from national committees to state committees

State	RNC	DNC
Arkansas	$589,017	$552,975
Kansas	$0	$45,090
Colorado	$944,281	$2,198,434
Maryland	$200,000	$176,309
Florida	$11,276,106	$6,438,728
Texas	$615,000	$220,213
Illinois	$400,000	$93,301
Ohio	$3,928,102	$5,648,745
Iowa	$1,551,985	$2,715,054
Kansas	$0	$45,090
Maine	$525,646	$1,068,946
Rhode Island	$15,000	$27,750
Massachusetts	$25,000	$81,174
Washington	$879,181	$1,031,543

The chairs and the staffs of the national committees work closely with their counterparts at the four so-called Hill committees, each housed in national party headquarters. The National Republican Congressional Committee (NRCC), the National Republican Senatorial Committee (NRSC), the Democratic Congressional Campaign Committee (DCCC), and the Democratic Senatorial Campaign Committee (DSCC) have become central players in the biennial campaigns for control of the houses of Congress. Each of the Hill committees is chaired by an incumbent member of Congress, who, by virtue of this position, is a member of his or her party's leadership in the chamber. Their job is simple: to protect seats held by incumbents and to win open seats and those of vulnerable members of the other party.

The Hill committees have been in existence for a long time—the House committees since just after the Civil War and the Senate committees shortly after the Seventeenth Amendment, calling for popular election of U.S. senators, was ratified in 1913. But they have played minor roles for much of their history, merely helping incumbents to raise money. In the last two decades, however, their role has increased dramatically. Not only do they raise money for candidates, but they play critical roles in setting national campaign priorities.

The prominence of the Hill committees was abundantly clear in the 2006 congressional election cycles. In 2004 fewer than twenty congressional districts were thought to be in play. The concept of a district "in play" is a relatively new one. While incumbents have been seen to have an electoral advantage for some time, only recently have political operatives conceded large numbers of districts well in advance of the election (often more than a year in advance) and concentrated their efforts on relatively few. The NRCC and the DCCC, each using their own criteria, seek to limit the number of districts in which they are active to those in which the outcome is seriously in doubt; then they concentrate their efforts in those districts. The two political organizations—and the political analysts who monitor congressional races, such as the *Cook Political Report* and the *Rothenberg Political Report*—have been remarkably consistent and accurate in predicting which races will be close.

Early in the 2006 electoral cycle, both parties and the nonpartisan analysts were looking at approximately the same number of seats. Since the Democrats need to pick up fifteen seats to regain control of the House of Representatives, most thought their chances slim. But, the political winds shifted in the Democrats' direction. By the fall of 2005, DCCC chair Rahm Emanuel (D-IL) was successfully recruiting strong Democratic challengers for approximately fifty seats, in all of the open seats and some held by Republicans suddenly thought to be vulnerable. NRCC chair Tom Reynolds (R-NY), while claiming that the political map still favored his party, understood that his task was to defend vulnerable incumbents in what was an expanding number of seats. As the number of seats in play expanded, the accuracy of the party perceptions of the political lay of the land became more critical. In all campaigns resources are scarce; how they are allocated often marks the difference between victory and defeat.

The 2006 cycle also led to the first public rift between a national chair and the chairs of the Hill committees. DNC chair Dean continued to explore means to show the Democratic flag in heavily Republican areas, spending time and money in so doing. DCCC chair Emanuel and his Senate counterparty, New York senator Charles Schumer, argued that money should be concentrated in winnable seats. In the year before the election, the difference on strategy led to a rift that became heated and public, with Dean and Emanuel not even speaking to each other. The 2006 scenario provides a clear indication how the roles and responsibilities of different party actors lead to different responses to political situations.

Electoral roles of the national committees' staff

What role do the parties play in the election campaigns they target? When party organizations dominated the American political scene, the key to their power was to have officeholders loyal to the organization in place; and the key to that was control of the nominating process. In part the decline of parties can be traced to losing control of the nominating process as a result of direct primary elections.

In twenty-first century politics, however, the key to winning elections is often in finding a strong candidate to run. Many incumbents win reelection because their opponents are either weak or nonexistent (i.e., incumbents run without any major party opposition).[1] A key role for parties today is to recruit strong candidates to run in open seats and to oppose incumbents in the other party. Party leaders such as Emanuel can do this only if they can convince the potential candidate that the seat is winnable, and they can promise campaign assistance if the potential candidate decides to take on the challenge. NRCC and DCCC leaders are evaluated according to their ability to convince strong candidates to run under their party label; candidate recruitment has become the most important job for party leaders.

Once the candidates are recruited, the job of the party organization shifts to providing campaign resources. Some of these resources are in the form of direct contributions, but the party is limited in how much it can assist candidates for federal office, to $5,000 for House candidates and $35,000 for Senate candidates.[2] Equally important is the assistance they give to candidates in services. The parties do research and polling for candidates; they help them to hone their messages to voters, often producing generic ads that are used in districts around the country. The party committees also send surrogates into congressional districts to attract attention to candidates and to help them in their own fund-raising.

Perhaps the most important contribution that the party committees make is to tap a district as one that is in play. A party's decision to concentrate resources on a particular race is a signal to interest groups that share the party's views that they too should concentrate their efforts on that race. Party committees and leaders might be restricted in how much they can contribute to any one race, but they are not restricted in the ways in which they can assist candidates in networking—and that may well be their most valuable contribution. But even this is a resource that must not be squandered. The leaders of the Hill committees want to be certain that their allies allot their financial contributions strategically, so that money is concentrated on close races and not spent unnecessarily either on those that are lost or those that will be easily won.[3]

To a large extent, national party organization has become a core of an ongoing campaign staff poised to recruit and assist party candidates. The DNC and RNC exist as ongoing entities; they are the elected structure that is paraded out for show every few months. They do have the formal authority for the two parties; but only the two chairs have any national visibility and the staffs do the real politicking. Congressmen and Senators do hold seats on the DCCC and the NRCC, but only the chairs and the staffs perform identifiable roles. Those roles have virtually nothing to do with policy or governing and everything to do with fund-raising and politics. The national party organization exists in large part to serve the needs of its candidates.

State party organizations

David Ward is chair of the Arizona Democratic Party. Former congressman Matt Salmon is his Republican counterpart. Few people in Arizona know that. In fact many state party websites do not even list the state chair. Who cares? Even the most active citizens have little contact with state committees; even the most active state chairs in the largest states have low political profiles.

This was not always the case. Some state party organizations had bosses as strong or stronger than those of local organizations, but with significant differences. Many state party bosses were U.S. senators. These state party machines were built in the days when U.S. senators were elected by state legislatures. Senators built organizations to secure their elections. One of the mechanisms they used to maintain their organizations was appointing followers to federal positions, and they were able to do this because of a long-standing tradition of senatorial courtesy. Senatorial courtesy meant that any U.S. senator could veto any federal appointment in his state requiring confirmation by the Senate. Senators selected federal officeholders who worked to assure election of state legislators who would reelect the senator, quite a cozy arrangement.

The power of most of these senators and their organizations waned after the passage of the Seventeenth Amendment, but residual state machines persisted in one-party southern states for many decades. Typically, these organizations were led by demagogues whose initial appeal to the people gave way to autocratic rule. Some of the most colorful stories in American political history deal with the organization of Huey Long and his successors in Louisiana, Theodore Bilbo in Mississippi, and Gene Talmadge in Georgia.

Rejuvenation of state party organizations

Little of that color and little of the power remain in state party organizations of the twenty-first century. State party organizations parallel the national organization. Each has a state committee; the committee is comprised of representatives from local constituencies. The committees meet infrequently. The real work is done by the staff. Like the national parties, state parties have undergone a renaissance in the last half century. Fifty years ago many state party organizations were empty shells. Many states did not have permanent staff; few had permanent headquarters; budgets were meager and activities limited to the election season.

Today virtually every Democratic and Republican state party organization has a full-time paid staff; many have full-time paid chairs as well. State headquarters, which once moved around the state to the home city of the chair, are now typically permanent offices in the state capital. Budgets for the state organizations vary with the size of the state, as one would expect. But in every case the budget is enough to sustain ongoing political organizing, to prepare for election years, and to coordinate statewide campaigns.

Coordination of campaigns has been a key factor in the rejuvenation of state organizations. Federal election campaign finance laws restrict the amount of money that can be given to candidates for federal office. But these same laws permit expenditures for campaign activities that favor all of a party's candidates for offices. Thus, statewide political parties can maintain websites and coordinate statewide fund-raising and volunteer efforts; they can collect, process, and analyze voter information for all of their candidates; they can conduct polling for the party; they can run voter registration drives; they can do generic advertising; and they can run get-out-the-vote efforts. In an era of candidate-centered campaigning, fostered by candidates' necessary reliance on their own organizations to gain nomination through primaries, many high-budget campaigns carry out all of these activities; low-budget campaigns have to do without. But if the party can coordinate activities for their candidates, economies of scale are realized and donors who would be prohibited from giving additional money to a candidate can assist that candidate in other ways.

One mechanism through which this coordination works is the pass-through of money from one level of party organization to another. Table 3.2 (p. 64) shows the amount of money passed through by the Democratic and Republican National Committees to various state parties in 2004 in selected states. It is not surprising that the national parties invested more funds in states with competitive elections, allowing for more sophisticated campaigns in those areas.

Variations in state laws

In 2006 veteran U.S. senator Joseph Lieberman was challenged for his party's nomination for reelection by a Greenwich businessman, Ned Lamont. Party officials openly backed Lieberman in the primary. In a number of other states, either by party rule or custom, party leaders must stay neutral in all primaries. In still other states, the party officials may play a role in primaries, but the staff of the organization must stay neutral.

State party organizations differ from each other in a number of ways; most reflect the size and the partisan leanings of the state. But they also differ in terms of rules in a way that reflects on their roles. The roles in the primary process noted above fall into that category, with the party organization role going from neutrality, to informal endorsement, to formal endorsement at times by special placement or with a special designation on the ballot, to playing a formal role in the nominating process. In Connecticut as an example, the winner of the party endorsement is the nominee unless the party candidate is challenged in a primary by one of those who failed to get the party nod, as was the case with Lamont challenging Lieberman.

Party organization thus is one of the areas of American politics in which the nature of the federal system remains important. States differ from each other in important ways. Because of their differing histories and political cultures, their party systems differ significantly. And as a result of that, the role of party organization at the state level varies significantly. While it is true that the state party leaders are not well known to the public, the organizations that they head play important roles in campaign activities—more or less vital depending on the level of competition in the state. In all states party leaders recruit candidates for office, but in some states the role of the organization is far more important, actually selecting who will represent the party on the general election ballot.

Local party organizations

The strong local party organizations discussed at the beginning of this chapter provide material for legends, but the characters on which those legends are based have long since disappeared. Yet, local party organizations continue to exist and to play an important role in electoral politics.

American political parties have always been decentralized organizations; they begin at the grassroots and build to the national level. Party committees are chosen at the precinct or town level; these committee members choose committee members for the next larger unit of governing, the ward in urban areas, often the county in rural areas. Party officials at these levels choose committee members for the state committees; state party leaders choose national committee members. The formal structure now differs little from that established more than 150 years ago.[4]

The key question has always revolved around the locus of power. In the days of the powerful boss, the power rested with the public official who controlled jobs—often the mayor or county executive, always someone whose tenure in office depended on the party boss. In some states, U.S. senators held the power, but more often a series of local leaders were clearly the most powerful. National party leaders were always seen as weak, with few resources and little influence. Their job was often to broker agreements among the powerful, and autonomous, local and state leaders.

Today power, to the extent that party power exists, stems from control over money. Most of the money to run party organizations is raised at the national level. State leaders and to an even greater extent local leaders are dependent on the expertise and often largesse of national leaders.

But that is not to say that the roles played by local leaders are unimportant. The roles that they play are the traditional roles of political parties. They recruit candidates and fill slots on the ticket. They coordinate volunteers and energize the party faithful. They advertise for their candidates and do the one-on-one campaigning that is often still critical in local elections. They work hard to get their loyal supporters, the party base, out to vote. A generation ago this work was incredibly labor intensive. Local parties needed armies of volunteers to maintain voter lists, to address envelopes, to make telephone calls, to drop literature.

If any electioneering today is done personally, it is still done at the local level. But it has certainly been eased by the age of Internet communication. Even at the most local level, party organizations maintain websites; volunteers receive frequent electronic updates on campaign progress; volunteers are coordinated and their activities tracked electronically. Campaigns still leaflet neighborhoods and accompany candidates on door-to-door visits to voters, but the armies of volunteers are coordinated through careful tracking of a database of those committed to a party or a candidate. Howard Dean's primary campaign in 2004 demonstrated the effectiveness of electronic means for fund-raising and volunteer communication and coordination. These lessons have not been lost on local party organizations, even the least sophisticated of which have copied many of Dean's techniques.

Party conventions

One could argue that the high point of John Kerry's campaign for the presidency came when he strode to the stage of the Democratic National Convention in Boston, gave a crisp salute, and pronounced himself "reporting for duty." The convention allowed the Kerry campaign to orchestrate its message, to bring the party together, to showcase their candidate to the nation. But, it should also be remembered that no major party decisions were made at that convention. The nominee was known in advance, chosen as delegates pledged to Kerry were selected earlier in the year. Kerry chose his running mate, North Carolina senator John Edwards. The Kerry campaign monitored the platform-writing process to assure that the party's official views and the candidate's were in line.

In both major political parties, the national conventions stand at the pinnacle of party's formal decision making, but in practice few decisions are made there. Conventions do retain very real functions however. In part, those are solidary functions. The conventions are a time when the party faithful can come together, enjoy an atmosphere of unity, rejoice in the party's past, and plan together for the glorious future, which is about to unfold. But more substantively, the conventions of the two national parties set the rules under which the parties function, including the rules that will govern subsequent nominating processes.[5]

In addition, the party conventions do pass platforms that lay out the party's positions on the issues of the day. At times the debates before the party platform committee reflect broader philosophical debates within the party. At other times, the platform writing is tightly controlled by the nominee's followers. While American political leaders are not committed to follow the mandates of the party platform as are leaders of parliamentary democracies, party platforms go a good way toward defining the parties in the eyes of the electorate. Thus, presumptive presidential candidates have worked hard to dominate the platform-writing process. They do not want to be saddled with a platform that takes controversial positions to which they are not wed.

The 1992 national party platforms

By the time the two national parties named their Platform Committees in 1992, it was clear that President George H. W. Bush would be renominated by the Republicans and that Bill Clinton would be the Democratic nominee.

The Republicans allowed the social conservative wing of the party to dominate the platform-writing process. Bush's campaign aides determined that the platform's content was not as important as keeping the conservatives solidly behind their candidate. As a result, the 1992 GOP platform took extreme positions on many of the controversial social issues of the day.

By contrast, Bill Clinton's advisors wanted to be certain that the Democrat's platform represented his centrist views, the views promulgated by the Democratic Leadership Council. They lobbied hard to name the chairs of the Platform Committee and the leader of the drafting subcommittee, and for Clinton supporters to dominate the committee membership. The Clinton leadership team (Rep. Nancy Pelosi of California and Gov. Roy Roemer of Colorado for the full committee; Rep. Bill Richardson of New Mexico for the Drafting Committee) negotiated with the Democratic contenders who had lost to Clinton to assure that the platform would represent the nominee's views and that the losing candidates would not challenge any planks on the floor.

The result was telling. The Republican convention divided over platform issues; the party looked to be in the hands of social extremists, and moderates were disheartened. The Democrats united behind their nominee with a unifying moderate platform. These images carried over into the general election.

State party conventions vary according to the role that the party plays in the nominating process. If the party role is pivotal, then campaigns vie to have delegates pledged to them seated and voting. These conventions are often contentious. Candidate differences are reflected in rules fights, in platform fights, in shows of support. When the convention eventually endorses a nominee, the party either demonstrates unity or remains divided, depending on whether the convention's endorsement is likely to be challenged in a primary.

In other states, party conventions are simply displays of party unity. Party regulars come together to be energized by officeholders seeking to stir the faithful to participate in their campaigns. Platforms are adopted but are often meaningless. The main purpose of these conventions is as a kickoff to the fall campaign, a pep rally to prepare the troops for the effort ahead.[6]

Summary

Political party organizations in the United States reflect the nation's federal system. The party is organized at each electoral level. What is constant is that the real work of the party is done by staff, and the principle role of the party is to assist their candidates for office. Formal party organization does not define party positions. The leaders of the party organization are not able to discipline public officials elected under the party label. Rather, the strength of the party is directly related to its ability to assist in campaign functions. The current situation is a far cry from the role played by party organization a century ago, reflecting important changes in the critical aspects of the electoral process—the stakes of the game, the incentives for participation, and the means used to reach voters.

Chapter 4
Who are Republicans? Who are Democrats? Who are the "others"?

If you look at prominent figures, these questions are easy to answer. President George Bush is a Republican; Senator Edward Kennedy, a Democrat. Public officials run as nominees of one party or the other. But what about the school teacher in Vermont, the textile worker in North Carolina, the farmer in Nebraska, the computer engineer in California? Are they Democrats or Republicans? Who are the independents, and who represents them in government?

For generations, political scientists have found it useful to distinguish among the party in the electorate, the party organization, and the party in government. The party in the electorate is the voters; the party organization is comprised of those individuals who run for and serve on, or who are employed by, party committees at the local, state, and national levels. The party in government is comprised of public officials, elected or appointed, who are identified with one major party or the other as they serve.

In this chapter, we will explore party affiliation in each of those three contexts. We will show how party in the electorate is a moving target. However defined, voters who identify with the major parties are easily distinguishable from those who work for the parties or run or are appointed as representatives of the parties.

Party in the electorate

How do you know if someone is a Democrat or a Republican? What does it mean to be a Democrat or a Republican? We know that party membership in the United States does not mean what it does in Europe. That is, Americans do not join a political party in any real sense; parties do not maintain membership rolls. We also know that party allegiance is the single best predictor of a citizen's vote. Democrats, *ceteris paribus*—other things being equal—vote for Democrats; Republicans, for Republicans.

The party in the electorate is normally analyzed in one of three ways. The first is to examine those who are enrolled in one major party or the other. This means is limited, however, because many states do not maintain official lists of party enrollees. If one says one is a Democrat in Maine, for example, it signifies that a citizen is enrolled in the Democratic party and that that voter is eligible to vote in the Democratic primary. However, if that voter's sister says she is a Republican in Wisconsin, the meaning is different. The state of Wisconsin does not enroll voters in one party or another; she can vote in either party's primary. Because of state-by-state variation in the election law, party enrollment is not a very useful analytical concept.

The second method is to analyze those people who vote for the Republican or the Democratic candidate. This definition of party identification is in some ways the most meaningful; after all, we are concerned with election outcomes. Thus it makes sense to analyze how those who supported President Bush differed from those who supported Senator Kerry. If our goal is to understand the result of a specific election, then examining the supporters of the candidates in that election makes a good deal of sense. But those who vote for the Democratic candidate for one office often vote for the Republican candidate for another office. On a long ballot, voters might well switch back and forth between the parties. Furthermore, those who support the Republican candidate for a particular office in one year often support the Democratic candidate in the next election. If our concern is to understand which voters are Republicans and which are Democrats, voting behavior is a limited tool. We hear often that more and more citizens are independents. On election day these voters are often faced with only two choices—a Democrat or a Republican. How can we understand their behavior if we eliminate them by definition?

As a result of these limitations, political scientists most often use a third mode of analysis, the concept of party identification, to examine which voters are Democrats and which, Republicans. Party identification is a concept that measures a voter's self assessment of their allegiance to one party or another. As such it is different from either party membership or voting for candidates of a party.[1]

Various polling organizations have measured party identification over the years. Commercial pollsters, such as Gallup, generally report how the electorate divides itself among Democrats, independents, and Republicans. The question asked is quite simple: "In politics, as of today, do you consider yourself a Republican, a Democrat, or an independent?" (Asked of independents: "As of today, do you lean more to the Democratic Party or the Republican Party?")[2]

For many years the Democrats had a significant advantage, with few voters declaring their independence from the major parties. In the last decade, the Republicans have closed the gap between them and the Democrats, and many more voters list themselves as independent. As a result, nearly equal numbers of voters place themselves in each category, with small numbers switching from month to month. In a Gallup Poll conducted in February and March 2006, 35 percent identified themselves as Democrats, 32 percent as Republicans, and 31 percent as independents. When "leaners" were taken into account, that is assigning those who say they lean toward one party or the other to that party, Democratic identifiers outnumbered Republicans 50 percent to 41 percent.

Political scientists tend to rely more heavily on the National Election Studies (NES) that have asked similar questions of voters in surveys conducted surrounding every presidential election since that of 1952. The NES question regarding party affiliation is "Generally speaking, do you usually think of yourself as a Republican, a Democrat, an independent, or what?"[3] Because the NES surveys probed far more deeply into respondent characteristics than do commercial surveys, they are far more useful in coming to an understanding of the electorate.

Party identification is useful in answering the question about who are the Republicans, who are the Democrats, and who are the "others" in at least two ways. The first is to look at various groups in society in order to determine whether members of particular groups tend to see themselves in one party or the other.[4] The other means is to look at the party coalitions, to determine to what degree specific groups contribute to each party's followers.

Analyzing the affiliations of political groups

Political parties often appeal to voters based on their group membership. The New Deal coalition, the combination of groups that supported the Democratic party after the election of Franklin Delano Roosevelt, was comprised of white southerners, urban working-class Americans, especially union members, African Americans, Jews, and Catholics. The Republicans' coalition was more difficult to define, but surely non-poor whites and citizens of small towns and rural areas made important contributions. That picture held for more than thirty years, but changes were clearly seen in the last decades of the twentieth century that have persisted into the twenty-first.

Some groups' support for the Democrats clearly declined. The extreme example of such a group is native white southerners. Native white southerners identified with the Democratic Party in very large numbers until the 1960s. While they might have opposed liberal Democratic policies, particularly on the question of civil rights, the Republican party did not compete for major offices in the South until after the 1964 election, so white southerners had nowhere to go but to the Democrats. By the 1980s the allegiance of this group had changed dramatically; today native white southerners are much more likely to identify with the Republicans than with the Democrats.

Catholics were an important part of the New Deal coalition. Their allegiance to the Democrats was strengthened by the candidacy and election of John F. Kennedy, the first Roman Catholic elected to the White House. Today Catholics are only slightly more likely to identify themselves as Democrats than as Republicans; President Bush received a higher percentage of the Catholic vote than did Senator John Kerry. Union members are just as likely to be Democrats as they have traditionally been, but many fewer workers are members of unions. The allegiance of blacks and Jews to the Democratic Party has remained virtually constant over the last half century.

Some groups have emerged to be important in American politics in the late twentieth and early twenty-first centuries that were not deemed significant a generation or two ago. Hispanics stand out because they will soon comprise the largest minority group in the nation. The two parties are competing vigorously for the Hispanic vote. While non-Cuban Hispanics favor the Democrats over the Republicans by almost three to one, this percentage was seen as declining after 2004. In part the decline is a reflection of competing group allegiance.[5] Many Hispanics are also religious fundamentalists and regular churchgoers—two other groups not isolated for their political relevance in the past. Each of these groups heavily favors the Republican party. Hispanics who fall into these categories, those who might favor the Democrats for other reasons, are torn. However, the Republican party stance on immigration policy, opposed by most Hispanics, has hindered their efforts to make inroads into this group most recently.

The important questions about group allegiance deal first with why members of a particular group were attracted to a party as members of that group in the first place, and then with why they continue to identify with that party, lose their allegiance but stay neutral, or switch to the other party.

Group allegiance forms because of polities put forth by political leaders of a specific political party. The *New York Times* columnist David Brooks made this point cogently in a column titled "Losing Alito," published at the time of the Supreme Court justice's confirmation hearing. Had Alito been born a decade earlier, Brooks asserts, he, like other urban ethnic Americans, would have been a Democrat. But the Democrats lost the Alitos of this world.

> Democrats did their best to repel Northern white ethnic voters. Big-city liberals launched crusades against police brutality, portraying working-class cops as thuggish storm troopers for the establishment. In the media, educated liberals portrayed urban ethnics as uncultured, uneducated Archie Bunkers. The liberals were doves; the ethnics were hawks. The liberals had "Question Authority" bumper stickers; the ethnics had been taught in school to respect authority. The liberals thought an unjust society caused poverty; the ethnics believed in working their way out of poverty.

A parallel argument could be made concerning some groups that support Republicans. Establishment nonfundamentalist Protestants find the domination of their party by the religious right to be troubling; they think they have less and less in common with those running their party.

The logical next question is why the parties act in these ways, a question we will return to in the discussion of party organization and party in government.

Party coalitions

Group contribution to a party coalition is a function of the percentage of those in a certain group who affiliate with a political party and of the overall size of the group. Thus, Jews are overwhelmingly Democrats but make up a very small percentage of the voting public and thus a small percentage of the Democratic coalition, approximately 5 percent. Nearly two-thirds of all Democrats are women; here we see the much-discussed gender gap as less than half of the Republicans are female. Catholics make up about a quarter of the Democratic coalition and about the same percentage of the GOP coalition. By contrast blacks account for about 30 percent of all Democrats, but only 1 percent of Republicans.[6]

What distinguishes the Republican coalition from the Democrats? Clearly, race is one factor. Democratic party identifiers are much more likely to be of a minority race (ca. 40 percent) than are Republican identifiers (ca. 8 percent). Gender is another factor, with about a gap of more than 10 percent among female party identifiers. The party coalitions are also distinguished by income. Nearly 40 percent of those who report themselves to be Republican are in the top one-third of the income distribution in the nation; fewer than 30 percent of the Democrats achieve that level. Southern whites now comprise one-third of all Republicans, but only about one-sixth of the Democrats. Finally, religious beliefs distinguish the two groups. A higher percentage of Republicans attend church regularly than is true of Democrats (42 percent–34 percent); more strikingly, nearly one in six Republicans assert that they are fundamentalist Christians; only 7 percent of the Democrats claim those beliefs. The contrast between these views of the two parties and the New Deal Coalition could hardly be more stark.

The party organization

The Republicans and Democrats who populate their respective party organizations are self-selected activists. They are all but unknown to the general public. They attend committee meetings and plan campaigns. They draft platforms and do the nitty-gritty work of campaigning. Generally they are more concerned with local politics than with state or national politics. Partisan victory is important to them.

They are also the true believers in the party. Systematic studies of these party activists have reached similar conclusions. Whereas once party organization was synonymous with material incentives, in the contemporary context, those who run for positions in the party organization or who work for the party are more concerned with policy than patronage.

What policy? For the Democrats, party activists and staff tend to be more liberal than the average Democrat, more committed to traditional liberal Democratic policies. For the Republicans, core activists tend to be more conservative. In recent years, this conservatism has been social conservatism more than economic conservatism. The Religious Right has made a concerted and a successful effort to capture party machinery in a number of states and has made inroads in others.

If one assumes that it is possible to view public opinion on political issues along a spectrum from conservative on the right to liberal on the left,[7] and if one further assumes that a normal curve defines the spread of public opinion on that spectrum, party activists tend to find themselves at the extremes, and rank-and-file party identifiers tend to occupy positions closer to the center. The more active one is in the party, the more likely one is to hold extreme positions, particularly on the most salient issues of the day. Thus, Democratic party officers are likely to be more liberal than those who merely vote in primaries; primary voters are likely to be more liberal than Democratic identifiers who do not bother to turn out for primary elections.

One could certainly claim an inconsistency here. If a primary goal is partisan victory, then party activists should want their party to assume centrist positions, for these would appeal to more voters and lead to victory. However, if one is a committed believer to more extreme policy positions, another logic holds: it is necessary to convince others that your position is correct, to control the party machinery, to nominate candidates who share your view, and to mobilize others with similar opinions to support those candidates in order to have those views prevail.

Certain consequences for the electoral system follow. First, the more influential party organization is in the process, the less likely it is that compromise positions will be taken. Second, the more one party dominates a geographic area, the more valuable the nomination is and the more potential candidates will appeal to the party base, not to the center. As a result, officeholders from one-party areas tend to be more partisan and extreme on controversial issues than are those from more competitive areas. Third, official party positions, for example, those taken in party platforms that are written largely by party activists, tend to emphasize salient issues on which the parties differ, not those on which compromise positions are possible. Taken together then, one sees that the activists in party organizations contribute to increasingly divided and bitter partisanship.

Party organization in the golden era of parties, a century ago, was concerned with gaining power and the spoils that went with that power. Party leaders were often towering political figures. Those who worked under them were bound to them and to the organization because of the patronage they controlled. Local politics was more important than state or national politics, because more patronage was controlled at the local level. Party positions were decidedly secondary.

In the twenty-first century, party leaders are largely unknown except for by other activists in their local area, they still perform the traditional party functions, but their motivation for supporting the party is because of policy preferences, not because of potential patronage. Party positions are not valued for personal gain. As a result, those who care most about policy are able to capture party posts and dominate the organizations.

The party in government

This chapter began by citing President Bush and Senator Kennedy as obvious examples of politicians associated with their political party. When one refers to well-known politicians, those who follow politics even remotely can conjure up certain images. President Bush stands for the war on terrorism, for lowering taxes, for less government. Senator Kennedy is associated with the rights of minorities, with government assistance for those in economic need, with human rights policies. The images may not be precise, but they are clear nonetheless.

How clear are the distinctions between Democrats and Republicans in office? To a large extent that depends on what level of precision you seek. A generation ago, even the most astute observers would have difficulty defining what it meant to be a Democratic officeholder. Senator Kennedy was in office then, perhaps even more liberal than he is now. George C. Wallace of Alabama ran for president as a Democrat; he symbolized southern conservative Democrats, of whom there were many. Washington State was represented in the Senate by Henry M. Jackson, a liberal on domestic policies but a staunch conservative on defense matters. During the Vietnam War, Democrat Lyndon Johnson led the war effort, with many allies in the Congress, including most Republicans; other Democrats led opposition to the war, along with a few Republicans. It was difficult to define where the party in government stood.

In the first decade of the twenty-first century, defining the party in government seems to be somewhat easier, at least at the national level. For each session of Congress, the Congressional Quarterly Service computes a Party Unity Score for each Representative and Senator.[8] In the most recent congresses, each party's average unity score has been over 85 percent; the percentage of votes on which a majority of one party opposed a majority of the other has also increased. In Congress one finds the Republicans supporting President Bush, and the Democrats opposing a large portion of his initiatives.[9]

Some variation does exist if one looks at the state or regional level. In the Republican party, as a clear example, party officeholders from New England tend to be moderate on social issues; those from states in the Bible Belt, the religiously conservative area in the heartland of the country, tend to be much more conservative. For much of the twentieth century the Republicans were a more homogeneous party than the Democrats; in recent years, however, Republicans have become more split, with the division occurring around social issues on the agenda of the Religious Right.

This change can be seen around the issue of abortion. In 1992 Pennsylvania governor Robert P. Casey was not permitted to air his pro-life views at the Democratic National Convention. In 2006, his pro-life son, Robert P. Casey, Jr., was sought out by party leaders to be their candidate for the U.S. Senate. At the same time, the Republican party is defined more as a pro-life party, with little divergence tolerated. Former Massachusetts governor Mitt Romney, who equivocated on his stand on abortion rights when running for office in a liberal state, made determined efforts to stake out firmly pro-life positions when he decided to explore the Republican presidential nomination.

Even with these variations noted, however, Democrats in government and Republicans in government are easily identifiable—and in fact go to great efforts to separate themselves.

On issue after issue, when one party's leaders take a stand, those of the other party take the opposite stand. At the national level at least, the issues on which officeholders from the two parties work together to find common solutions are few and far between. Partisan conflict is much more prevalent than partisan cooperation; divisiveness is much more common that a search for mutually acceptable solutions to pressing problems.

The independents

In looking at who are Democrats and who are Republicans, we have not dealt with the residual group—who are the independents. For the party in government, that is easiest to answer: there are very few of them. In the 109th Congress, as an example, there was one independent senator, James Jeffords of Vermont, a former Republican who shifted from his party and retired without ever having run as an independent; in the House, Bernie Sanders, also of Vermont, was the only independent; all of the governors in the fifty states sitting in 2006 were either Democrats or Republicans as were approximately 99 percent of the state legislators.

Party organization for independents is oxymoronic. How can there be a party organization if there is no party? However, when independent candidates run, they do form organizations. Most of those are episodic, coming together for one campaign and then disbanding. They are the followers of the candidate, often following him or her for the same reason the candidate is running—concern for one issue or a set of issues, dissatisfaction with the established candidates. Occasionally such an organization persists, as did H. Ross Perot's organization after his 1992 bid for the presidency. These followers might try to form a new party or to continue following the leader who drew them to politics. They—like those who labor for minor parties that have persisted over time—are dedicated to a cause but rarely influential in the process.

Independents in the electorate often determine the outcome of an election. They are not a unified group. Some are very involved in politics but choose not to affiliate with one party or the other, because their views are not in line with either party's views. Others, once affiliated with one party, have become disenchanted but are not willing to move to the other side. Still others are interested in politics but disapprove of politicians who are too partisan to maintain their independence. Finally, a large group are uninterested in politics or government policy and do not identify with either party because they are not concerned enough to follow the discussions. Thus, some of the independents are among the most informed and most concerned of citizens; others are among the least informed and least concerned. Candidates must be aware of both groups and determine how to make appropriate, effective appeals. Making this judgment is often more art than science and based more on emotion than substance. Often, in the relatively few competitive races that do exist, those judgments separate winners from losers.

Summary

Political parties are central to American elections, but party membership in any formal sense is alien to most citizens. Indeed, many have no formal affiliation; many do not even identify with one party or the other. Nonetheless, the concept of party remains important. Most citizens have an impression of the two major parties, of what they stand for, of what kinds of citizens think of themselves as part of each party. Even those who consider themselves to be independents most often vote for candidates who are either Democrats or Republicans—and they often do so because they have a sense of what it means to be a candidate of one party or the other. Candidates run with the support of party organizations. While they may seek independence from those organizations, none deny their importance, particularly in recruiting candidates and in raising money in close races. In close races, party organizations also play crucial roles in assuring that supporters turn out to vote. Finally, once politicians are elected, they organize themselves in governing by political party. Elected officials are identified by their party label and are thought to act in certain ways, because they are Democrats or Republicans. An increasingly large number of citizens claim allegiance to neither party and take pride in their independence. What this frequently means is that they switch from supporting candidates of one party to those of another, not that they have discovered a third path into American politics.

Chapter 5
Presidential elections: Nominating campaigns and general elections

In November and December 2000, when citizens of the world waited for weeks to find out whether George W. Bush or Al Gore had won the American presidential election, analysts and citizens agreed on two observations. First, the system was terribly flawed. A country that views itself as a beacon of democracy, a model for nations emerging as democracies, could not be proud of an electoral system that left the result in doubt for weeks, with the clear implication that the winner would be determined based on judicial interpretations of questionable ballots.

Second, few people truly understood the system. Not only Americans but also those throughout the world who point to the democratic principles of the United States as ideals to be emulated were amazed to learn that George W. Bush might be elected even though Albert Gore received more votes. Throughout the United States civics teachers were talking to their students about the Electoral College, and those students were going home explaining it to their parents. Television journalists who did understand the system stumbled often as they tried to explain it to their audiences.

If the means by which citizens of the United States elect their president is complex, flawed, and misunderstood, the means through which the two major parties choose their nominees is even more so. Citizens know that the nominees are chosen at party conventions, but they also know that the identity of the nominee is known well in advance of those gatherings. How? Which states have primaries and which caucuses—and what difference does it make? How do they work? Who are the delegates to the conventions? How are they chosen? What do they do?

The nominating process is not some abstraction, of interest only to political junkies. The way in which the nominating process works determines which candidates will be viable and which have no chance. This process winnows the field of potential presidents from a large number down to two—the two major party nominees. One cannot understand the results of American elections if one does not understand how the candidates are chosen.

Similarly, the rules of the general election are not neutral. The Electoral College system favors some candidates and disadvantages others. George Bush was elected because of how this system works. He might not have been elected had an alternative system been in place. Candidate strategies would have changed had the rules been different. Financial backing plays a huge role in presidential nominations and elections; campaign contributions are regulated—and the strength or weakness of these regulations also contributes to determining who will win and who will lose. One can only critique the system in terms of democratic values if one understands the ways in which it functions and the likely consequences of alternatives.

The nominating process

George W. Bush was twice nominated by the Republican party as their candidate for the presidency, in 2000, when President Bill Clinton was leaving the White House, and in 2004, when seeking reelection. Those two nominations stand as examples of two of the possible varieties in a typology of party nominations for president. John F. Kerry's nomination in 2004, the Democratic nomination to oppose an incumbent Republican, stands as a third type.

Table 5.1 presents a number of variables that one must consider in analyzing presidential nominations.[1] The key contextual variable is the presence or absence of an incumbent president seeking reelection. Related to that is the second factor, whether the nomination under examination is for the nod of the party of the incumbent or for the "out" party nomination.[2] The process clearly runs differently if one candidate is the presumptive nominee early in the nominating season from those instances in which no such favorite emerges.

A number of conclusions about intraparty competition can be drawn from this figure. First, few nominations other than those for reelection have gone to candidates who were presumptive nominees early in the campaign season. And those four are of interest. Two were to run against incumbent presidents thought to be invulnerable; that is, the nominations were not seen as very valuable. Walter Mondale in 1984 and Bob Dole in 1996 were each respected party leaders who, in a sense, were due the nomination; however, it is likely that they would have been more strongly challenged within their own parties if other potential candidates thought that the sitting president seeking reelection might lose. Al Gore in 2000 was a sitting vice president and heir apparent; he was to carry on the legacy of the Clinton-Gore team.

But the nomination of George W. Bush in 2000 is quite different. Bush was all but anointed by party leaders—not the formal party organization but elected leaders within the party, including Republican governors, and major contributors to the party, including many in his native Texas. He became the presumptive nominee because he had such a huge advantage going into the actual primary season, a financial advantage that caused many other potentially serious contenders to drop out.[3]

Table 5.1 Typology of competition for presidential nominations (with number of serious contenders for the nomination in parentheses)

	Party of nominee			
	Incumbent's Party		Other party	
Presidential context	**Presumptive nominee**	**No presumptive nominee**	**Presumptive nominee**	**No presumptive nominee**
Seeking Reelection	Nixon, 1972 Reagan, 1984 Clinton, 1996 Bush, 2004	Ford, 1976 (2) Carter, 1980 (2) Bush, 1992 (2)	Mondale, 1984 (6) Dole, 1996 (5)	McGovern, 1972 (8) Carter, 1976 (10) Reagan, 1980 (7) Clinton, 1992 (7) Kerry, 2004 (6)
Not Seeking Reelection	Gore, 2000 (2)	Bush, 1988 (6)	Bush, 2000 (6)	Dukakis, 1988 (7)

It is important to look at the strategies of candidates who run in different contexts. Before one can understand the strategies, however, it is necessary to have a sense of the rules under which these campaigns are run.

The rules of the game

The bottom line is simple: The presidential nominee of a party is that candidate who receives a majority of the votes cast on one ballot at his or her party's nominating convention. The vice presidential nominee is that candidate who receives a majority of the votes for vice president at the nominating convention. What could be simpler?

For more than half a century, the nominating conventions have been the frosting on the cake. Delegates chosen well in advance of the convention are pledged to one candidate or another. The nominee becomes clear once one candidate has accumulated enough pledged delegates to guarantee that majority vote. And, to complete the ticket, the delegates routinely vote for the candidate for vice president suggested to them by the presidential candidate.[4]

Who then are these delegates and how are they chosen? The two major parties differ in a number of important details as to how they apportion delegates among the states and as to how the actual delegates are chosen. Each party has a formula that determines how many delegates each state should send to its national convention; the formulas, which can change from convention to convention, are generally based on two factors—voting population of the state, and the party's success in recent elections within the state. The Democrats also assure that certain groups of elected officials are represented as delegates on the convention floor—members of Congress, governors, state officials, party leaders, and the like. Democratic National Conventions are generally larger than Republican National Conventions.[5]

Means of selecting delegates also vary between the parties and, within the parties, among the states. Generally, the Republicans give state party organizations more leeway in selecting the means through which delegates are chosen; the Democrats impose certain guidelines on state leaders.[6]

Two principle means are used to select delegates, presidential preference primaries and caucuses. In a presidential preference *primary*, the names of the candidates for a party's nomination appear on the ballot, and citizens cast a vote for one of the candidates. The results of this vote are used to select the actual delegates who attend the convention. Again, it seems simple, but the variations in systems reveal how complex it is.

First, who are the citizens who vote? Is every registered voter eligible or just those who are members of the party? What is meant by "member of the party," in an organization that has no formal membership? Some states, Wisconsin as an example, have so-called open primaries, primaries in which any registered voter may participate. Other states like New Hampshire permit independents who have not enrolled in either party to vote in either party's primary, but Democrats cannot vote in the Republican primary, and Republicans cannot vote in the Democrats'. Still other states, like Maryland or New York, have closed primaries, primaries in which only those who have enrolled in one of the major parties or the other may vote, effectively excluding independents from participation. States vary in enough ways that a continuum exists between open and closed systems, with few states running pure primaries of either type.

Those who believe in democracy, the rule of the people, in its purest form should favor more open systems, right? Not so fast. In an open system Democrats might determine who the Republicans' nominee should be. Isn't that a decision that Republicans should make? If party means anything, does it not seem right that those who adhere to the party's principles should choose its candidates? That logic argues for a more closed system.

The same logic also argues that a more open system, with citizens crossing party lines to vote in a primary election, should lead to more centrist candidates. Candidates in primary elections would have to appeal across party lines. A more closed system would lead to candidates whose views were more divergent, easier for the voters to distinguish in the general election, but some might also claim, more extreme. Choices in rules lead to differences in outcomes.

A second variation deals with who wins the primary. A prior question to that concerns the geographic size of the voting area. Delegates may be elected to the national convention from districts or they may be elected statewide—or, a state may opt for a combination of the two. Within whatever unit is chosen, in the Democratic party, delegates to the national convention are divided among the candidates proportionately according to the percentage of votes received in the primary.[7] In the Republican party, the Democrats' system of proportional representation is used in some states, but in other states the winner of the primary wins all of the delegates.[8]

Again, which system is to be preferred? Which is "fairer" or "better" is not clear. A system of proportional representation allows the district or state delegation to the national convention to reflect the voting preferences of those who cast primary votes more precisely. That certainly is a valid goal for a voting system. But a winner-take-all system allows a front-running candidate to cement a lead more quickly, to unify the party behind his or her candidacy, and perhaps to have an advantage going into the general election. That too is a valid goal for a primary voting system. The trade-off between a system more likely to produce a winner in the general election and one that is more democratic is one that has separated party professionals from party reformers for decades. That battle has been fought openly in the Democratic Party in a series of reform commissions that have struggled with party governance, rules, and procedures. The Republicans have been very willing to let Democrats battle internally over this while they use a system that has more often than not produced candidates leading a unified party.[9]

In 2004, thirty-five of the fifty states chose national convention delegates by primary election in the Democratic Party; thirty-two of the fifty did so in the Republican Party. Of the 4,322 delegates to the Democratic convention, over 60 percent were chosen in primaries; about 55 percent of the Republican delegates were chosen in primaries. The rest were chosen in caucuses.[10]

Caucuses are essentially meetings of party members, people who are enrolled in one party or the other. In caucus states, party members throughout the state gather in their home locales on the same day. At these local caucuses, representatives of the various contending candidates make the best case they can, and then those assembled discuss the campaign and the strengths and weaknesses of the contenders and vote openly for their choice. The outcome of a local caucus is the election of delegates to a county or state convention, pledged to the various candidates in proportion to their support at the caucus. Caucus attendance is generally much lower than primary turnout. However, caucus supporters argue that the level of commitment to the process demonstrated by attending a meeting that might last a number of hours and discussing the campaign argues for the merits of this system of choosing among candidates.

The most contentious issue debated by those who analyze the presidential nominating process relates to the calendar of events. For more than half a century, the New Hampshire primary has been held before any others; for nearly as long, the Iowa

8. Officials tally votes at the presidential primary in Dixville Notch, New Hampshire, traditionally the first town in the state to report its results.

caucuses have opened the official nominating season. Leading candidates tend to concentrate on these contests, giving those states significant influence, many argue too much influence for states that are unrepresentative of the nation as a whole or of the supporters of either party.[11] States, either acting on their own or in consort with other states from their same region, have moved their primary or caucus dates to early in the process in order to increase the attention paid to their contests. As a result, the entire nominating process is "front-loaded." In 2004 more than three-quarters of the delegates were chosen by April 1, four months before the convention. As a result, Senator John Kerry had amassed enough pledged delegates to assure himself the nomination by March 13.[12] Therefore, citizens in states holding primaries after that date had absolutely no influence on whom their party would nominate.[13]

Strategic considerations

Individual states deciding on their own primary dates is a well-established practice, but the results have serious implications for candidates. In early 2004, as Howard Dean's candidacy surged, other contenders had to make decisions. Did they confront him in the Iowa caucuses? In the New Hampshire primary? In both? Or did they wait until others took him on and hope to win primaries later on? Candidates face strategic decisions like this throughout nominating campaigns.

First, candidates must decide on the minimal viability of their candidacies? Are they well-enough known? Can they build a strong enough organization? Will it be possible for them to raise enough money to campaign throughout the primary season? The ability to raise money—and to raise it early in the process—has become increasingly important, though the financial target and the means to reach it have been changing.

Primary campaigns are funded in one of two ways. The Federal Election Campaign Act (FECA) calls for matching public funds to pay for the presidential primaries.[14] Nearly all candidates opted for this means of funding their nominations from the time that the act took effect in 1976 until the 2000 nomination of George W. Bush.[15] The system was viewed as successful in keeping the escalating cost of nominating contests in check and in leveling the playing fields among the contenders.

Strategies changed in 2000, however. Then Texas governor George W. Bush adopted a preemptive approach, using the other means of funding primary campaigns—by raising money privately, without restrictions on subsequent spending. Building a coalition of party leaders that included elected officials (especially his fellow Republican governors), supporters from his father's campaigns, and wealthy Texans, Bush raised more money than had been thought possible before that time, $70 million before the first primary vote had been cast. A number of prominent Republicans who had considered running for the nomination, such as former Tennessee governor Lamar Alexander and former cabinet secretary Elizabeth Dole, dropped out before Iowa and New Hampshire, recognizing that they did not have the ability to compete for resources with the Texas governor. Observers worried that the effectiveness of the FECA was destroyed and that big money would once more dominate presidential politics.

In part they were right, but in part the ingenuity of fund-raisers for candidates for presidential nominations adjusted. They are also right in that money as a resource has become a key element in presidential nominating contests, in a very different way from what it was between 1976 and 2000. In the early period, candidates used qualification for federal matching funds as a means of demonstrating viability of their candidacies. Today, candidates must make a decision whether they will use the matching fund route or raise more money on their own, knowing full well that at least some candidates will raise private money and thus be permitted to spend more than those running federally funded campaigns. The decision is both practical and strategic. In a practical sense, can they raise significantly more than the federal matching sum would give them? In a strategic sense, do they want to be viewed as someone raising and spending huge sums of money? To succeed does their campaign need to spend money in ways prohibited to federally funded candidates, for example, exceeding the limit imposed in some states?

However, those who worried about the move to private funding necessarily meaning that campaigns would be dominated by those who could raise money from donors with huge bankrolls were wrong. Reliance on private wealth, as Forbes did in 1996 and 2000, or reliance on contributions from wealthy individuals, as Bush did in 2000, were the known means to raise huge sums of money. Countering that, first John McCain, in the 2000 GOP primaries, and then Howard Dean and later John Kerry, in the run-up to the 2004 Democratic nomination, demonstrated that the Internet could be used to generate large sums of money in relatively small donations from hundreds of thousands of citizens. Candidates must now make decisions regarding whether their candidacy is the type that would appeal to an electorate likely to support them in this way.

Beyond the decisions regarding how to fund their campaigns, the most important strategic decisions by candidates for presidential nominations and their staffs involve where to campaign and how much of their effort should be devoted to which states. These decisions are governed by the resources available, the rules in effect in each state, the ideology of the candidate and the electorate in each state, and the calendar.

Candidates with more money can campaign effectively in more states; candidates with more limited resources—either financial or in terms of staff and organization (which are often functions of money)—must decide to concentrate their efforts on some states and to forgo others. Candidates with a wider appeal, especially an appeal to independents, concentrate their efforts in states with open primaries; that was John McCain's strategy in the 2000 Republican race. Those with a more traditional party appeal focus on caucus states and those with closed primaries; that was the strategy followed by Al Gore in beating Bill Bradley in the Democratic party the same year. Candidates who are identified with a clear ideology often focus on states in which they feel their views will be welcomed and sidestep other states; centrist candidates can appeal more broadly but run the risk of losing to conservative candidates in some states and to liberals in others. Finally, because momentum is so important, because the political calendar is concentrated in the early months of the process, and for those accepting public money, continued funding is dependent on results in each set of primaries, candidates must find places in which they can succeed among the early primary and caucus states.

9. President George H. W. Bush waves from the back of the train outside Bowling Green on a whistle-stop campaign trip through Ohio in September 1992.

Critiquing the nominating process

In looking at these strategic notions, one is struck by a lack of connection between the variables at play here and those that make either a good president or, with the possible exception of appeal to independents, a good general election candidate. And therein lies the problem in the nominating process and the cause for criticism.

If one were to design a nominating process from scratch, one would seek a system that resulted in the choice of two candidates who had demonstrated the ability to lead the nation and who showed broad appeal both within the party and to a wider audience. The current system does little to test the ability or even the experience of the nominees; it is skewed in favor of those who do well in Iowa and New Hampshire, two states that are not representative of the nation in demographic terms or in terms of the issues that are most important, and that are not representative of either party, in terms of ideology or their party constituents. Nominees are chosen by relatively few voters (the turnouts in the presidential primaries, even most of the early ones, are quite low and in caucuses even lower), with voters in many states—those selecting convention delegates late in the process—having no influence at all. Finally, because the process is so condensed, because candidates are not tested over an extended period of time on a range of issues, and because most of this occurs well in advance of the time when the average citizen is thinking about presidential politics, citizens are often dissatisfied with one or both of the major party nominees by the time the fall general election campaign begins.

The parties and the media have noted this problem. But solutions are difficult to find. The Democrats, in the prelude to the 2008 nominating process, have altered the calendar somewhat, adding more early caucus states to dilute the influence of Iowa and New Hampshire, but no one thinks this change is anything but a weak compromise between those favoring the status quo and those seeking a fundamental change in the process. With more of the large states moving their primaries to early February, it is unclear whether the changes mandated by the national party will have any positive effect at all.

The 2008 presidential nominations

Recall figure 5.1. The 2008 presidential nominating contest most clearly reflects that of 1988, when the incumbent was leaving office and when neither party had a presumptive nominee. For the Republicans, Vice President George H. W. Bush was the front-runner, but no one predicted an easy path to nomination, as he had not cemented support among party conservatives. Among his well-known challengers were Kansas senator Bob Dole, Delaware governor Pete duPont, former secretary of state Alexander M. Haig, former congressman and cabinet secretary Jack Kemp, and evangelical leader Pat Robertson.

For the Democrats, the field was even more scattered. Candidates thought to be front-runners, like New York governor Mario Cuomo, decided not to run at all. Those who entered primaries included Arizona governor Bruce Babbitt, Massachusetts governor Mike Dukakis, House majority leader Dick Gephardt from Missouri, Tennessee senator Al Gore, former Colorado senator and 1984 candidate for the nomination Gary W. Hart, civil rights leader Jesse Jackson, and Ohio congressman Jim Traficant, a group derided in the press as the Seven Dwarfs.

The two nominations were not decided until the field was winnowed down to a smaller number of true contenders. And in all likelihood, the situation in 2008 will be similar, with large fields of candidates at the start and a winnowing process before the nominations are determined. What is far from clear, however, is how the winnowing process will occur and what the key factors will be—money, organizational support, polling data, or primary and caucus results, especially in a context in which the early contests happen so closely one upon another.

In the Democratic party, for instance, will any contender be able to match the organization (much of it inherited from her husband's campaign) or the money that New York senator Hillary Clinton can raise? Will Senator Barack Obama's celebrity status sustain his candidacy through the period before the first votes are cast? Will one of the other candidates be able to distinguish himself from the field seeking to derail the momentum that Clinton and Obama mounted a full year before the first caucuses and primaries? In the Republican party, will ideological splits serve to separate serious contenders from also-rans? Will John McCain and former New York mayor Rudolph Giuliani be able to shed their party maverick images and appeal to party stalwarts, or will one of the more traditional Republican contenders emerge as an alternative to their candidacies?

The general election campaign

The concern expressed in the late fall of 2000, when the result of the presidential election was still in limbo, was multifaceted. Surely, American citizens—and those viewing the process throughout the world—were concerned because the outcome was in doubt; Americans did not know who the leader of the most powerful nation in the world would be. In part, perhaps this was exacerbated because neither of the two contenders had generated much enthusiasm among the electorate; the world was waiting anxiously to see which of two candidates would become president.

In part, concern was expressed because of the process of the recount. Should the American presidency really be decided by how some unelected judges interpret voter intentions on flawed ballots? No one had heard of a "hanging chad" before November 2000. No one knew who the election officials who were making these decisions were. In the past, no one cared, but given the tightness of the race, the results were crucial.[16]

The Electoral College

But mostly the concern centered on the process itself, the unique but rarely understood institution of the Electoral College. The average American knows that the Electoral College system exists but not how it works. Americans hold that majority rule is a good thing; few understand that a majority (or even a plurality) of the voters might not elect a president.

The technical workings of the Electoral College are quite simple. Each state is allotted a number of electoral votes equal to the number of representatives it has in the House of Representatives plus the number of senators (two in each case) (see chapter 1). Each state determines how its electors will be chosen, with the stipulation that no elector may hold any other office of trust under the Constitution.[17] In forty-eight of the fifty states and in the District of Columbia, the electors pledged to the candidates for president and vice president who receive a plurality of the popular votes in the general election are elected and cast their votes accordingly.[18] Presidents like George W. Bush can be elected even though another candidate wins a plurality of the nationwide popular vote if one candidate (e.g., Bush in 2000) wins some of his states by narrow margins (e.g., Florida by 537 votes, New Hampshire by 7,211 votes) while the opponent wins his states roughly comparable in terms of electoral votes by wide margins (Gore, in Rhode Island by 118,953, in Illinois by 569,605 votes).

Alternatives to the Electoral College system

A number of alternatives have been proposed to the Electoral College system. The most obvious alternative would be to switch to a system of direct election of the president, simply counting the votes cast nationwide. Others claim that the best system would be a system in which the slight advantage to the small states given by awarding them electors for their two senators was maintained, but the electoral votes should be awarded proportionally, reflecting the popular vote in the state. Still others feel that the system in place in Maine and Nebraska, the district plan, should be implemented nationally. Some claim that the system should stay in place, but that the elector votes should be cast automatically, ridding the system of the problem of the faithless elector.

Faithless electors

Nine electors have cast votes for presidential candidates other than the person to whom they were pledged since 1948. Some of these have apparently voted in error, as in the unnamed Kerry elector from Minnesota, who voted for Kerry's running mate, John Edwards, instead, apparently mixing up his "Johns." Others, like D.C.'s Gore delegate, Barbara Lett-Simmons, who left her ballot blank in 2000, and thus broke faith with the electorate, as a protest of D.C.'s "colonial" status—without representation in Congress.

Numerous variations of each of these alternatives have been proposed. They all reflect dissatisfaction with the system that currently exists and often an estimate of the most radical reform that could be adopted. The direct election of the president most closely resembles the democratic ideal. Whoever receives the most votes wins the election. Just like in most other elections in this country. That sounds simple enough.

But what if three or four major candidates were running for president? Some claim that the Electoral College system, with its winner-take-all feature, especially when combined with single-member district, plurality winners in almost all legislative seats in the country, discourages serious third parties from forming. If the Electoral College system were eliminated, these analysts reason, additional parties might form, and votes might be spread more or less evenly among a number of candidates. Should someone be elected president with only 30 or 35 percent of the vote? Would it be wise to have a system in which a president is elected with far more than a majority voting against him or her? It is one thing to have legislators, one member in a body of 100 or 435, be elected with only a plurality; it is quite another to choose the leader of the most powerful nation in the world that way.

Some claim that the system should be a direct popular vote, with a runoff if no candidate receives a majority of the votes cast.[19] Others say that there should be a runoff if no candidate receives more than a super plurality, say 45 percent. Those systems would still meet the democratic value of each vote counting, but they would also deal with the problem of minority rulers. Each of these systems might well lead to frequent runoffs in a reconstituted party system.[20] Would that kind of uncertainty be an improvement over the current system, which has had the advantage in nearly all cases of reaching a decisive result in a relatively short time?[21]

These philosophical questions are not easy to resolve, but even if consensus could be reached, political realities argue against a shift to direct election. First, on a very practical level, the kinds of ballot counting issues that appeared in 2000 frighten many politicians. Put simply, they do not trust those in the other party in areas in which their opponents dominate. Stories abound of attempts to steal elections. Many still claim that the only reason Richard Nixon did not challenge the results in Illinois in the very close election of 1960 is that the Republicans stole as many votes in downstate Illinois as the Democrats stole in the Chicago area. These tales may be apocryphal, but they are believed by enough politicians to give pause about going to direct election. Each state's officials feel they can keep tabs on what happens in their area, but they worry about the opportunity for fraud as the electorate expands.

Minority voters are adamantly opposed to reform of the Electoral College system. African Americans and Hispanics each make up approximately 10 percent of the American electorate, but those citizens are not spread evenly throughout the nation. While a 10 percent voting bloc might not get much attention in a national election, if it is concentrated in certain important areas, where it can make the difference between winning a state's electoral votes or losing them, that influence is enhanced.

Finally, some small states would resist change. On the one hand, one could argue that small states have so few electoral votes that no one cares about them. After all, Wyoming and the other of the smallest states have only three electors; even midsized states like Connecticut, Iowa, Oklahoma, or Oregon have only seven; their numerical influence pales compared to the fifty-five for California, thirty-four for New York, or thirty-one for Texas. What difference do the two extra electoral votes that each state automatically receives make when the gap is so large? But, on the other hand, closely contested small states in close elections receive much more attention than they otherwise would. Their representatives want to keep the small advantage that they have.

Strategic Considerations because of the Electoral College system

If the average citizen is not aware of the implications of the Electoral College system, every campaign strategist certainly is. Presidential campaigns do not look for every last popular vote; they look for the magic number of electoral votes—270. On election night 2000, as the Florida electoral votes were first thought to be in the Gore column, then the Bush column, then in limbo, television viewers saw how campaign strategists think. Analysts like NBC News Washington bureau chief Tim Russert plotted the course of the election: "If Vice President Gore does not win Florida, then he has to pick up [a variety of combinations of states still too close to call] to reach the magic 270." Those are the calculations campaign managers make.

They start with their base, the states they know they will win or at least that they cannot afford to lose if they are going to win the election. For the Democrats those are the New England states, New York, and California; for the Republicans, the heartland, Bible Belt states, and much of the South. They know that it will take only a minimal effort to secure their base and that no effort, no matter how valiant, will dent the base of the other party. The strategy follows naturally; do not invest many resources in either of these sets of states; the result is essentially predetermined.

Then the real fun begins. Which states are truly "in play"? Which states might you win with a maximum effort? How many electoral votes do they hold? How many of those states must be won to reach the magic 270, a majority of the Electoral College? Of course, the two campaigns are running on parallel tracks. If the Democrats go after New Hampshire, then the Republicans must make a decision—how much is it worth to them to defend that state? If the Republicans make a pitch for West Virginia, how will the Democrats respond? Judgments are checked and rechecked throughout the campaign. Both camps poll in the pivotal states. If the polls are tightening, they invest more resources. If they are pulling away or falling behind, they adjust accordingly.

In the two most recent elections, by early fall the two parties had reached the same conclusions about which states were seen as true contests: the battleground states. In each election, the battle was fought in approximately fifteen states. Closely divided states in one election tend to be closely divided in the next. Florida, Iowa, Michigan, Nevada, New Hampshire, New Mexico, Ohio, Oregon, Pennsylvania, and Wisconsin were among the battleground states in both 2000 and 2004; these states have 123 electoral votes among them. If one looks at the states in the two parties' bases, the Democrats are about 80 electoral votes short of 270; the Republicans, 50. Each side understands that it needs to concentrate its effort in these pivotal states and in the few others that become competitive in any particular election.

What are the strategic implications of concentrating on such few states? Americans who lived in the battleground states in 2000 and 2004 were overwhelmed by visits to their states by the presidential candidates, their running mates, their wives, and other surrogates. Americans living in the other thirty-five states rarely had campaign visits.[22] Television viewers in the battleground states could hardly turn on their sets without seeing campaign ads sponsored by the two candidates, their parties, or other organizations supporting them. Viewers in other states rarely saw a presidential campaign commercial. Polling data revealed that interest was higher in the battleground states and that voter knowledge of and opinion about the issues and candidates was higher; and on election day, turnout was higher as well.

Were the Electoral College system not in place, candidate strategies would be different. Candidates would concentrate on major media markets, because they could reach most voters in that way. They would concentrate on areas of their strength, because turnout of supporters would be important. Intriguingly, they would not concentrate on states or on areas in which the vote was likely to be close; they would be afraid of drawing their opponent's supporters to the polls. If one won a state by 5,000 votes or lost it by the same margin, it would mean less than attracting an additional 15,000 voters in a state you were already going to win in a landslide.

Is one system better than the other in terms of optimizing the linkage between voters and the government? In a macro sense, no answer is apparent. It is clear that the current system favors those states in which the election is likely to be close; candidates spend time and resources there and, one could argue, incumbent candidates seek support in those states by directing favorable actions their way while in office. It is equally clear that a system with direct election of the president would favor citizens in larger cities—and such a system would also favor citizens in a state that leaned in the direction of an incumbent's party, because he would curry favor in order to improve turnout. In politics, where one stands on a policy controversy is often determined by where one sits. Reformers will continue to agitate over the Electoral College system, but major reforms in American politics only come on the heels of demonstrated problems that strike the public consciousness. If the 2000 result did not lead to Electoral College reform, it is unlikely that any change is on the horizon.

Funding presidential campaigns

During the 2000 and 2004 presidential campaigns, political journalists and reformers were more concerned about how these races were funded than about how the votes were counted or tabulated. The Federal Election Campaign Act established a system of full public funding for presidential campaigns; the two major parties receive the same amount of money ($74.6 million in 2004); minor parties receive funds in proportion to the vote they received in the previous election, once a minimum threshold of 5 percent of the vote was reached.

Right from the start, however, the national parties found ways around the law. A reform effort, spearheaded by Senators McCain (R-AZ) and Feingold (D-WI) began in 1995. Their principle goal was to eliminate so-called soft money—money spent on politics but not regulated and largely not reported. Soft money and money spent by so-called issue advocacy groups, groups that avoided campaign restrictions by saying they were supporting a particular policy position, while in essence they were supporting or opposing specific candidates, dominated the political landscape. The goals of FECA were laudable, but gaping loopholes led to a system of politics dominated by big-money donors.[23]

The 2000 campaigns highlighted the problems with the functioning of FECA. Because Senator McCain was a lead character in the nominating process in that year, and because he stressed campaign finance reform as one of his key issues, he was in a prime position to push through a reform package that had floundered for five years. The McCain-Feingold bill, passed as the Bipartisan Campaign Reform Act of 2002 (BCRA), addressed many of his concerns. National parties were restricted from accepting soft money; to offset this restriction somewhat, hard-money limits were raised. Limits were placed on organizations that mentioned federal candidates in their advertisements. Opponents' arguments that the law unconstitutionally limited free speech rights of those seeking involvement in the process were rejected by the Supreme Court in *McConnell v. Federal Election Commission*, 540 U.S. 93 (2003). Arguments that the reforms would sound the death knell for parties fell on deaf ears.

The 2004 elections were the first run under the limits imposed by BCRA. A number of lessons were quickly learned—or perhaps relearned for those who have followed campaign finance reform for some time. First, those seeking to influence the political process through spending money will find a way to do so. Political activists found a loophole in the Internal Revenue Service code that allowed them to establish groups, so-called 527 groups, named for the section of the code that described them, that could spend huge sums of money to influence the election.[24] Groups such as the Swift Boat Veterans for Truth, which supported President Bush, and America Coming Together (ACT), which supported Senator Kerry, spent more money in battleground states than either of the two candidates' campaign committees.

The second lesson learned is that parties are, in fact, resilient institutions. The two national parties did have less soft money to spend on campaigning. They responded by raising more hard money, reaching the level in hard money that they had spent in the total of hard and soft money in 1996. And they spent that money more strategically than they had in the past, concentrating their efforts heavily in the battleground states and thus remaining extremely important in the overall campaign strategy.

Senators McCain and Feingold and their allies renewed their reform efforts after the election, demonstrating the positive impact of BCRA and seeking to close the loophole exposed by the 527s. Reform legislation may well pass, but those seeking to influence politics through spending money on campaigns will be poised to find new ways to work their will.

Summary: A view toward the 2008 presidential election

What can we know about the 2008 presidential election, some time before the details of the contest have been revealed? What can we know about the process through which George W. Bush's successor will be chosen?

Perhaps the most obvious point is that little in the process has changed since that much criticized election of 2000. The election will be dominated by the two major national political parties; minor parties or independent candidates will play little or no role.

The nominees of the parties will be chosen through a process that confuses most of the electorate at a time when few citizens are focusing on presidential politics. The timing of the process will be such to guarantee that some states, notably Iowa and New Hampshire, will have influence far disproportional to either the size of their populations or the extent to which those populations are representative of the nation as a whole. The vagaries of the primary and caucus calendar will create a situation in which some additional states have a good deal of influence and others, none at all. Very few citizens will participate in the nominating process, but those who do—not formal leaders of party organizations—will be most influential in choosing the nominees. The ability to raise money will be a critical factor in narrowing each party's field to a small number who will eventually have real shots at the nomination. And finally, if history is any guide at all, the ability to govern will be much less important than will be other factors such as the ability to appeal to the electorate on television or the extent to which the candidate finds the correct nuance in expressing his or her position on controversial and salient issues, a subset often different from issues vital to the national interest. We can also be quite certain that the nominees will be exposed to relentless attacks based on their records in office, their public statements, and perhaps their personal lives and those of their families—and that in at least some cases, these attacks will be unfair, irrelevant, and still decisive.

Once the nominees are chosen and the fall campaign begins in earnest, another set of factors come into play. The contest will be fought in a relatively small number of states. While the campaigns will each discuss a wide variety of issues, the most important appeals will be on a small number of concerns that divide the candidates—and the voters in battleground states. Debates will be held between the candidates, but we have no guarantee of whether substantive differences between the candidates will be revealed in these debates. However, whether based on substance or style, on overall impression or one reached because of a momentary lapse, the public will form opinions based on these debates.

10. Moderator Jim Lehrer and George W. Bush listen to Democratic candidate Al Gore as he answers a question during the presidential debate in Wait Chapel at Wake Forest University in October 2000.

A great deal of money will be spent in the general election. We know that the two parties will receive tens of millions from public funding. What we do not know is if the candidates will accept money or run using private funds, thus avoiding any limitation on spending. We know that the national political parties and others will contribute as well; but we do not know how they will do so, how much they will spend, and what effect that spending will have.

Finally, we know with some certainty that, at most, slightly over half of the eligible voters will cast a ballot, hardly an overwhelming endorsement considering that on average around 75 percent of the eligible voters cast exercise the franchise in most modernized democracies, even excluding those with compulsory voting. While citizens in the United States point to their democracy with pride, while the president assiduously works to export American democracy, clearly some aspects of the system fail to reach the ideal to which a truly effective democracy should strive.

Chapter 6
Subnational nominations and elections

In April 2004, more than six months before the national elections, Amy Walter, senior editor of the *Cook Political Report*, projected sure winners in 368 of the 435 races for the House of Representatives; she was right on all of them. She felt that "likely" winners were apparent in an additional thirty seats and that twenty-three other seats "leaned" one way or the other; her early judgment was altered by campaigns or events in only two of those fifty-three seats. Months before the average citizen began to focus on upcoming elections, Walter correctly identified winners in 419 of the 435 House races. Only sixteen districts featured races that Walter felt were too competitive to identify a favorite—again, six months before the votes were cast.

Few Americans know how little electoral competition exists in their vaunted democracy. Elections to the House of Representatives stand as a stark example. By almost any measure—incumbents defeated, margins of victory, number of uncontested elections—the 2002 and 2004 congressional elections were among the least competitive in history. One has to go back more than a decade to find an election in which fewer than 98 percent of the House incumbents seeking reelection have done so successfully. Even in the Democratic sweep in 2006, approximately 95 percent of the incumbents seeking reelection were successful in their campaigns. More than 90 percent of the races in that period have been won by margins of more than 10 percent; in 2004, only 5 of the 435 House races were decided by less than 5 percent of the vote, only 13 more by less than 10 percent. Nearly 15 percent of the 435 "races" in 2004 and 10 percent in 2006 were uncontested. One might think that primary elections provided competition in districts with a strong partisan bias, but over 70 percent of the incumbents seeking reelection faced no primary opposition.

In this chapter we examine how candidates are selected to run for office below the level of the presidency, and then in general election campaigns. We will explore the implications of the system of single-member districts with plurality winners outlined in chapter 1, of the ways in which electoral districts are drawn, of the way in which elections are financed, and of the ways in which campaigns are contested.

Most examples will be drawn from elections to the U.S. House of Representatives. As a general rule, nominations and elections for state governor and U.S. senator are more competitive than those for the House; contests for state legislature and local office, less competitive. The general principles are that the more the nomination is worth (in terms of likelihood of subsequent election), the more it is likely to be contested or even hotly contested, and the more influence that an office has, and the less dominated by one party a district is, the more likely one is to find competition in the general election.

The nominating process

When Connecticut senator Joseph Lieberman lost the Democratic nomination to seek reelection in August 2006, casual observers were surprised and confused. How could he have won the convention nomination but then lost a primary? However, as should surprise no reader of this book by this time, the variations within that norm provide for significant differences among the states.

The formal nominating process for the Democratic and Republican parties is quite simple to understand. The norm is for there to be a primary election in which the party selects its nominee.[1] But state nominating processes vary in:

- Who may vote
- Who may run
- What role the party organizations play in the process
- How much competition is likely
- What it takes to win the nomination.

Who may vote

As with presidential nominations, the question revolves around the role of party membership and whether elections are open to all voters or closed, meaning that only party members may vote. The definitions of party members are crucial here. Nowhere in the United States does the term "party member," as used for the purposes of determining who may vote, refer to formal, dues-paying members. That concept of choosing to be a member of a party is alien to most Americans. Even within this looser conception of party, important variations remain.

Some states (e.g., Connecticut, Oklahoma, and Nevada) have formal processes for enrollment in a party, party lists maintained by public officials, public access to party membership, and restrictions prohibiting changing party affiliation after the filing date for candidates for office. Another group of states (e.g., Massachusetts, South Dakota, and Arizona) have formal enrollment processes but are more flexible regarding when a voter can change party registration, with some (such as Ohio) allowing switches on primary voting day. These states also vary in terms of whether and when they allow those not enrolled in a party to enroll in one of the parties for the purpose of voting in primary elections.[2] Finally, another group of states (e.g., Tennessee, Illinois, and Missouri) require voters to declare party affiliation on primary day, but no public record is kept of these choices. In all, thirty-nine states have some form of closed primary, although the variations noted above show how misleading this classification can be.

A very thin line separates the last group of closed primary states from the open primary states (e.g., Vermont, Wisconsin, and Hawaii), meaning those states that permit voters to choose among party ballots within the secrecy of the voting booth. In recent years three states have tried to take party affiliation out of the primary process, oxymoronic as that seems. Alaska, California, and Washington State instituted what is known as a "blanket primary"; voters, in the privacy of the voting booth, cast one vote for each office, but they may vote for a Democrat for some offices and a Republican for others. The Democrat and the Republican receiving the highest totals then compete in the general election. The U.S. Supreme Court ruled this practice unconstitutional in the case of *California Democratic Party v. Jones*, 530 U.S. 567 (2000), but Washington and Alaska are still exploring ways around this ruling for state offices.

The importance of who may vote is strategic. Party leaders feel that a closed system is more likely to lead to more loyal followers of the party platform as the nominee than is an open system. The two major parties in California came together to oppose the blanket primary, demonstrating how this ultimate step toward opening the system undermined efforts at party unity.

Who may run

States vary on two questions with regard to who may run in a party's primary. The more basic question involves party membership: states differ in how they define the allegiance a perspective candidate must have demonstrated to a party. The principle is clear—Republicans run for the Republican nomination, and Democrats for the Democratic nomination.[3]

The second issue concerns how one qualifies for the ballot. In a few states political party committees control or at least can grant access to the ballot. In most states, however, candidates get on the ballot through obtaining signatures on a nominating petition. The important questions relate to who may sign the petitions and how many signatures are required. More difficult requirements—large numbers of signatures, only from party members, dispersed geographically throughout the constituency—mean that only candidates with their own well-developed political organization or candidates backed by an existing organization, like the political party, can get on the ballot. Easier requirements—relatively few signatures, from anyone, living anywhere—make it easier for amateur candidates to run in a primary. More difficult petition requirements or an increased role for the party organization means that more traditional candidates are likely to run.

A quick reaction is that easier requirements are more democratic; after all, no one is kept off of the ballot by bureaucratic restrictions. And many support that view. However, if *anyone* can run for office, many people often do just that. If many names appear on the ballot for the same office, the electorate can have a difficult time distinguishing among them—and separating those who have a serious chance from more frivolous candidates. Because elections are often determined by plurality vote, a crowded field often means a winner with relatively little support. Relatively unsuccessful candidates might draw votes disproportionately from a losing serious candidate, thus affecting the primary outcome. Is that indeed more democratic?

The role of party organization in the nominating process

As noted earlier, one of the basic roles of a political party is to guarantee that electoral contests exist. Political parties recruit candidates for office. But should they be able to determine which candidate runs under their label if more than one candidate chooses to do so? If party leaders recruit a candidate, should they have the power (or the authority) to "de-recruit" others seeking the nomination? If party leaders think one candidate has a much better chance of winning the general election than another, should they be able to campaign actively—either personally or as an organization—for their preferred candidate?

Those who favor strong political parties and see them as central to an effectively functioning democracy would answer those questions affirmatively. Those who think that political parties corrupt the democratic process would answer them in the negative. Party history in the various states has varied tremendously; that is why some states have closed party systems and some are more open. Similarly, the historical strength of party organizations in various states has determined the modern role that they play in the nominating process.

At one extreme are the states in which parties play an important or even a determining role in nominations. In Utah, if a candidate receives 70 percent of the vote at a state party's convention, that candidate is nominated; if no one receives the 70 percent, the primary is held between the top two finishers at the convention. In Connecticut, for many offices, the party choice is the nominee unless she or he is challenged by someone else, either a candidate receiving 20 percent of the convention or caucus vote, or a candidate filing a petition with a significant number of signatures. That is how Ned Lamont, who beat Joe Lieberman, got on the ballot; Lieberman won the convention endorsement but lost the primary election. Such successful challenges are rare. Indeed, since 1996, in Connecticut, fewer than 10 percent of the party-endorsed candidates for Congress have faced any primary at all. In other states, the candidate winning the party convention is guaranteed a spot on the primary ballot (and in some cases the top spot), while other candidates must file petitions.

An intermediate position in terms of the role of party is found in states in which party does not play a formal role in the process but rather plays an informal yet still influential role. The quintessential example of this would be influence of the Cook County Democratic Party in Chicago, Illinois. The endorsement of the Daley organization, run by two generations of mayors of Chicago, has been tantamount to nomination for nearly half a century, except for brief flurries of activity by reform elements. Recently the Arizona Democratic Party has experimented with a new type of influence, certifying candidates, at times more than one in the same race, whom they perceive to be credible in the general election—and by implication de-certifying those who do not receive their approval.

At the other extreme in terms of party influence are those states that are prohibited from choosing among primary candidates. In some states, party rules prohibit the organization from choosing among candidates; in others, party officers as well as the organization must stay neutral. Party officials in these states can find themselves in a difficult position. If they recruit a candidate and that candidate then draws an opponent, they cannot assist the candidate they encouraged to run. However, if they do not recruit a candidate, and no one chooses to run for a particular office, they have failed to do their job appropriately.

The amount of competition

Not surprisingly, competition for party nominations varies tremendously around the country. The variables that determine whether or not there will be primary competition are easily identified: partisanship of the district; importance of the office; presence or absence of a strong incumbent; and strength of the party organization.

In heavily Republican areas, the GOP (Grand Old Party) nomination is more valued (because it is more likely to lead to victory in the general election) and more competition ensues. But the Democratic nominations in those areas are less frequently contested. The opposite, of course, is true in heavily Democratic areas. Nominations for local office and state legislature are more likely to be awarded without contest than those for governor or U.S. senator. In fact, for the more local offices, the role of party is often to find someone who will run and serve if elected. If a powerful incumbent is seeking reelection, competition in his or her party is extremely unlikely, and competition in the other party is quite unlikely. Finally, strong party organizations normally fill the ballot and discourage challenges to their candidates; weaker party organizations are more likely to have ballot positions unfilled and competition for the more valued positions.

As noted above, 70 percent of all incumbents running for reelection to the House of Representatives have been renominated without opposition in recent years. Very few of the others have faced serious challenges. And, except in the years following redistricting (when two incumbents might be placed in the same district), very few lose nomination challenges—fewer than five in every cycle except those immediately after redistricting for the last three decades. Competition for nominations to oppose incumbents is more common; the most likely context in which primaries will be contested is for open seats, particularly in a party that dominates a district. In those cases winning the nomination is more likely to lead to success in the general election.

Who wins the nomination

In the vast majority of states, primary winners are determined by plurality rule, the candidate with the most votes wins. Clearly, this rule is nonproblematic in uncontested primaries or in those with only two candidates running. However, in states with low ballot-access thresholds, valuable nominations are often contested by more than two candidates. In those cases, nomination by plurality can result in the general election candidacy of a candidate who would not have been the choice of the majority.

Nine states require a majority of the vote for nomination, with runoffs between the top two finishers if no one achieves a majority on the first vote. Runoff primaries were instituted in the

South during the period when only the Democratic candidates had any chance in the general election. Essentially the primaries determined the winner. In the modern era, with Republicans dominant in many regions in the South, some African American politicians claim that runoff primaries work against their interest; the argument was put forth with great rhetorical flourish by Jesse Jackson two decades ago, citing one notable example. However, the historical experience has shown that the runoff assures a candidate with widespread support and has not had a deleterious effect on the candidacy of African Americans over time.

A pragmatic view of the nominating process

While it is important to understand the nominating process and how variations in the process lead to different results, it is also important not to lose the forest for the trees. Except for nominations for open seats—for important offices in a party whose candidates have a legitimate chance of winning—very few primaries in the United States are hotly contested. In most cases only one candidate seeks a party's nomination for an office. Some of those candidates are self-starters; others are recruited by party leaders.

In all too many cases, if one espouses basic democratic values, no one comes forth to run, and party leaders are generally unsuccessful at recruiting candidates. In those cases, if an incumbent is seeking reelection, he or she serves another term without the electorate making any evaluation of previous service. If no incumbent is running, the electorate is faced with no choice as to who will govern. While it is rare for a governor or a U.S. senator to be elected or reelected without any opposition, it happens with alarming regularity for other offices—about 15 percent of the time for U.S. House races in recent years; an average of more than 30 percent of the time for state legislative races.

Nominations go begging for a variety of reasons. First and foremost is that potential candidates do not think that they can win because of such factors as the power of incumbency, partisan redistricting, and the cost of elections. We will address these factors in the following section on general elections. Beyond that, potential candidates do not emerge because parties are often too weak to provide enough encouragement. When party organizations identify strong potential candidates and encourage them to run, they often do so. Strong potential candidates who do not run have said that lack of an effective party support network is one deterrent. In addition, strong potential candidates do not run because they simply are not interested in campaigning or serving—because they prefer the position they currently hold, because they do not like the process of running, because they feel that the personal and professional costs of service would exceed the personal and professional gains, or for a combination of these reasons.

General elections

The reason to study how elections function is to determine if they contribute to effective democracy. Studies of voting behavior in the United States focus on presidential voting; while analysts differ in their interpretations, a consensus has emerged that party affiliation and an evaluation of the performance of the president are important factors in determining how citizens vote. One could argue that reliance on evaluations of factors such as those is consistent with democratic values. Does the same hold true for elections below the level of the presidency?

Gubernatorial and senatorial elections

Dividing subnational elections between those for more and less salient offices is useful. The news media—and thus the public—concentrate on a few, highly visible elections. Campaigns in many of these races are fiercely fought and tightly contested. Most other races, however, feature little campaigning and much less electoral competition.

At the state level, gubernatorial elections, held in nonpresidential election years in forty-one states, gain the most attention. In 2006 thirty-six governorships were on the ballot.[4] In twenty-seven of those cases, incumbents sought reelection; all of them faced challengers. Most of the challengers were serious candidates, able to raise money and take their campaign message to the public. Eight of the incumbents were involved in hard-fought campaigns, against opponents with impressive political credentials and campaign war chests that guaranteed extensive media campaigns—U.S. representatives, former governors who had given up office earlier because of term limits, statewide elected officials.

Nine other gubernatorial races were in open seats, two vacated by incumbents not choosing to seek reelection and seven by incumbents prohibited from doing so because of term limits.[5] Eight of those nine races were competitive, with strong candidates running for each party. Throughout the fall, each campaign worked to get its message to the electorate, messages based on evaluations of the previous incumbent and promises for the years ahead. Open seat races tend to be competitive, with the electorate presented with a meaningful choice. Six governorships changed party hands in 2006.

Gubernatorial races tend to be decided on state issues; citizens evaluate their governors as executives and judge how well they have run the state since the last election. Elections to the U.S. senate tend to focus on national issues. In 2006 thirty-three states held elections for one of their seats in the U.S. senate. Because Republican political fortunes were waning nationally as the election year approached, Democrats hoped to recapture partisan control of the body. Before the beginning of the election year, four senators (two Democrats, one Republican, and the independent Jeffords) announced their retirements. Of the twenty-nine incumbents seeking reelection, months before the election nineteen appeared to be totally secure (though the seemingly secure race in Virginia turned competitive and then into a loss because of a series of campaign gaffes by the incumbent George Allen). Intense competition was found in the four open seats and in ten of the seats held by incumbents (five by Democrats and five by Republicans). Literally millions of dollars were poured into these races. The candidates for both parties in the open seats and challenging the incumbents in the others were experienced politicians, with many surrendering other important positions to run for the Senate. In November six seats changed party hands as the Democrats reclaimed the majority.

What can one conclude about these elections for important public office? First, in many cases, strong candidates were nominated in both parties, they received substantial financial backing, and they ran aggressive campaigns. Citizens casting votes in those races had the opportunity to be informed and to choose who should represent them on a rational basis. This kind of effective campaigning was evident in the 2006 elections in about thirty states, in races either for governor or for U.S. senator or for both.

However, in the other twenty states, including four that had contests for both offices, incumbents were reelected without serious competition. One might think that this lack of competition was caused by a strong partisan bias in the state; that in fact was the case in heavily Republican Texas, where Governor Rick Perry and Senator Kay Bailey Hutchison were each reelected easily. But it was not the case in other states, as in Wyoming with a Democratic governor and Republican senators. In these cases the power of incumbency and personal organization, not partisanship, deterred potentially strong candidates. And, in these cases, citizens dissatisfied with performance had little opportunity for effective opposition.

Congressional and state legislative elections

Fair Vote—the Center for Voting and Democracy is a reform-minded nongovernmental organization (NGO) with the goal of improving voter turnout and fair elections. Active since

1992, the group has focused a good deal of attention on races for the House of Representatives, the branch of American government designed by the founding generation to be closest to the people. Fair Vote's report on House elections is aptly named "Dubious Democracy."

Little competition exists for House seats. In election after election over the past three decades, including the 2006 election, over 90 percent of the incumbents seeking reelection have done so successfully. Few of those face serious opposition; many face no opponent at all—in the primary or in the general election. Potentially strong candidates who might be interested in running for the House typically wait for a seat to become open before they enter a race. As a result, incumbents face weaker candidates who do not have the ability to raise money and thus cannot carry their message to the electorate.

Why are incumbents seemingly invulnerable? Many factors contribute to incumbent safety: their ability to ingratiate themselves to their constituents, largely through perquisites available to all House members; their ability to raise money, particularly from interest groups whose positions they favor; the skill of those who draw district lines to favor one party or the other; and personal organizations and campaign skills, honed in the first successful race for the House and refined in each subsequent election.

Are high incumbent reelection rates a problem—recognizing that state legislators are reelected at rates as high as congressmen, with many fewer facing any opposition at all? Some argue that if citizens cared enough about replacing an incumbent, they would do so. After all, in 1994 the Republicans gained control of the House after decades of Democratic rule, beating thirty-four Democratic incumbents and picking up fifty-four seats; and many additional Democrats retired rather than face difficult campaigns. In 2006 Democratic challengers beat more than twenty incumbent Republicans as party control switched again.

Those counterexamples are important but must be examined with perspective. American democracy is based on the premise that citizens should have the ability to express their support for or opposition to the policies of the government at frequent intervals. While the appearance of democracy remains intact, exercising that right is difficult. That conclusion holds whether one looks at the district level or at the national level.

In 2006 Republicans in Congress were reeling under a series of scandals; majority leader Tom DeLay resigned his post while under indictment in his home state of Texas, and he and many of his GOP colleagues were caught in the web of super-lobbyist Jack Abramoff's illegal schemes and payoffs.

The Democrats clamored for lobbying reform and wholesale repudiation of their partisan opponents, seeking to do to the Republicans what the Republicans had done to them a dozen years earlier. But the problem for the Democrats was to isolate which seats they could pick off. Nationally, the country preferred the Democrats over the Republicans, but the Democrats had to scramble to find enough districts that were competitive. The key question in analyzing an election in which one party has a distinct advantage nationally is whether that party has enough strong candidates to convert some seats (seemingly safe for their opponents) to competitive status. In 2006 the Democrats managed to do this, but just barely. Their sweep involved turning over only slightly more than half as many seats as the Republicans switched in 1994. In the final chapter we will return to examine the aspects of the system that restrict the ability of the electorate to voice its opinion.

The quality of campaigns

Democratic theorists agree on basic tenets of fair and effective elections—that opposition parties can challenge those in power, that candidates have the right freely to express their views, that a free press can report on the electoral process, that citizens have the right to vote in secret and without fear, and that voters have access to information needed to cast their votes in an informed manner.

Less agreement exists on how much information is necessary for the electoral process to serve a democracy adequately. Must the electorate be truly informed, know the details of policy alternatives and the candidates' views on those alternatives, in order to vote rationally? Or is it adequate for voters simply to know if they feel comfortable with those in power, in the terms of the question posed so cogently by then-candidate Ronald Reagan in his debate with President Jimmy Carter, "Are you better off now than you were four years ago?" Citizens come by the second kind of knowledge intuitively; they do not need to gather new information in order to vote. Further, given the spread of the Internet, no one doubts that enterprising, concerned citizens can find the kind of information required to meet the first test. But few citizens are that enterprising or that concerned.

The question then becomes whether, in the few elections that are competitive today, an adequate amount of pertinent information reaches the average citizen through political campaigns and media outlets. Critics claim that it does not. Candidates avoid substance at any cost, because every stand that one takes on a controversial issue makes as many enemies as it does friends. The most effective techniques developed by political consultants involve negative campaigning: control of the agenda by focusing on issues or personal matters that are difficult for your opponent.

Most citizens receive their political information from television; television journalists rarely focus on substantive policies in the small amount of coverage that they give any nonpresidential campaign. The coverage of local campaigns, even the most competitive ones, is often so slight as to be meaningless. Newspapers do a somewhat better job, but they too rarely concentrate on state and local campaigning. When the media do cover campaigns, they tend to focus on who is ahead and what strategy is being followed, not on policy differences between the candidates or differences in candidate qualifications.

The candidate campaigns and the media do not deserve all of the blame for this circumstance. Nor do the citizens, although clearly citizen involvement could be much higher. Citizens are asked to focus on a large number of campaigns at one time (see table 1.1, p. 7). They are busy with their everyday lives; politics, in general, is not central to their existence. And perhaps most important, they do not often see how their lives will be impacted by the election of one person or another, certainly not a congressman or a state legislator. So they pay scant attention to campaigns, focus on them only at the last minute, vote for party or for a candidate with whom they are familiar, or for those who seem to have or seem not to have improved their sense of well-being.

The media are asked to cover the same number of campaigns. How can they adequately do so? And who will watch? Their resources are limited, and viewer interest is low. Certainly campaign coverage as a public service is part of the responsibility of mass-media outlets, but few go beyond the minimum that is required, especially at calculable economic costs.

And candidates seek to win. Candidates and their consultants do not run negative campaigns because they are inherently bad people. They do so because experience has proven such campaigns to be successful. Clever commercials capture public attention more than do talking heads. A fine line separates comparative advertisements that contrast a candidate's record or policy preference with that of his or her opponent from negative advertisements that attack an opponent unfairly. Often the location of that line is in the eye of the beholder. What one campaign sees as a humorous comparative ad, critical to be sure but within bounds, the other sees as over the line. In the final analysis, citizens judge—and campaign consultants are clear that the citizen test, not that of campaign critics, is the *only* one they monitor.

If none of the participants is to blame for the lack of substance in American campaigns, where does the blame lie? In part, it is inherent in the system. The American system, with single-member districts, weak parties, separated governmental institutions, and a strong federal system, leads almost inevitably to campaigns based on image and not substance. Citizens can know their representatives, but they cannot hold them accountable, because power is dispersed. Parties can take stands on issues, but individual candidates can ignore those positions at their will, because it is their constituents, not national or even state party leaders, who control their destinies.

Summary

Two factors are at work in determining the results of elections below the level of the presidency. On the one hand, analysts look at national trends. How is the party in power viewed by the electorate? Which party does the electorate feel is better able to handle the most salient issues? Is the president popular? Do citizens feel that the country is headed in the right direction? If the electorate is satisfied with the country's direction, supportive of the president, and comfortable with the party in power, little will change as the result of an election. The status quo will be maintained, and that will be an accurate reflection of popular will. If voters are not satisfied with the direction the country is heading, unhappy with presidential performance, and restless about the party in power, democratic theory holds that they should be able to replace those in power with others, who presumably will respond to their desires. That essentially is what happened in the election of 1994, when the Republicans replaced the Democrats as the majority party in the Congress, and in 2006, when the Democrats regained control.

On the other hand, analysts are aware of an old adage, often attributed to former Speaker of the House Thomas P. "Tip" O'Neill from Massachusetts: "All politics is local." Those in office serve the day-to-day needs of their constituents, often in ways quite detached from national politics. As a result, incumbent officeholders are most often viewed favorably by those they represent. Those favorable impressions, combined with the considerable electoral assets that an incumbent can amass, make it very difficult to unseat incumbents, even incumbents of an unpopular party. Potential challengers recognize that they start at a distinct disadvantage. Thus, political parties struggle to find quality challengers.

Any evaluation of the American electoral process must deal with the paradox that local representatives of the party in power are viewed favorably by the same voters who view that party unfavorably at the national (or state) level. Popular will at the macro level cannot be expressed if citizens' votes in local elections do not reflect their views on national or state issues at the polls. In American democracy, the role of political parties is to assure that they recruit challengers to incumbents and candidates in open seats who can run campaigns that allow strong national trends to be expressed in local elections. Most state and local elections in the United States are not competitive. For American democracy to function effectively, the parties' task is to assure that enough elections are competitive so that the national or state result can reflect popular will.

Chapter 7
Far from the perfect democracy

Americans, even those familiar with the details of the electoral process, remain convinced that American democracy represents the ideal toward which others should strive. They point to the flaws in other systems—to the split between the president and the prime minister in a country like France, with a mixed system; to the messiness in forming a working majority in a country with a parliamentary system like Israel; to the instability of governments in a country like Italy; to the lack of a free press and an open process in polities once totalitarian but now self-proclaimed democracies like Russia; to racial, gender, or class domination in a host of other countries. But Americans rarely turn the spotlight of criticism on their own regime. In this chapter we will return briefly to five concerns that have been raised earlier. Until public officials in the United States can address these issues, American democracy will continue to fall far short of the ultimate model.

Level of participation

In the Israeli election of March 2006, approximately 60 percent of the voting-age population cast their ballots; Israeli officials were distressed that the turnout was so low in such a consequential election. In November 2004, when just over 60 percent of the eligible citizens of voting age cast their votes for president of the United States, the turnout was the highest in thirty-six years and only the fourth time three-fifths of those eligible had voted for president since women were enfranchised in 1920. In off-year congressional elections, the elections in which state governors are elected in thirty-six states, turnout has never reached 50 percent nationally and usually hovers between 35 and 40 percent. In a listing of democracies sorted by turnout in national elections, the United States falls in the bottom quintile.[1]

The concern is not just that Americans vote in lower numbers than do citizens of other democracies. The more serious problem is that those who do vote differ from those who do not in systematic ways. African Americans and Hispanics vote in lower numbers than do Caucasians. Poor people vote in lower numbers than do rich people. Less educated people vote in lower numbers than do those with more education. The chorus of the electorate, in short, sings with a distinctively privileged voice. In a representative democracy, one must worry if policies reflect the desires of the electorate more than those who do not vote. The privileged vote more, and therein lies the problem.

Why is turnout low in the United States compared to other democracies? Both the American system of government and specific election laws depress turnout. Scholars have known for some time that electoral systems with proportional representation (PR) have higher turnouts than those with first-past-the-post, plurality winners. On average democracies with PR systems have voter turnout 15 percent higher than those with plurality winners. Mixed systems fall somewhere in between.

Even within the electoral system established by the founders, election laws discourage participation in elections. The following merit consideration:

- *Registration laws.* Only 72 percent of those eligible to vote were registered for the 2004 election; only 58 percent of those between eighteen and twenty-four years old. Should registration laws be eased to increase participation?[2]

- *Frequency of elections.* Americans are asked to go to the polls more often than citizens of other nations, because each geographic area sets its own rules and seeks to keep its elections out from under the influence of national trends. As a result, Americans suffer from voting fatigue. Should all elections within the country be held at one time, once a year?
- *Election Day.* All of that voting occurs during the workweek; citizens must fit voting into their already busy schedules. Should Election Day be a holiday as it is in many other nations?
- *Voting as an obligation, not a right.* Voting is not compulsory in the United States, unlike in thirty-two other democracies in which voting is mandatory.[3] Would a change in this factor increase turnout? Would its benefits outweigh the costs?
- *How to count votes.* Related to these questions is the theoretical question of whether the first-past-the-post system is the most democratic, if it most accurately reflects the views of the voters. Does an Instant Runoff System guarantee that the results of an election more accurately reflect the desires of those voting than any other system? If so, would the citizens accept such a change?

Similar arguments are made when any of these changes in the American system are discussed. Some claim that those interested enough in voting have ample opportunity to do so; others assert that the low turnout rate in the United States is a sign of democratic malady. Behind each argument is a political one: who would gain and who would lose if more citizens voted? The question of whether reforms such as these would improve American democracy is clearly secondary to judgments over its political consequences in the minds of those making the decisions.

The presidential nominating and election process

In the 2000 presidential election, the citizens of the United States were faced with a choice between two candidates they did not much like. Some claim that the low voter turnout in that election was a reflection of the citizens' responses to the choices offered. The Democratic candidate was seen as incredibly smart, uncomfortably stiff, uninspiringly boring, and insecurely willing to transform himself into anything just so voters liked him. The Republican candidate was viewed as the opposite—not too smart, unaware of the nuances of the monumental issues facing the nation, but likable, friendly, and very sure of who he was. Faced with those choices, many voters stayed home.

Certainly that explanation is an oversimplification of the dynamics of the 2000 election, but just as surely observers were left questioning how a great nation with 280 million people could end up with Albert Gore and George W. Bush as the two contenders for president. The choice was the result of a flawed nominating process that no one defends. The general election, particularly the way in which the result was decided, was equally unsatisfactory. Again, obvious issues for students of democracy are in evidence.

- *The influence of Iowa and New Hampshire on presidential nominations*. Iowa and New Hampshire, two states not even remotely representative of followers of either party or of the nation as a whole, dominate the process. Can the influence of these states be reduced while preserving some room for the person-to-person politics they permit?[4]
- *Front-loading of the process*. Similarly most agree that the process is too front-loaded, in that citizens are asked to select a candidate for president before the issues are clear, before they are focusing on the upcoming election.[5] The current process benefits a candidate who has established name recognition, can raise money before the first votes are cast, appeals to the base of his or her party, campaigns well in a one-on-one setting, and has the ability to establish a nationwide organization. Those are not necessarily the qualities that make the best candidate for a general election in which a candidate must appeal to independents and weak supporters of the other party, have detailed knowledge of the issues of the day and

skill in debating those issues in various formats, and a bearing that says to the voters "I am ready to be the leader of the free world." Is there a more rational way to structure the nominating process, a means that will lead to more acceptable candidates?

- *The relationship between candidacy and governing.* The skill sets needed to be a successful president—the ability to work with leaders of both parties, familiarity with world events and the capacity to negotiate with world leaders, a vision of the country's future and of a path to reach that vision, the experience to administer a huge bureaucracy effectively without becoming bogged down in details, the gift to speak to the nation and for the nation with equal effectiveness—are qualities that are best judged by peers, not by mass audiences in an election. But in the American political system, professional peers have little to say about who is nominated and less about who is elected. Is there a way to alter the system so that democratic choices are tempered by peer review?
- *Counting the votes.* The process of election itself has come under severe criticism. The reasons the Electoral College was adopted in 1789 hardly pertain today, but the system has resisted change. Should the Electoral College system be scrapped in favor of one more transparently democratic?[6]

The cost of democracy

What should it cost to run an election? Who should bear that cost? Should the ability to raise money be a factor—or even a determining factor—in who wins an election?

As recently as 1976, the first election after the major reform of the system through which federal campaigns are financed in the United States, the best estimate held that the total amount spent on all elections—federal, state, and local—was $500,000,000. In 2006 political consultants have estimated that the "cost of entry" into the two parties' presidential nomination races will be $100,000,000 per candidate.[7] Many potential candidates will drop out before the race begins because they cannot meet that "entry fee," the amount needed to be competitive.

In the 2004 elections for the U.S. House of Representatives, incumbents seeking reelection outspent their challengers, on the average, by 16 to 1, on average outspending challengers $800,000 to $50,000. Incumbents facing serious challengers spent much more than that; fewer than 40 percent of challengers spent even $100,000. Only five incumbents lost in those elections. In each of those cases the challenger was able to spend nearly as much or more than the incumbent.

Campaign finance has long been a concern of political reformers. The first campaign finance legislation was passed nearly a century ago, when the Tillman Act regulated the contributions of corporations and banks to election campaigns. The most recent reform legislation—the Bipartisan Campaign Reform Act (BCRA) of 2002, popularly known as the McCain-Feingold Act—took years to pass, as vested interests fought it tooth and nail.

A consensus holds that the campaign finance system is broken. But no consensus exists as to how to fix it, a problem familiar to political reformers. The reason is simple. A reform that helps one group hurts another. Those who are advantaged under one set of rules are disadvantaged under another.

We can briefly explore the basic issues:

- *The cost of campaigns.* Some hold that campaigns cost too much. Others note that Americans spend less on campaign advertising than they do on automobile advertising. Which is more important for the American way of life?
- *Who gives money to campaigns?* Some hold that giving large amounts of money to campaigns is merely another way to influence outcomes and eventually legislation. Others contend that donating money is not evil, but rather a way to express one's political

preferences that should be protected, so long as it is not done in secret. Still others feel that the cost of campaigns should be borne by all citizens equally. Is there a more democratic way to fund electioneering, and, if so, at what level?

- *Disclosure of campaign contributions.* Everyone seems to agree that contributions to campaigns should be made openly and publicly. Some believe that the current system of filing federal or state officials is sufficient. Others maintain that more disclosure and more prompt disclosure are necessary. Is there an appropriate balance between shining a light on those financing campaigns and violating individuals' rights to participate in the process without public disclosure?
- *Who should be regulated?* All involved agree that candidates for office and their campaigns should be regulated. The BCRA also regulated soft-money expenditures, restricting the amount of money that could be given to the parties for more general activities, not related to a specific campaign. However, groups like the Swift Boat Veterans for Truth and America Coming Together found ways to spend money on campaigns despite these limitations. Some believe that the kinds of activities in which they engaged are protected by free speech. Others are of the opinion that they found a way around the law—through a gaping loophole—and that their activities should be regulated as well. How should political speech be regulated without stifling free expression of political beliefs?[8]

The political parties spend an enormous amount of time and effort raising money for their candidates and assisting candidates in raising money for their own campaigns. The key question in the area of campaign finance reform remains unanswered. Can a system be devised that allows enough money to be raised and spent so that campaigns can reach the voters without, at the same time, unfairly advantaging some candidates over others and therefore stifling competition? Can it be done while remaining cognizant of the political freedoms ensured in the First Amendment to the Constitution?

Lack of competition

The basic premise of a democracy is that those in power can be turned out if the citizenry disapproves of their actions. Competition is necessary. How one defines competition is less than clear, however.

In one sense the electoral system in the United States is extremely competitive. It is hard to imagine an election closer than the presidential election of 2000. Even in 2004, if a few votes in Ohio had switched from President Bush to Senator Kerry, Kerry would have been elected. Partisan control of the U.S. House and Senate has been determined by the swing of a few key races in recent elections. Much the same can be said for many state legislatures. Looked at from the perspective of overall partisan control, the electoral system is extremely competitive.

However, if one looks at the state and district levels, much less competition exists. Only about fifteen states have really been in play in the last two presidential elections. In the other thirty-five states, the result was all but known well in advance. Citizens in those states had virtually no opportunity to weigh the candidates or to express their views.

The 2002 and 2004 elections to the House of Representatives were by most accounts the least competitive in modern history. Whether one looks at the reelection rates of incumbents (more than 98 percent in each case), contests in which the loser seriously threatened the winner (about 10 percent in each of those elections), seats in which one party or the other did not even field a candidate or fielded a candidate who polled less than 20 percent of the vote (about three in ten), or the average margin of victory (about 40 percent), true competition was all but absent. Even in the more competitive election of 2006, the vast majority of districts saw little real competition. Results in most state legislative races were similar. Statewide elections—for governor or U.S.

senator—were competitive in some states but in others lacked close races as well.

- *Incumbent advantage.* Certainly incumbents have enormous advantages in terms of name recognition, the ability to serve their constituents and to reinforce positive images, experience in campaigning, and ease of fund-raising. But perhaps incumbents have earned those advantages. They have won office initially, after all, and that is no easy task. One could argue that they stay in office and win easily because they are good at what they do. Should the system be altered to reduce the advantages incumbents have or to increase campaign resources for challengers?
- *Redistricting.* For legislative districts, the ways in which district lines are drawn often favors incumbents. Gerrymandering, drawing district lines for political purposes, is as old as the nation and done with increased sophistication and effectiveness today. Creative mapping, however, does not explain one-party states or one-party dominance in some regions. Some scholars claim that those who draw the lines are blamed unfairly for the lack of competition, that citizens tend to congregate into geographic areas with those who share similar views, or that views change to conform with one's neighbors' views, thus creating communities of political homogeneity. Should district lines be drawn in a way that ignores incumbents' residences or the partisanship of the voters?
- *Campaign finance revisited.* Certainly campaign finances play a role. Most challengers are underfunded. Interest groups tend to support incumbents of both parties, because they know incumbents are likely to win. Their contributions, rightly or wrongly, are assumed to guarantee access to decision makers. Can a system be devised that assures challengers a fair chance to raise enough money to compete?
- *Quality of candidates.* The disparity in campaign resources might in fact be a function of the poor quality of those seeking to oppose incumbents. If better candidates were to seek office, they would be able to raise more money and run more competitive races. How

one defines "better" candidates is subjective, but by any definition the vast majority of those who do seek to run fall short. Parties spend a good deal of time recruiting candidates who they feel can run competitive races, often only to be turned down. Can means be devised to encourage more qualified candidates to seek office? What incentives would lead those who currently decided not to run to make the opposite decision?

Campaign discourse

We turn finally to the quality of what is said in a campaign. For campaigns to approach the democratic ideal, candidates must voice positions on the most salient issues of the day. The voters must hear these positions and decide among them.

Scholars differ as to how precise the discussion of issues must be. Some claim that candidates must be explicit about their views and that voters must understand these differences, have a preference, and vote on that preference in order for democratic tenets to be met. Others feel that less is needed, that citizens need only have a general impression of whether they feel the country is moving in the right direction and a sense of whom they credit or blame for the direction the country is heading. In either case, voters must get enough information about an incumbent's record and the challenger as an alternative so that they can have an impression and vote on that impression.

- *Negative campaigning*. Too often these differences are expressed through campaigning perceived by voters to be negative. How one defines the term is critical. If one criticizes a series of votes that a legislator has cast on social welfare spending, is that negative? Or is it appropriate criticism? If one criticizes an incumbent for failing to attend committee sessions, implying that he or she is not doing the job effectively, is that negative or merely relevant criticism? What if one voices this criticism in a belittling manner, pretending to send a search party to look for the absent legislator? Is that too negative or merely using humor to make a point? What if the legislator missed one committee meeting because he or she was in fact attending another, scheduled at the same time? Is it necessary for the critic to point this out, or is it the duty of the person whose attendance has been questioned to correct the record? Is it legitimate to raise a five-year-old DUI conviction during a campaign, if the drunk driving occurred before the candidate was a public servant? What if it was while he or she was in office? What if it was thirty years ago? Are these matters merely personal, or do they reflect on the kind of person we want representing us in office? If potential candidates and citizens are deterred from participating in the process because of negative campaigning, can effective limits be devised without abridging legitimate free political speech?

- *Media coverage of campaigns.* Citizens receive information about political campaigns from two sources, paid media from the candidates and their surrogates, a source directly related to the financial resources of a campaign, and free, supposedly unbiased media, from mass communication outlets. Critics claim that the mass-media campaign coverage fails to provide citizens with adequate information for two reasons — it does not cover campaigns extensively nor does it cover substantive issues in sufficient depth.

Citizens who are determined to know the details of a candidate's record and platform can find that information. However, it requires significant effort, going to a website and searching for the information, steps not likely to be taken by the average voter. The mass media provide very little of this information because they have neither the resources nor the financial incentives to do so.

Even if they did, the networks, the local stations, and local newspapers cannot cover all of the campaigns. The networks give a great deal of attention to presidential campaigns and spotlight key senatorial, gubernatorial, and congressional races. Local stations and newspapers face an even more difficult problem. They are understaffed and faced with more races to cover. Do they focus on national or statewide races, on local congressional races that might or might not be competitive, on races for state legislature, or on local races? Frequently they are all happening at the same time. If they cover them all, none will get much coverage. Are there innovative ways in which the mass media can be used to better inform the citizenry? Is it the obligation of the media or of the polity to find and to finance such innovations?

Conclusions

The goal of this chapter has not been to depress or infuriate the reader who believes passionately in American democracy. Rather it is to assure that the many virtues of American democracy are not seen without due attention to its flaws.

The United States receives perfect scores on Freedom House's indicators of political rights. Freedom House is an independent NGO that supports democracy and freedom through the world.[9] Americans take pride in a system that encourages political competition, equal participation by all citizens, and citizen control over the government. Opponents can and do openly criticize those in power. When incumbents lose, they leave office and peacefully turn over power to those who have beaten them. And this representative process has flourished for more than two centuries, a period of citizen rule unequaled in human history.

However, although citizens have the right—and some would say the obligation—to participate, many do not. And even though the political process is open for any eligible citizen to run, few in fact have the opportunity to do so. The nominating process is often difficult to understand and results in less than ideal candidates. Although parties have the right to contest for all offices, often they do not, or they run shadow campaigns with no real opportunity to win. Although citizens are equal in their access to government, money is a huge factor in determining who will be in government and who will have influence on those elected. Although we claim to favor majority rule, our system rarely produces majority winners—and we know little about the second choices of those who support losers. And finally, even though we have free and unfettered political speech, citizens rarely hear candidates discuss the issues of the day in sufficient enough detail to allow for truly informed judgment.

All of these flaws with the system have been noted and addressed by reformers. But solutions are not easy to come by, even if one has the will to do so. It is much easier to point to flaws in a system than to propose solutions that will address those flaws without creating new ones. And in this system, changing the rules of the game requires the consent of those who have attained office under the rules currently in place. In a sense, the foxes are guarding the chicken coop. When citizen dissatisfaction with the system reaches a sufficient level, change occurs. And these changes lead to another cycle of assessment, adjustment, and perhaps further change.

The American electoral process—a two-party system, with separation of powers in a federal system of government—is not a system for all nations. One cannot export culture and traditions. One should not claim perfection for a system that even in the present context has apparent flaws. In extolling the virtues of the electoral system in the United States, one should be as cognizant of its shortcomings as Winston Churchill was of those of British democracy, "It has been said that democracy is the worst form of government except all the others that have been tried." And those who are the strongest advocates for American democracy should be at the forefront of efforts to improve it. In effort after effort to move American democracy toward the ideal, however, few political leaders have put aside their own political interests and focused on the process that would serve the nation best. In fact, that is the test of true leadership.

Notes

Chapter 2

1. The parties or factions that were feared were the divisions condemned by eighteenth-century British theorists like Lord Bolingbroke ("Governing by party . . . must always end in government by faction.") or David Hume ("Factions subvert government . . . and beget the fiercest animosities among men of the same nation.").
2. A party system is the name given to an ongoing electoral situation in which two or more parties compete for power against each other and take each other into account as they govern and set electoral strategies.
3. Because of the crisis brought on by the election of 1800, the Constitution was amended to have presidential and vice presidential candidates run as a ticket. It should be noted that the Federalists were well enough organized in 1800 that one of their electors did not vote for Adams's designated running mate, Charles C. Pinckney, but rather for John Jay, precisely to avoid the possibility of a tie vote should Adams have prevailed.
4. Such was the dominance of the Democratic-Republicans that one of their electors voted against James Monroe for reelection as president in 1820, because he wanted Washington to remain the only president to have been chosen unanimously.
5. States retained the right to determine how electors were chosen. More and more states were moving away from a choice by state legislators to popular vote. The election of 1824 is the first for which popular vote totals are available, with approximately 350,000 white males voting.

6. Political scientists, following V. O. Key, look at particular elections as critical elections, because the electorate is energized and concerned about its results. Some elections have been labeled as realigning elections, because the ways in which the party coalitions are aligned change significantly. The elections of 1828 (with the emergence of the popular Jackson Democrats and the Whigs as the main rivals), 1860 (with the Republicans and Democrats clashing over the issue of slavery), 1896 (with the parties staying the same but the key issue becoming an economic issue that led to a change in electoral coalitions), and 1932 (with the parties' responses to the Great Depression causing another electoral coalition shift, while the two parties remained the same) are normally listed as the important realigning elections in American history. Others claim that this history is better understood as realigning eras, with these elections merely as convenient points to view ways in which the electorate is shifting.
7. The "Washington precedent" was formalized in the Twenty-second Amendment to the Constitution, ratified in 1951. A reaction to Roosevelt's four terms, the amendment limited future presidents to two full terms.
8. V. O. Key also is credited with drawing attention to the tripartite nature of party—as organization, in government, and in the electorate. The connections among the three aspects of party were strongest in the gilded age, but they remain important to analyze even today.
9. In fact, in 1964, Neil Cotter and Bernard Hennessy wrote a book about the two national party committees titled *Politics Without Power*, and in 1971 David Broder, Pulitzer Prize–winning reporter and columnist for the *Washington Post*, published a widely acclaimed analysis of party politics titled *The Party's Over*.
10. And, of course, the irony of Thurmond's life was complete, when it was revealed that he had an illegitimate daughter by an African American woman, a daughter he had been supporting while touting racist views in public life.

Chapter 3

1. In 2002, eighty incumbents won reelection to the U.S. House of Representatives without opposition; in 2004, sixty-five. The recent high was in 1996, when ninety-four incumbents were unopposed.

2. State parties can also give up to $5,000 to each candidate for federal office, in effect raising the contribution limit from national parties that simply transfer the money to the states.
3. This section has concentrated on House races rather than Senate races. Much the same process goes on in Senate races. However, because all 435 seats in the House of Representatives are up for election every two years, but only one-third of the Senate seats are being contested, the resource allocation problem is more acute and more significant for the House Hill committees.
4. It should come as no surprise that there is considerable variation from state to state in terms of formal structure.
5. The two major parties differ somewhat on this point. For the Republicans, rules set at one quadrennial convention remain in effect and cannot be altered until the next convention. For the Democrats, since 1970, party commissions and at times the national committee have been able to modify the rules between conventions. Republican party rules tend to leave more leeway for states to differ in their procedures than do the Democrats' rules, which often restrain state autonomy. These differences reflect philosophical differences between the parties regarding the primacy of state or national governance.
6. One variant on this theme deals with those states in which delegates to the national convention are chosen by state conventions, even though no statewide nominations are determined. In these cases, the extent of party unity will vary according to the acrimony among the presidential contenders—and that will often be a function of the timing of the convention within the presidential nominating calendar.

Chapter 4

1. Scholars now agree that party identification is not totally independent of short-term events of the day, for example, popular candidates or political scandals. However, party ID is generally conceived to be a long-term predilection toward one party or the other that persists despite election specific events. In other words, self-reported partisan attachment is a more accurate measure than voting behavior at any one point in time.
2. For purposes of predicting who will win an election, pollsters must distinguish between those respondents likely to vote and those less likely to do so. To understand the partisan leanings of the electorate,

however, such a distinction is not necessary. In fact, one important research question that focuses on the quality of representation in the United States deals with whether more Republican or Democratic partisans in the total electorate actually turn out to vote.

3. The NES question goes on to ask respondents who reply that they consider themselves in one party or the other if they are a strong or a weak supporter of that party, and to ask those who say they consider themselves independent if they lean one way or the other. This analysis, following that of Harold Stanley and Richard Niemi, "Partisanship, Party Coalitions, and Group Support," relies on only the first question.
4. Analyzing the party identification of members of particular demographic or socioeconomic groups is complex. Most of us are "members" of more than one group. One might be a white southerner, a Catholic, and a union member. These group affiliations pull in different directions. In this analysis, group membership refers to the mean probability that some in a particular group will identify with a political party. Through multiple regression techniques, it is also possible to state how much more likely an individual is to identify with a party because of some particular trait than the same individual would be with all of his or her relevant characteristics *except* that trait. Where appropriate, we will mention Stanley and Niemi's analysis of these contributions as well.
5. Hispanics in the United States come from a number of different backgrounds—Puerto Rico, Mexico, Cuba, and other countries in Latin America. Cuban Americans, heavily concentrated in Florida, have had a historical allegiance to the Republican Party, based on the party's policy stands toward Castro.
6. Of course, black Catholics would count in each of these percentages; the categories are not mutually exclusive.
7. This assumption is certainly an oversimplification of the actual spectrum of public opinion at a time when many complex issues are on the political agenda, and when a conservative stance on one does not necessarily imply a conservative stance on another. With this caveat, the assumption is still useful in understanding how political activists can be distinguished from rank-and-file party identifiers.
8. Party Unity Scores are the percentage of time that a representative votes with his or her party on those votes on which a majority of one party votes together against a majority of the other party.
9. CQ also computes a Presidential Support and a Presidential Opposition Score. In 2005 these were 81 percent and 17 percent for

the Republicans in the House; 24 percent and 74 percent for the Democrats. Senate scores were comparable.

Chapter 5

1. The nominating rules changed significantly after the 1968 presidential election. The thrust of the reforms was to make the process more democratic and less in control of party leaders. This analysis examines only the postreform era.
2. Throughout this section I discuss only major party nominations. Third or minor party candidacies are at times important in American presidential elections and will be discussed below. Internal politics within the non-major parties, however, will not be discussed, as they are often sui generis, without lessons that can carry to the future.
3. The definitions of "presumptive nominee" and "serious contenders" in table 5.1 are clearly subjective. "Presumptive nominees" were distinguished from mere front-runners if the media analysis generally concluded that the nomination was assumed for that candidate... unless someone else could upend him. "Serious contenders" was defined broadly as well-known party leaders or officeholders who received votes in some primary contests. Those who entered primaries but did not fare well are included, but those who were often mentioned or even declared but never entered a primary are not.
4. The most recent exception to that rule was in 1956 when Democratic nominee Adlai Stevenson allowed the convention to choose his running mate. Other nominee choices have been challenged on the floor, but none of their nominations has ever been in serious doubt.
5. Rules for selection of delegates to the national conventions can be found on the parties' websites, www.democrats.org for the Democrats and www.rnc.org for the Republicans.
6. Philosophical differences among the parties are seen in the party rules. The Republicans believe more in states' rights and give near total discretion to their state units. The Democrats believe more in central control. In addition, as noted in chapter 3, the Republicans believe that the convention is the only sovereign body for the party, thus the only party empowered to impose rules on the party. The Democrats cede some of that power to party commissions and/or to the national committee.

7. The Democrats have a minimal percentage or threshold that a candidate must receive in order to win any delegates; that number has varied over the years and is currently set at 15 percent. Front-runners want a higher threshold, and upstart candidates want a lower threshold in order to win some delegates even while trailing badly in the voting.
8. To confuse the matter further, in some states the rules for primaries are set in state law; in other states they are left for the parties to determine themselves. Thus, in Michigan in 2004, for example, the Democrats used one system and the Republicans another.
9. A third variation among primary systems deals with who selects the actual delegates to the convention and with the extent to which these delegates remain pledged to the primary winner. Generally the presidential candidate either selects the candidates for delegate who will run on his or her slate, or the presidential candidate names the actual delegates after the votes have been cast and the number of delegates to be selected has been determined. Delegates from most states are pledged to the candidate for whom they have been chosen for one or two ballots at the convention or until that candidate is no longer running. That last provision is particularly important in the preconvention stage of the nominating process, as delegates pledged to a candidate who drops out (because of lack of overall support) become free agents, ripe for the plucking by the remaining candidates. How delegates for candidates who have dropped out would vote at a convention that went more than one ballot is an unanswered question over which political scientists and political journalists swoon.
10. In the Democratic party, some of the delegates, the so-called Superdelegates, are chosen because of formal positions they hold and are selected by their peers, for example, members of Congress.
11. In an effort to alleviate this concern, at least partially, the Democrats have changed their rules for the 2008 nomination to allow a limited number of caucus states, with populations more representative of the nation and of the party, to move up their delegate selection dates.
12. For the 2008 nominating process, legislators in a number of larger states, including California, Florida, New Jersey, New York, and Texas, have moved their primaries to the first Tuesday in February, accelerating the process even more than in the past.

13. It is true that, if no candidate secured enough delegate pledges to assure his or her nomination early, the states selecting delegates late in the process would have increased influence.
14. Candidates must reach a threshold of donations received, in relatively small individual contributions from a significant of individuals spread throughout a number of states, in order to qualify for matching funds. Once the level has been achieved, the government matches contributions of under $250. If a candidate accepts public money, however, he or she must agree to restrictions on how much money will be spent in campaigning both in individual states and overall.
15. The one early exception was former Texas governor and secretary of the treasury, John Connally, who thought that he could not win the Republican nomination in 1980 unless he significantly outspent his rivals. He raised over $12 million, largely from his Texas oil friends, but still fared extremely poorly, eventually winning only one delegate to the convention. In 1996 millionaire publisher Malcolm "Steve" Forbes also funded his own campaign, making what was seen as a quixotic candidacy more realistic; that experience alerted campaign operatives to a possibility that was exploited in 2000 by George W. Bush.
16. Immediately after the election, the United States Congress and many state legislatures began to look at the ballot and the physical means through which Americans vote. While these changes are important, they are largely technical in nature. There is no philosophical argument holding that flawed ballots are good.
17. Many do not realize that, even today, electors are actual people who physically go to their state capitols to cast their votes for president.
18. In Maine and Nebraska, state law stipulates that the elector pledged to the popular winner of the vote in each congressional district will win that election and cast one vote for president, and the two electors pledged to the winner of the statewide popular vote win that election and cast the other two votes.
19. Most Americans are surprised to learn that only five of the last ten presidential elections have resulted in the winning candidates receiving a majority of the votes cast, though all except for George W. Bush in 2000 won a plurality. Even with minor party candidates playing a relatively lesser role in American elections, they have denied a presidential candidate a majority by splintering the vote far more often than not.

20. One group of reformers, spearheaded by FairVote, a project of the Center for Voting and Democracy, calls for Instant RunOff Voting, a system through which voters rank candidates and their votes are automatically cast for their highest remaining candidate if their first choice is not among the top two finishers. Such a system, which has been adopted in some communities, would solve the runoff problem, but, while this reform idea is gaining adherents, it is far from widely accepted.
21. The election of 2000 and the election of 1876, which also had to be resolved many weeks after the votes were counted, are the two principal exceptions.
22. The notable exceptions were California and New York, where candidates often stopped for fund-raising events.
23. Many of the worst abuses in campaign financing concerned congressional campaigns. These will be discussed further in chapter 6.
24. One of the results of the original FECA was that interest groups, which had been influencing presidential campaigns, changed the locus of their effort to congressional campaigns, leading to an out-of-control escalation in the costs of those campaigns.

Chapter 6

1. Minor parties, which often have few enrolled members, are given the option of choosing nominees by party caucuses or conventions in most states. In addition, in a few states, the major parties nominate by caucus or convention for at least some offices, though there is often a provision for challenging the nominee chosen in a party meeting through a primary election. Connecticut is an example of a state with such a system.
2. One often sees reference to the "independent party." Independents are called that because they are independent of party affiliation. Some candidates have formed an "independent party" to capture those dissatisfied with the major parties, but normally the term refers to those who are not enrolled in any political party.
3. Exceptions do exist to this rule. In New York State, for example, state law permits a political party's relevant committee to permit someone registered in another party to seek the first party's nomination. This strategy is often used by minor parties that seek commitments from candidates on specific issues in exchange for

their nomination or under threat of withholding that nomination. Often Republicans run not only on their party's line but also as Conservatives or as candidates of the Right-to-Life Party. Democrats seek the Working Families party nod. The candidate's vote in the elections in New York is the total number of votes received on all lines on the ballot.

4. Five states—Kentucky, Louisiana, Mississippi, New Jersey, and Virginia—hold their statewide elections in odd-numbered years; thus the elections correspond with neither presidential nor off-year congressional elections. Two states—New Hampshire and Vermont—elect governors to two-year terms; the other states' governors serve four-year terms.
5. Thirty-six states limit their governors' tenure in office, all to two terms except for Virginia, in which the limit is one term. Some states allow governors to serve again after having left office for at least one term.

Chapter 7

1. Data were collected by the International Institute for Democracy and Electoral Assistance and ranks countries that have had two or more elections since 1945 according to the average turnout (based on voting age population) of all elections. The United States places 114th out of 140 democracies; for the complete data set go to www.idea.int/vt/survey/voter_turnout_pop2-2.cfm.
2. Various reform efforts have sought to address the problem of low voter turnout in the United States. The most successful of those efforts has been the Voting Rights Act of 1965, most recently renewed for another twenty-five years, which imposed federal standards on states and regions within states that had been shown to discriminate on the basis of race. Ample evidence points to the success of this legislation in raising registration, voting, and office-holding among African Americans. In 1993, after an extended debate, the Congress passed and President Clinton signed the Motor Voter Bill, an act to ease voter registration. While the process has been eased, the result has not been the dramatic increases in registration and voting that were anticipated.
3. These countries range from Australia, with very strict enforcement, to Bolivia and the Netherlands, with virtually no enforcement. However, those countries in which voting is compulsory by statute, regardless of the sanctions or enforcement mechanisms, vote in higher percentages than do those without such a requirement.

4. The Democratic party has attempted to reform the process frequently, most recently in 2006, when Nevada was permitted to hold its caucuses between the date of the Iowa caucus and the New Hampshire primary, and South Carolina was allowed to move its primary date to one week after New Hampshire's. That change was a compromise that satisfied no one and was not viewed as addressing the fundamental process.
5. To be fair, there is little agreement about how it should be changed. If one party's nominee is known in advance, as when a sitting president seeks reelection, the other party benefits if its candidate can secure the nomination early as well. Then the out-party candidate can concentrate on the general election campaign, rather than defending itself against charges from people within his or her own party.
6. In addition to moving to direct election of the president, others have suggested allocating electoral votes proportionately or by districts, as is done in Maine and Nebraska. In 2006 reformers, led by the Center for Voting and Democracy and former third-party presidential candidate John Anderson, proposed changing the system without a constitutional amendment. Their proposal called for states to enter into a compact so that all of the signatory states would agree to cast their electoral votes for the winner of the national vote; the compact would go into effect once enough states had agreed to the compact so that they controlled a majority of the Electoral College. This reform was taken seriously enough that it was endorsed by the *New York Times*, in a lead editorial on March 14, 2006. That the proposal was seriously put forth and that an institution as serious as the *New York Times* would endorse it are clear signs of systemic problems. A fundamental aspect of the constitutional process for selecting the president should not be altered by a means that is, by design, going around the Constitution. On what basis does a constitutional democracy flourish if finding a loophole is considered the legitimate means to effect fundamental change? At the same time, however, that serious people are frustrated enough to consider such an effort signifies that the system itself is in need of reform. And the politicians in charge are not likely to take a reform effort seriously unless the people force them to do so.
7. Enough early readers of this book have asked whether an extra zero was added to that number in error that I feel compelled to repeat here—$100,000,000.

8. A closely related question is whether such regulation is possible. In 2006, as the House of Representatives debated an effort to plug the loophole through which 527 groups entered the process, Rep. Mike Pence (R-IN) compared the effort to the "whack-a-mole" carnival game, in which a new mole appears every time the player knocks one down.
9. Freedom House's definition of democratic and free governments and ratings of various governments can be found at www.freedomhouse.org.

For further reading

Chapter 1

Bibby, John F., and L. Sandy Maisel. *Two Parties or More? The American Party System.* Boulder, CO: Westview Press, 1998.
Black, Earl, and Merle Black. *The Rise of Southern Republicans.* Cambridge, MA: Harvard University Press, 2002.
Hacker, Andrew. *Congressional Redistricting: The Issue of Equal Representation.* Washington, DC: Brookings Institution, 1964.
Maisel, L. Sandy, and Kara Z. Buckley. *Parties and Elections in America: The Electoral Process,* 5th ed. Lanham, MD: Rowman & Littlefield, 2007.
Wolfinger, Raymond E., and Steven J. Rosenstone. *Who Votes?* New Haven: Yale, 1980.

Chapter 2

Aldrich, John H. *Why Parties? The Origin and Transformation of Political Parties in America.* Chicago: University of Chicago Press, 1995.
Chambers, William Nesbit, and Walter Dean Burnham, eds. *The American Party Systems: Stages of Political Development.* New York: Oxford University Press, 1975.
Gienapp, William E. *The Origins of the Republican Party, 1852–1856.* New York: Oxford University Press, 1987.
Hofstadter, Richard. *The Age of Reform; from Bryan to F.D.R.* New York: Knopf, 1955.
Key, V. O. Jr. *Politics, Parties, and Pressure Groups,* 5th ed. New York: Crowell, 1964.

Sartori, Giovanni. *Parties and Party Systems: A Framework for Analysis*. New York: Cambridge University Press, 1976.
Silbey, Joel H. *The American Political Nation, 1838–1893*. Stanford, CA: Stanford University Press, 1991.
Sundquist, James. *Dynamics of the Party System: Alignment and Realignment of Political Parties in the United States*. Washington, DC: Brookings Institution, 1983.
Young, James S. *The Washington Community, 1800–1828*. New York: Harcourt, Brace and World, 1966.

Chapter 3

Appleton, Andrew M., and Daniel S. Ward. *State Party Profiles: A Fifty-State Guide to Development, Organization, and Resources*. Washington, DC: Congressional Quarterly, 1997.
Cotter, Cornelius P. et al. *Party Organization in American Politics*. Westport, CT: Praeger, 1984.
Mayhew, David R. *Placing Parties in American Politics: Organization, Electoral Settings, and Government Activity in the Twentieth Century*. Princeton: Princeton University Press, 1986.
Reichley, James. *The Life of the Parties: A History of American Political Parties*. Lanham, MD: Rowman & Littlefield, 2000.
Riordan, William L. *Plunkitt of Tammany Hall : A Series of Very Plain Talks on Very Practical Politics*. Edited with an introduction by Terrence J. McDonald. New York: Bedford/St. Martin's Press, 1993.

Chapter 4

Campbell, Angus, Philip E. Converse, Warren E. Miller, and Donald A. Stokes. *The American Voter*. New York: Wiley, 1960.
Key, V. O. Jr. *Politics, Parties, and Pressure Groups*, 5th ed. New York: Crowell, 1964.
Miller, Warren E., and J. Merrill Shanks., *The New American Voter* Cambridge, MA: Harvard University Press, 1996.
Rapoport, Ronald B., and Walter J. Stone. *Three's a Crowd: The Dynamic of Third Parties, Ross Perot, and Republican Resurgence*. Ann Arbor: University of Michigan Press, 2005.
Stanley, Harold W., and Richard G. Niemi. "Partisanship, Party Coalitions, and Group Support, 1952–2004." *Presidential Studies Quarterly* 36, no. 2 (June 2006), 172–88.

Chapter 5

Cook, Rhodes. *The Presidential Nominating Process.* Lanham, MD: Rowman & Littlefield, 2004.

Malbin, Michael J., ed. *The Election After Reform: Money, Politics, and the Bipartisan Campaign Reform Act.* Lanham, MD: Rowman & Littlefield, 2006.

Mayer, William G., ed. *The Making of the Presidential Candidates 2004.* Lanham, MD: Rowman & Littlefield, 2004.

Polsby, Nelson W., and Aaron Wildavsky. *Presidential Elections: Strategies and Structures of American Politics.* Lanham, MD: Rowman & Littlefield, 2004.

Wayne, Stephen. *The Road to the White House, 2004: The Politics of Presidential Elections.* New York: St. Martin's Press, 2004.

Chapter 6

Herrnson, Paul S. *Congressional Elections: Campaigning at Home and in Washington.* Washington, DC: Congressional Quarterly Press, 2004.

Jacobson, Gary C. *The Politics of Congressional Elections.* New York: Longman, 2004.

Malbin, Michael J., ed. *The Election after Reform: Money, Politics, and the Bipartisan Campaign Reform Act Meets Politics.* Lanham, MD: Rowman & Littlefield, 2006.

Watson, Robert P., and Colton C. Campbell, eds. *Campaigns and Elections: Issues, Concepts, Cases.* Boulder, CO: Lynne Rienner, 2003.

Chapter 7

Fiorina, Morris. *Culture War? The Myth of a Polarized America.* White Plains, NY: Longman, 2005.

Maisel, L. Sandy, Darrell M. West, and Brett Clifton. *Evaluating Campaign Quality: Can the Electoral Process Be Improved?* New York: Cambridge University Press, 2007.

Wattenberg, Martin. *Is Voting for Young People?* New York: Longman, 2006.

“牛津通识读本”已出书目

古典哲学的趣味
人生的意义
文学理论入门
大众经济学
历史之源
设计，无处不在
生活中的心理学
政治的历史与边界
哲学的思与惑
资本主义
美国总统制
海德格尔
我们时代的伦理学
卡夫卡是谁
考古学的过去与未来
天文学简史
社会学的意识
康德
尼采
亚里士多德的世界
西方艺术新论
全球化面面观
简明逻辑学
法哲学：价值与事实
政治哲学与幸福根基
选择理论
后殖民主义与世界格局

福柯
缤纷的语言学
达达和超现实主义
佛学概论
维特根斯坦与哲学
科学哲学
印度哲学祛魅
克尔凯郭尔
科学革命
广告
数学
叔本华
笛卡尔
基督教神学
犹太人与犹太教
现代日本
罗兰·巴特
马基雅维里
全球经济史
进化
性存在
量子理论
牛顿新传
国际移民
哈贝马斯
医学伦理
黑格尔

地球
记忆
法律
中国文学
托克维尔
休谟
分子
法国大革命
丝绸之路
民族主义
科幻作品
罗素
美国政党与选举
美国最高法院
纪录片
大萧条与罗斯福新政
领导力
无神论
罗马共和国
美国国会
民主
英格兰文学
现代主义
网络
自闭症
德里达
浪漫主义